À FOND la vie !

Catalogage avant publication de Bibliothèque et Archives nationales du Québec et Bibliothèque et Archives Canada

Burchard, Brendon

[Charge. Français]

À fond la vie! : 10 leviers qui vous permettront de faire le plein d'énergie vitale et de vivre pleinement

Traduction de : The charge.
Comprend des références bibliographiques.

ISBN 978-2-89225-819-6

1. Motivation (Psychologie). I. Titre. II. Titre : Charge. Français.

BF503.B8714 2013 153.8 C2013-941047-3

Adresse municipale :
Les éditions Un monde différent
3905, rue Isabelle, bureau 101
Brossard (Québec), Canada
J4Y 2R2
Tél. : 450 656-2660 ou 800 443-2582
Téléc. : 450 659-9328
Site Internet : www.umd.ca
Courriel : info@umd.ca

Adresse postale :
Les éditions Un monde différent
C.P. 51546
Greenfield Park (Québec)
J4V 3N8

Cet ouvrage a été publié en langue anglaise sous le titre original :
THE CHARGE : ACTIVATING THE 10 HUMAN DRIVES THAT MAKE YOU FEEL ALIVE
Publié par Free Press
A Division of Simon & Schuster, Inc.
1230 Avenue of the Americas
New York, NY 10020

Dépôts légaux : 3e trimestre 2013
Bibliothèque nationale du Québec
Bibliothèque nationale du Canada
Bibliothèque nationale de France

Conception graphique de la couverture :
OLIVIER LASSER et AMÉLIE BARRETTE

Version française :
JOCELYNE ROY

Photocomposition et mise en pages :
LUC JACQUES CompoMagny enr.

Typographie : Minion Pro corps 11,5 sur 15,5 pts

ISBN 978-2-89225-819-6
[Édition originale : ISBN 978-1-4516-6753-0 Hardcover edition, New York et
ISBN 978-1-4516-6773-8 (ebook)]

Nous reconnaissons l'aide financière du gouvernement du Canada par l'entremise du Fonds du livre du Canada (FLC) pour nos activités d'édition.

Gouvernement du Québec – Programme de crédit d'impôt pour l'édition de livres – Gestion SODEC.

Gouvernement du Québec – Programme d'aide à l'édition de la SODEC.

IMPRIMÉ AU CANADA

BRENDON BURCHARD

À FOND la vie !

10 leviers qui vous permettront de faire le plein d'énergie vitale et de vivre pleinement

UN MONDE DIFFÉRENT

Chez le même éditeur
du même auteur

Le Messager millionnaire : Changez le monde et enrichissez-vous en partageant vos conseils, Brossard, éditions Un monde différent, 2012, 254 pages.

Je dédie ce livre à ma chère famille extraordinaire, qui m'a toujours permis d'aspirer à une vie pleine de vitalité et de la vivre à fond : ma mère, Helen, Bryan, David et ma femme, Denise, qui est merveilleusement présente, belle, énergique et compréhensive.
Et à mon père – nous t'avons perdu trop tôt, papa, mais ton énergie restera toujours avec nous.

Note de l'auteur

En tant que conférencier, animateur et entraîneur de haut niveau, j'ai eu le bonheur de travailler dans le monde entier avec des gens vraiment remarquables (et j'inclus mes auditoires). Plusieurs anecdotes présentées dans cet ouvrage sont tirées de mes expériences et interactions avec des clients, des participants dans l'assistance et parfois des amis ou des membres de ma famille.

J'ai omis ou changé certains détails que je ne jugeais pas pertinents du point de vue pédagogique. Et j'ai adapté d'autres histoires, présentées dans leur intégralité. Dans tous les cas, j'ai fait de mon mieux pour transmettre les éléments essentiels du message de mes amis et de mes clients, et pour donner des exemples qui vous permettront de connaître vos propres transformations. J'espère que vous les estimerez à leur juste valeur.

Aussi, sachez que je ne suis pas médecin ni psychologue, psychothérapeute, psychiatre, neuroscientifique, stratège financier ou juridique. Je ne suis en fait qu'un élève et un serviteur, et alors que je transmets avec joie les connaissances que j'ai acquises dans les domaines respectifs de ces experts, rien de ce que je vous suggère ne se veut un avis professionnel d'ordre médical, psychologique, financier ou juridique, ni ne saurait être interprété comme tel.

Si vous avez besoin d'aide dans ces domaines, consultez un professionnel agréé. Ni mon éditeur ni moi – surtout mon éditeur – ne sommes responsables de ce qui arrive dans votre vie, incluant ce qui pourrait découler des conseils que je donne dans cet ouvrage. En fait, ce dernier repose sur le principe fondamental suivant : votre vie est ce que VOUS en faites.

Dans cette page, je partage donc avec vous une première leçon : nous pouvons jumeler le plaisir et l'engagement dans tout ce que nous faisons – même lorsque nous avons affaire à des avocats.

Bonne chance,
Brendon

Table des matières

« Nous nous préparons toujours à vivre,
mais nous ne vivons jamais. »

– Ralph Waldo Emerson

Avant-propos

Une vie pleine, chargée, une vie vraiment *vécue à fond*, n'est pas une existence routinière dans un quelconque village pittoresque au charme désuet où règnent la sécurité et la certitude. Non, la vie qui mérite d'être vécue est *au-delà*, dans les forêts sauvages de l'inconnu, sur les champs de bataille escarpés qui mettent à l'épreuve notre intelligence et notre volonté, dans les luttes quotidiennes que nous menons contre nos démons.

On la trouve au bout d'un long cheminement au milieu des orages et des conflits, lorsque nous n'entendons que les murmures et les railleries d'adversaires plus résistants que nous, sur le sol où nous nous sommes affalés, contraints de faire face à nos propres faiblesses, et sur le sommet de montagnes que nous atteignons parce que nous avons puisé dans tout ce que nous avions de vertu, de force, de caractère et de courage pour poursuivre notre ascension, malgré les projectiles et les flèches qui pleuvaient dans notre dos ou les obstacles dressés devant nous.

C'est là que nous nous retrouvons en présence de ce qu'il y a de meilleur en nous et soumis à l'appel de notre destinée. C'est là-dehors, dans un nouveau monde fait d'incertitude et d'aventure, que nous nous propulsons, nous améliorons et nous épanouissons. Ce n'est que dans la quête herculéenne d'un avancement que la vie nous fait cadeau de sagesse et de bon sens.

Mais nous devons en payer le prix, à la sueur de notre front et, parfois, dans les larmes. C'est en continuant à avancer lorsque nous sommes fatigués, affaiblis, craintifs, et forts de l'amitié de ces compagnons guerriers avec qui nous avons combattu – nos frères et sœurs, nos parents et amis qui nous ont soutenus et qui ont cheminé avec nous, malgré le caractère chaotique et l'apparente folie de notre entreprise.

C'est au-dehors, sur un sentier rarement emprunté et non balisé que nous sommes le seul à emprunter, un sentier souvent sinueux, envahi par les mauvaises herbes, qui ne mène qu'à une autre voie non pavée ou à un vaste champ rempli d'occasions, que nous devons encore une fois frapper avec le même espoir de victoire et de transcendance. C'est là-dehors, lorsque nous trouvons le courage de nous tenir nu devant le monde, tel que nous sommes vraiment, lorsque nous scrutons l'âme des gens qui nous entourent et que nous y voyons enfin l'image du divin, que nous parvenons, bravement et inconditionnellement, à nous plonger dans un amour sans fin ni frontière.

C'est là-dehors, à l'extérieur de notre zone de confort et au-delà des plaisirs que nous procure l'accumulation de biens matériels, au-delà de notre conception de la routine, que nous dénouons les liens de nos croyances restrictives, que nous nous envolons avec superbe au-dessus de nos imperfections et exprimons avec exaltation notre vraie nature. C'est dans ce monde débordant de choix et de défis, de craintes et de liberté, que vous attendent les plus belles récompenses et les plus grandes aventures. Écoutez. C'est là que votre destinée vous appelle. Soyez audacieux et préparez-vous. Il est temps de faire le plein d'énergie vitale.

Introduction

Ce livre se veut un plaidoyer contre l'ennui, la confusion, la médiocrité, la dérobade et la vie « normale ». Il remettra directement en question les raisons pour lesquelles vous vous permettez de vivre sur le plan énergétique qui est actuellement le vôtre, et il vous mettra carrément au défi de vivre une vie plus vibrante, orientée et engagée.

Dans les pages qui suivent, vous trouverez un guide pratique, souvent paradoxal, qui balaie les mauvais conseils, qui dissipe près d'un demi-siècle de malentendus véhiculés par la psychologie et qui pave la voie dorée et chatoyante qui mène à une seule et unique destination : une nouvelle vie grâce à laquelle vous vous sentirez véritablement, pleinement et magnifiquement *vivant*.

Il faut l'admettre : l'énergie émotionnelle du monde stagne. Au cours des 40 dernières années, dans presque tous les pays développés de la planète, le diagnostic de dépression clinique a pratiquement décuplé. Et ceci en dépit du fait que pratiquement tous les facteurs que nous associons au bien-être – l'abondance de nourriture, l'argent, l'éducation, la sécurité, l'accès aux arts et aux soins de santé – foisonnent dans ces sociétés. Les gens se disent de plus en plus agités, fatigués, stressés et habités d'une sorte de malaise sans nom qui les laisse trop souvent aux prises avec un sentiment d'ennui, d'insécurité ou de frustration.

À mon avis, vous savez de quoi je parle. Comme tout le monde, vous avez tout ce dont vous avez « besoin » – la sécurité, un toit, de la nourriture – et pourtant, il vous arrive trop souvent de ne pas vous sentir aussi enthousiaste, productif ou satisfait que vous le devriez. À un certain degré, vous avez peut-être le sentiment que vous ne respectez pas les promesses que vous vous êtes faites ou que vous ne réalisez pas pleinement votre potentiel. Vous commencez chaque nouvelle année gonflé à bloc, prêt pour la grande course, mais vous la terminez au petit trot. Vos semaines sont bien remplies, mais vous savez tout au fond de vous que ce qui vous occupe autant n'est pas le travail de votre vie.

Vous avez l'intelligence, une âme, des désirs et de la volonté, mais vous vous retrouvez trop souvent prisonnier d'un tourbillon de doutes et d'attentes. Vous êtes connecté à tout et à tous en ligne, mais vous ne vous sentez pas aussi relié au monde et aux autres que vous le souhaiteriez. Vous attendez une sorte de permission ou le moment propice pour vivre pleinement chaque jour. Vous êtes habité du désir fébrile d'avoir quelque chose de plus.

Eh bien, je suis ici pour vous dire que vous *méritez* quelque chose de plus. Mais il y a un hic : pour l'obtenir, vous devrez exiger davantage de vous-même. Je sais, ces mots vous décourageront peut-être ou vous enlèveront toute envie de poursuivre votre lecture. Vous luttez déjà avec acharnement pour demeurer à flot et conscient, tourmenté par une conjoncture économique difficile, des demandes insensées qui viennent de toutes parts et un sommeil insuffisant. La dernière chose que vous voulez entendre est probablement que vous devez faire davantage d'efforts, travailler plus intelligemment ou vous investir encore plus.

Le problème, c'est que telle est votre situation. Et que cela me rende populaire ou non à vos yeux, je vais vous mettre au défi dans ces pages – j'espère que vous me laisserez faire et que vous relèverez ce défi, car je crois que vous savez qu'il *existe* quelque chose de plus pour vous là-dehors. Je suis certain que vous avez déjà goûté au cours de votre vie à des moments magiquement heureux, engagés et satisfaisants, et que vous êtes prêt à faire ce qu'il faut pour en connaître davantage.

Vous gardez le souvenir de ces jours où vous vous amusiez, où vous étiez spontané et insouciant, débordant d'enthousiasme et d'optimisme, à un point que vous n'aviez jamais cru possible. Bref, vous avez déjà eu un aperçu, une idée de ce qu'est la vie « chargée », celle qui se vit à fond – une existence intense qui fait que vous vous sentez rempli d'énergie, pleinement engagé et débordant d'enthousiasme.

Si c'est exact, permettez-moi alors de vous dévoiler mes cartes : je ne crois pas que l'agitation, l'ennui, l'anxiété, la peur ou toute autre émotion négative persistante que vous ressentez à propos de vous-même, des autres ou de la vie en général ait quoi que ce soit à voir avec l'économie, le monde de plus en plus chaotique dans lequel nous vivons, votre enfance, la malchance ou toute autre excuse facile que les propagateurs du statut de victime présentent à notre époque.

Non, si vous ne vivez pas à fond, c'est uniquement parce que vous avez magistralement échoué en matière de *stratégie*. Seul le fait de ne pas contrôler stratégiquement le contenu de votre conscience vous empêche d'être rempli d'une énergie intérieure constante, de vous sentir pleinement vivant, engagé, branché et comblé. La bonne nouvelle, c'est que vous avez maintenant entre les mains un livre très stratégique.

Je suis persuadé que vous avez déjà senti une étincelle dans votre vie, une étincelle qui vous a éclairé pendant des jours. Mais je ne veux pas seulement vous redonner une énergie émotionnelle que vous avez peut-être connue une ou deux fois – ce serait le genre de coup fourré auquel vous pourriez vous attendre de la part d'un hypnotiseur de carnaval. Je veux plutôt vous faire découvrir une gamme entièrement nouvelle de possibilités et de vitalité émotionnelle, dont vous avez toujours ignoré l'existence. Une réalité plus vivante, plus colorée, plus excitante, plus attirante peut vous appartenir.

Pour aider les gens à savourer ce genre d'existence, j'ai passé 15 ans à étudier sérieusement tout ce qui me tombait sous la main dans les domaines de la psychologie, des neurosciences, du potentiel humain et du rendement supérieur. J'ai consacré ma vie à aider les autres à accroître leur énergie, leur engagement et leur enthousiasme – *leur charge intérieure* –, de façon stratégique, radicale et permanente, dans tous les aspects de leur vie.

J'ai aidé des cadres supérieurs à non seulement se revigorer, mais aussi à redonner du dynamisme à leur entreprise tout entière, des couples à raviver leur vie amoureuse, des athlètes à retrouver le feu sacré, des artistes à renouer avec leur génie, des parents à rétablir leurs relations avec leurs enfants, ainsi que des célébrités et des politiciens à raviver l'ardeur de leurs admirateurs et de leurs partisans, tout cela en leur enseignant à puiser dans une force intérieure plus intense – une force déjà présente qui n'attendait qu'à être utilisée.

Grâce à ce travail, je suis devenu l'un des formateurs et entraîneurs de haut niveau les mieux rémunérés du monde, et mon séminaire reconnu mondialement, High Performance Academy (NDÉ : Académie du haut rendement), a établi la norme en matière de développement personnel et d'efficacité. Mais voilà, il ne s'agit pas de moi ici et cela n'a jamais été le cas. Je ne cherche pas à me vanter ou à vous matraquer avec des affirmations. Je me propose plutôt de concevoir un plan stratégique qui vous permettra – non, qui vous mettra au *défi* – de vivre intensément.

Les motivations modernes

Il est temps que nous devenions tous plus stratégiques et déterminés dans notre façon de mener notre vie.

Pourquoi sommes-nous si nombreux, dans un monde où abondent les choix et la connectivité, à nous sentir démunis et détachés ? Avec toute l'information pratique à notre portée que nous pouvons utiliser sur un réseau électronique, pourquoi sommes-nous si maladroits lorsqu'il s'agit d'activer les leviers qui pourraient améliorer notre vie de façon radicale ? Pourquoi, nous qui sommes si choyés – avec un toit sur notre tête, des occasions favorables, la sécurité, des choix et l'accès au monde entier –, ne nous sentons-nous pas remplis d'énergie *en tout temps* (ou du moins beaucoup plus souvent) ?

À une époque maintenant révolue, les gourous de l'épanouissement personnel et les « psychologues en fauteuil » auraient répondu à ces questions en affirmant que nous sommes tous fous, ingrats ou inconscients de toutes les bonnes choses qui s'offrent à nous. Ils diraient que nous sommes gouvernés par de sombres besoins qui ne nous permettent pas de nous prélasser au soleil, que nous sommes prisonniers du passé, avons trop d'attentes et peu de conscience de nos véritables pensées et schèmes de comportement, ou que nos pensées ne sont pas assez puissantes pour attirer le bonheur que nous méritons dans la vie. Ces réponses, bien entendu, sont inadéquates. De fait, elles ont causé plus de tort que de bien.

Donc... revenons à la question fondamentale : étant donné qu'un si grand nombre de nos besoins fondamentaux sont comblés, pourquoi ne nous sentons-nous pas plus emballés et satisfaits de la vie que nous menons ?

La réponse à cette question donne lieu à une déclaration controversée : nous nous sentons insatisfaits parce que nos repères en matière de motivations humaines ont *évolué*. Ce qui nous remplissait de bonheur, d'énergie et de satisfaction, il y a seulement un demi-siècle, ne s'applique plus parce que notre cerveau, notre corps et la société ont complètement changé.

Ce langage évolutionniste agace beaucoup les biologistes de la vieille école qui affirment que le cerveau et le corps humain n'ont pas pu évoluer assez rapidement au cours des 50 dernières années pour modifier nos motivations collectives – que, en tant qu'espèce, nous avons toujours été motivés par les mêmes besoins fondamentaux. Même si c'était vrai – mais plusieurs affirment le contraire –, il en ressort clairement que, dans notre culture moderne d'abondance, c'est notre *façon* d'activer ces besoins et d'en tirer satisfaction qui a changé du tout au tout.

Réfléchissez à ceci. Tout récemment dans l'histoire, notre expérience humaine et notre culture collective se sont transformées d'une façon inimaginable : ce que nous faisons (un travail plus créatif et autonome que celui axé sur la tâche, dirigé et répétitif) ; comment nous nous procurons notre nourriture et en quoi elle consiste (ce qui a provoqué une stupéfiante progression de l'obésité dans le monde) ; ce que nous appelons notre foyer (une migration vers les centres urbains à l'échelle de la planète) ; notre mode d'interaction (nous vivons maintenant dans un monde interconnecté où le travail est accompli dans des bureaux et des organisations plutôt qu'aux champs et dans les manufactures) ; ce que nous achetons (davantage de biens accessoires en fonction de préférences d'ordre esthétique plutôt que de leur fonctionnalité ou de leur utilité) ; à quoi nous consacrons notre temps (davantage au travail et encore plus devant le téléviseur et l'ordinateur) ; notre longévité (nous vivons plus longtemps, mais avec plus de problèmes de santé que jamais – souvent *parce que* nous vivons plus longtemps) ; et notre manière de structurer nos organisations et nos nations (davantage de démocratie et de tolérance – une tendance mondiale observée de près depuis 1981).

Si vous pouviez faire un saut dans l'histoire et revenir en arrière de 50 ou 100 ans, vous verriez à quel point *tout* a changé. Et avec cette énorme transformation de notre monde, il était inévitable que nous, les êtres humains, changions également pour survivre et prospérer. Notre façon de penser, de sentir les choses, de nous comporter – notre psychologie – se devait de suivre le rythme d'évolution de notre univers. Par conséquent, notre façon de nous exprimer et de satisfaire nos besoins fondamentaux a évolué.

Alors que notre société connaît de plus en plus d'abondance, les gens ne sont plus seulement gouvernés par ce dont ils ont *besoin*. La majorité de nos besoins fondamentaux en matière de nourriture, d'abri et d'appartenance ont été satisfaits et structurés par l'évolution de la société. Et pourtant, en elle-même, la satisfaction de ces besoins ne garantit pas le bonheur. Loin de là. Malheureusement, une majeure partie de notre compréhension de la psychovulgarisation repose encore sur la célèbre « hiérarchie des besoins » ou pyramide de Maslow, développée dans les années 1940. Abraham Maslow était brillant, et une grande partie de ses travaux a été mal interprétée, mais il nous a laissé cet héritage : si nous pouvons satisfaire nos besoins, nous devrions être heureux. Donc, lorsque nos besoins sont comblés et que nous ne nous sentons *pas* heureux, nous avons tous le sentiment que cela ne tourne pas rond chez nous.

Mais en réalité, dans une culture où règne l'abondance, nous n'avons plus à nous soucier autant de nos besoins, et nous tournons donc vers ce que nous *voulons.* Plus d'options s'offrent à nous et, par conséquent, nous jouissons d'une plus grande liberté lorsqu'il s'agit de choisir notre type de vie. Entourés de millions de possibilités, nous nous trouvons libérés des contraintes du besoin et pourtant, en même temps, nous sommes mis au défi de trouver une orientation et un sens à notre vie. Mais personne ne proposerait que nous retournions en arrière. C'est une bénédiction que de pouvoir chercher ce que nous voulons. Mais ce que nous voulons aujourd'hui est très, très différent de ce que nous voulions il n'y a qu'une décennie.

Pensez à la façon dont ce revirement, ce transfert des besoins vers les désirs, a balayé le monde du travail. De nos jours, les travailleurs ne sont plus uniquement stimulés par un chèque de paye ou la motivation primitive de la carotte et du bâton brandis par des gestionnaires manipulateurs. Les travailleurs modernes ont une soif nouvelle et insatiable de motivations intrinsèques, surtout lorsqu'elles sont reliées à l'engagement et à la réalisation de soi qui découlent de projets nécessitant la créativité, les rapports sociaux, la conception, un plan et une contribution qui vont au-delà des murs de leur poste de travail ou même de l'ensemble de l'entreprise.

Nous sommes devenus des travailleurs dynamiques, des « amis » qui placent les interactions sociales, l'expérience esthétique, l'innovation et une fructueuse collaboration au sommet de nos priorités lorsque nous évaluons des emplois, des causes, des projets et des leaders. Les anciens concepts de la motivation au travail, uniquement fondés sur la rémunération, un bureau de coin et des ambitions d'avancement à long terme, ne s'appliquent plus depuis une décennie.

Nous ne sommes plus dupes de la définition habituelle du succès, car dans une société qui est déjà caractérisée par l'abondance, *nos motivations* ont changé. La vie moderne ne repose plus seulement sur les vieux soucis de sécurité et de subsistance, tout comme nous ne voyons plus la voie menant à la réalisation de soi du même œil que la génération précédente. Avec tous les choix qui s'offrent à nous, nous ferons fi de la sécurité traditionnelle et chercherons plutôt à vivre des expériences nouvelles, stimulantes, productives et enrichissantes sur le plan humain.

Il ne s'agit pas uniquement des propos d'un agent libre moderne qui se reconnaît comme tel. Les neurosciences prouvent en effet qu'avec un cerveau n'ayant plus à se soucier du besoin fondamental de sécurité, l'activité neuronale se trouve avant tout stimulée par la *nouveauté*, les *défis*, les *relations* et la *créativité*. Et parmi les plus grandes études sur le bonheur réalisées à ce jour, plusieurs arrivent aux mêmes conclusions – nous voulons nous sentir engagés dans le travail, un engagement que nous devons aux choix, à la participation et à la créativité.

Nous avons constaté que notre vie professionnelle et notre vie personnelle s'harmonisent de plus en plus, jusqu'à ce que le concept même d'équilibre entre le travail et la vie prenne la forme nostalgique d'un rêve utopique datant des années 1950. De nos jours, la vie familiale est plus mouvementée, plus stressante et plus instable que jamais. Les gens ont de la difficulté à rester ensemble ou même à bien s'entendre. Les parents ne comprennent plus ce qui guide le comportement de leurs enfants, sans parler du leur. Les enfants sont inscrits à des activités parascolaires, et maman et papa travaillent tout le temps. Qu'est-ce que les membres d'une même famille peuvent alors *vraiment* espérer accomplir ensemble ? Mettre un toit sur la tête de votre famille, ou de la nourriture sur la table, ne suffit plus maintenant, même si vous espérez très fort le contraire.

Dans un monde abondant et hyperconnecté, les membres de votre famille sont extrêmement conscients des choix à leur portée. Chaque jour, ils voient à la télévision ou sur le Web des versions améliorées de maisons, de parents, d'écoles, de jouets et de gadgets. Ils se préoccupent peu d'avoir ce dont ils ont besoin – car, pour eux, cela s'inscrit dans la normalité. Ils s'intéressent plutôt à ce qu'ils *veulent*.

Comment pouvons-nous penser de façon plus stratégique à propos de nous-mêmes et de ce qui nous motive aujourd'hui lorsque la satisfaction de nos besoins fondamentaux ne suffit plus à faire sortir l'aiguille du bonheur de la zone de l'ennui ? Qu'est-ce qui nous conduira à une existence excitante et gratifiante dans cette vague de changements qui balaie le monde du travail et notre vie personnelle ? Comment rallumer dans notre vie l'étincelle qui nous remplira de joie et de satisfaction ? Quels leviers pouvons-nous activer pendant ce grand voyage qu'est la vie de manière à réaliser pleinement notre potentiel et à cheminer avec élégance vers notre destinée ?

Dans *À fond la vie !* je répondrai à ces questions en proposant un nouveau cadre de réflexion entourant les motivations humaines – un cadre qui vous transportera au-delà de ce que vous devez simplement faire pour vous sentir en sécurité et bien ancré dans votre zone de confort et qui vous propulsera dans une dynamique vous fera sentir véritablement *vivant*. En cours de route, nous plongerons dans votre esprit et nous tenterons de comprendre la structure de votre cerveau, et vous découvrirez les leviers mentaux qui permettent d'en *changer* les connexions. Les émotions confuses que vous ressentez en pensant à votre vie et à votre travail seront mises à nu devant vous et peut-être que, pour la première fois de votre vie adulte consciente, vous apprendrez à les contrôler, à les reconstituer et à les reconfigurer de manière à faire l'expérience de la vie « chargée ».

Une vie chargée est une existence consciemment modelée dans laquelle on se sent à la fois engagé, rempli d'énergie et enthousiaste.

C'est une vie choisie délibérément et rendue possible par l'activation des 10 leviers qui font de nous des êtres humains. Cette vie n'est pas caractérisée par un sentiment passager ou par une fugace étincelle, mais par une flamme persistante qui brille dans votre âme et qui vous éclaire tous les jours, peu importent les ténèbres qui vous entourent. Ce n'est pas d'afficher un faux sourire en permanence ni de se sentir supercaféiné ou grisé par un quelconque cocktail sirupeux d'affirmations d'entraide. C'est plutôt d'être rempli d'une grande énergie, toujours égale, une énergie durable planifiée de façon stratégique, de façon que vous vous sentiez pleinement engagé en tout temps et optimiste vis-à-vis de l'avenir. Je décrirai cette vie plus en détail au premier chapitre. Pour l'instant, retenez ces mots-clés : *une existence consciemment modelée.*

Afin de mieux modeler votre vie, vous devez comprendre et activer les 10 leviers qui influent sur les émotions et le bonheur. Ce sont les leviers psychologiques qui vous permettront de réorganiser l'ensemble de votre vie et de faire le plein d'énergie. Dans la première section de cet ouvrage, je vous ferai découvrir les cinq « leviers de base » et je vous apprendrai à les activer. Ces leviers agissent sur ces désirs innés que vous avez de développer contrôle, compétence, conformité, empathie et relations avec vos pairs.

Dans la seconde section, je vous dévoilerai les « leviers propulseurs » qui vous aideront à mettre à profit le changement, les défis, la créativité, la contribution et la conscience, de manière à améliorer votre vie de façon radicale. Ensemble, les leviers de base et les leviers propulseurs forment les 10 leviers humains qui vous permettront de faire le plein d'énergie vitale et de vivre intensément.

Tout cela peut sembler exagéré et hors de portée, sauf si l'on se fie à des découvertes récentes dans les domaines des neurosciences, de la psychologie positive et du rendement supérieur. Depuis trois ans, nous en avons appris plus sur le fonctionnement du cerveau qu'au cours des trois mille dernières années. Nous avons rompu avec l'accent que la psychologie met depuis un siècle sur la névrose et sur ce qui ne tourne pas rond chez nous, pour réorienter notre étude et nous intéresser à ce qui va *bien* chez nous. Nous avons déchiffré le code et découvert comment évoluer à des degrés supérieurs de joie, d'engagement et de productivité.

Il est maintenant temps d'appliquer cette nouvelle compréhension de l'expérience humaine à la façon dont nous structurons et planifions notre vie. Le moment ne saurait être mieux choisi. Vous êtes témoin du désenchantement, de la confusion et des interrogations des membres de votre famille, de vos amis, voisins et collègues. Tout le monde cherche quelque chose, mais sans savoir quoi exactement, ni vers quoi se tourner. Les réponses, comme d'habitude, sont déjà en nous. Il suffit de mieux nous comprendre et d'activer en nous ces leviers qui rendront notre vie riche, colorée, branchée et significative.

Je n'irai pas jusqu'à prétendre que le cheminement qui mène à la connaissance de soi est facile. En décidant consciemment de prendre les rênes de votre vie et de chevaucher dans une nouvelle direction, vous vous retrouverez (du moins au début) sur une route cahoteuse et inconfortable. Mais c'est très bien comme ça – c'est la seule route sur laquelle il vaut la peine de s'engager.

Transformer sa vie n'est pas facile. Croyez-moi, je le sais. Il m'a fallu un accident de voiture, des changements de carrière, beaucoup de confusion et d'interminables luttes intérieures pour que je trouve enfin la vie que je souhaitais. Mais c'est sur cette route que j'ai appris à mieux manipuler mes leviers humains, et c'est pour cette raison que je jouis maintenant d'une vie remplie de joie, de vitalité et de satisfaction que je n'aurais jamais pu imaginer. C'est la même chose pour mes clients. Et c'est ce que je vous souhaite.

Pour vous aider à connaître cette existence, je suis prêt à vous secouer et à vous faire sortir de votre zone de confort (qui est aussi une zone de médiocrité). J'espère que vous jouerez le jeu, car il ne serait pas digne de vous que vous restiez toujours sur la même voie, espérant mieux sans jamais faire preuve d'audace. Notre époque veut que vous maîtrisiez votre esprit et que vous apportiez davantage de magie et d'énergie positive dans le monde. Nous avons tous besoin que *vous* soyez de nouveau entièrement engagé et que vous partagiez avec nous l'être totalement épanoui et extraordinaire que vous êtes. Nous avons besoin que vous choisissiez une vie différente et que vous fassiez le plein d'énergie vitale de manière à pouvoir relever les défis qui attendent l'humanité entière.

Lorsque la volonté l'emporte sur la matière grise

Peu importent votre statut, votre situation ou les occasions qui vous ont été offertes au cours de votre vie, vous avez toujours la liberté de choisir comment vous expérimentez, interprétez et, finalement, modelez votre monde. Si vous arrivez à croire à ceci, alors vous pourrez faire des choix stratégiques, pas uniquement sur le plan philosophique, mais également sur un plan très pratique et physique.

Même si je suis connu à l'échelle mondiale comme le champion de la haute performance, j'ai récemment été en panne d'énergie pendant plusieurs mois. J'ai dû faire des efforts incroyables pour rallumer ma flamme intérieure et retrouver mon énergie vitale. J'ai dû lutter, *jour après jour*, pour activer les 10 leviers humains dont cet ouvrage fait l'objet. Au cours de ce processus, j'ai appris que l'esprit est plus puissant que la majorité d'entre nous le croit – plus fort que notre cerveau, mais nous y reviendrons.

Pour être honnête, je dois avouer que je me suis approprié cette énergie vitale trois fois, pour ensuite la perdre. La première fois, c'est lorsque, étudiant au collège, j'ai sombré dans la dépression après une terrible rupture avec ma petite amie. Pendant un an, véritable loque humaine, j'ai songé au suicide. Il a fallu que je sois victime d'un accident de la route pour retrouver mes sens. (J'ai parlé de cet accident dans mes ouvrages précédents, *Le Messager millionnaire* et *Une chance de plus*.)

Bref, après m'être retrouvé dans une voiture qui a capoté dans une courbe à 140 kilomètres à l'heure, j'ai appris que lorsque nous frappons à la porte de la mort, nous sommes tous obligés de nous poser trois questions : *Ai-je réellement vécu ? Ai-je aimé ? Ai-je eu une quelconque importance ?*

Cette expérience m'a profondément ébranlé, c'est le moins que je puisse dire, et elle m'a poussé à tout remettre en question. Je n'avais jamais vraiment vécu auparavant et l'accident m'a sérieusement donné envie de le faire. Une citation de Virgile résume bien les sentiments que j'éprouvais à l'époque : « La Mort nous tire l'oreille : "Vivez", dit-elle, "je viens !" » J'ai décidé d'utiliser le billet m'accordant une deuxième chance de me créer consciemment une vie meilleure de manière à être satisfait des réponses que je donnerais à ces trois questions lorsque j'arriverais au bout du chemin.

Mon billet s'est avéré bon pendant 15 remarquables années remplies de vitalité, de belles relations et de sens. Pendant cette période, j'ai découvert et maîtrisé les 10 leviers humains que je vous présenterai dans cet ouvrage. J'ai érigé des compagnies multimillionnaires, accompagné des célébrités et quelques-uns des plus illustres dirigeants d'entreprises du monde, j'ai écrit quelques livres, je suis tombé amoureux, je me suis marié, j'ai soutenu ma famille dans les moments difficiles, j'ai voyagé de par le monde, j'ai aisément relevé presque tous les défis qui se sont présentés, j'ai parlé sur scène avec des penseurs et des conférenciers légendaires, j'ai fréquenté d'éminents personnages et d'anciens présidents, et j'ai donné et réalisé plus de choses que je ne l'aurais jamais cru possible. J'ai connu une vie pleinement chargée et mon entourage me demandait toujours : « Comment peux-tu t'amuser autant, rester si concentré et plein d'énergie ? »

Et puis, il n'y a pas si longtemps, tout a changé. Mon père, que j'aimais profondément et qui était mon meilleur ami, a reçu un diagnostic de leucémie et est mort subitement. Comme je le dirai plus tard, j'ai tenu le coup du mieux que j'ai pu pendant un certain temps. Dieu merci, j'avais tous les leviers mentaux pour faire face à cette perte soudaine et, heureusement, je les ai utilisés suffisamment bien pour rester fort, pour lui, pour ma famille et pour moi-même.

Toutefois, il ne fait aucun doute que mon énergie vitale a diminué avec la disparition de papa.

Et puis, plus récemment, mon monde s'est complètement écroulé en un instant – à cause d'un autre accident. Ironiquement ma troisième perte totale d'énergie a coïncidé avec le début de la rédaction de cet ouvrage.

Je garde un souvenir très net de ce jour. Chevauchant des tout-terrains, des amis et moi faisions la course sur le sable blanc d'une plage déserte au Mexique. Le ciel était d'un bleu lumineux et l'air à peine humide. L'océan, turquoise, était lisse et calme. J'avais roulé dans le désert toute la journée, très prudemment. Parvenu à l'une des dernières portions de la plage, j'étais détendu, je respirais profondément, je goûtais l'adrénaline que me procurait cette promenade et la beauté parfaite des lieux. Ce jour-là, j'avais beaucoup pensé à mon père. Il m'avait enseigné à conduire, à vivre.

J'ai sans doute perdu ma concentration pendant un moment, laissant errer mon regard sur l'océan pendant une seconde de trop. Quoi qu'il en soit, roulant sur la plage à 55 kilomètres à l'heure, je n'ai pas vu la petite butte de sable qui se trouvait devant moi. Contrairement à l'effet de ralenti que j'avais ressenti lorsque ma voiture avait capoté 15 ans auparavant, cette fois tout s'est passé très vite. Le VTT a frappé la butte de sable, a été projeté dans les airs et a atterri sur le pneu avant gauche de telle manière qu'il a fait une embardée et que j'ai été projeté sur le sol. J'ai senti l'impact du sable et mes poumons se sont vidés. Je me rappelle avoir roulé sur moi-même et j'entends encore le frottement du sable sur mon casque protecteur. Je percevais le bruit de mon VTT qui rebondissait près de moi – boum ! boum ! boum ! – et j'ai pensé : *Mon Dieu, faites que cette chose ne me tombe pas dessus.*

Lorsque j'ai repris connaissance, mes amis étaient agenouillés autour de moi et me demandaient si j'allais bien. Notre guide ne cessait de répéter : « Est-ce qu'il est tombé sur toi ? Est-ce qu'il est tombé sur toi ? Est-ce qu'il est tombé sur toi ? » Je l'ignorais et j'étais incapable de lui répondre. Je voyais des étoiles et je tentais de retrouver mon souffle. Fermant les yeux, j'ai essayé de sentir mon corps. Il m'a fallu quelques secondes pour y arriver.

J'avais mal à la tête; ma jambe gauche était engourdie; mon bras gauche était extrêmement douloureux. Le guide a commencé à me tâter partout, à la recherche de fractures ouvertes ou d'enflure interne dans la région des côtes et de l'estomac. Mes amis m'ont aidé à m'asseoir et je me suis de nouveau évanoui, mais seulement une seconde. C'est là que j'ai compris que j'avais de sérieux ennuis. Une douleur intense irradiait de tout le côté gauche de mon corps : tête, épaule, poignet, côtes, hanche.

Mes amis méritent une médaille pour m'avoir installé à l'arrière d'un VTT et conduit d'abord au camp de base et puis à l'hôpital – une fenêtre temporelle de deux heures cruelles à laquelle je n'aime pas trop penser. Le verdict initial n'était pas trop alarmant : une fracture du poignet qui nécessitait une intervention chirurgicale, quelques côtes contusionnées qui m'empêcheraient de respirer normalement pendant deux semaines, un vilain traumatisme cervical et une hanche et une épaule très douloureuses. J'ai pensé que j'avais en quelque sorte eu de la chance.

Cependant, trois mois plus tard, au moment même où ce livre prenait forme, ma vie était devenue un véritable cauchemar. Je n'arrivais pas à me concentrer. J'avais de la difficulté à planifier, à imaginer, à me souvenir de certaines choses. Mes facultés de discernement étaient lentes et, au racquetball, ma coordination œil-main semblait inexistante. La réussite me paraissait dérisoire et je n'arrivais pas à m'accorder avec les autres et à leur témoigner de l'empathie. Mon humeur était instable et j'agissais impulsivement. Je ne me sentais absolument pas alerte, engagé, branché ou satisfait. Pire encore, je n'arrivais plus à faire face à mon sort– des pensées tristes à propos de la mort de mon père me consumaient. Mon énergie vitale était disparue.

Me sentant partir à la dérive sur les flots aléatoires de la vie, j'étais malheureux et insatisfait. Comme beaucoup de gens, j'ai écarté la réalité, attribuant mon malaise émotionnel et mon comportement imprévisible au surmenage. *Je dois être fatigué et stressé*, ai-je pensé, *mais ça passera si je continue à m'accrocher*. C'est vrai, j'avais tout pour être heureux : une femme superbe, une famille aimante, un travail passionnant, de belles voitures, des maisons magnifiques, le numéro de téléphone de célébrités dans mon répertoire de composition abrégée. Mais quelque chose n'allait vraiment pas.

Finalement, c'est la rédaction de ce livre qui m'a sauvé la vie. J'avais consacré des années à mener des recherches dans le domaine des neurosciences dans le but de clarifier et soutenir mes croyances à propos de ce qui gouverne le comportement humain et nos motivations. J'avais acquis beaucoup de connaissances sur le cerveau et, un matin, il s'est produit quelque chose qui m'a fait penser à ces recherches.

Après avoir passé des semaines à me débattre avec des problèmes d'écriture, j'ai eu un soir un déblocage alimenté par la caféine et j'ai écrit 20 pages. Le lendemain matin, je me suis précipité vers mon ordinateur et j'ai relu ce que j'avais rédigé la veille. C'est fou comme seulement quelques instants peuvent transformer notre vie à jamais. Et c'est là, en lisant les mots affichés sur l'écran, que j'ai compris que j'avais besoin d'aide. Les phrases se succédaient et il y manquait des mots. Ces mots auxquels j'avais pensé ne s'étaient pas rendus jusqu'à mes doigts sur le clavier. Pire encore, certaines des phrases étaient si obscures que je n'arrivais pas à en saisir le sens de manière à combler les vides. En lisant ce que j'avais écrit, j'ai été terrifié par cette bouillie illogique de pensées et de phrases fragmentaires. J'avais un sérieux problème avec mes capacités langagières et ma mémoire.

Tout cela m'a inquiété et m'a rappelé les recherches que j'avais effectuées dans le domaine des neurosciences – et plus particulièrement le fait que les gens ayant subi un traumatisme crânien éprouvent souvent des troubles de langage. Mais souvent, ils ont aussi des problèmes de vision, d'impulsion caractérielle, d'empathie, de mémoire et de motricité. Je n'avais pas eu tous ces problèmes depuis mon accident… Eh bien, je n'en étais plus si sûr.

Soudain, j'ai pris conscience que rien ne clochait chez « moi » – c'est dans *mon cerveau* que cela ne tournait pas rond. Des épisodes

des quelques derniers mois me sont revenus à l'esprit : le jour où je tournais une vidéo pour un client et que mon œil droit s'était soudain mis à loucher ; ce jour où j'avais décidé, sur un coup de tête, d'acheter une voiture (pas exactement le genre de décision que l'on prend impulsivement, ce que ma femme n'avait pas manqué de souligner) ; toutes ces fois où je m'étais senti triste ou déconnecté ; la difficulté que j'avais à me concentrer sur d'importants projets ; cette soudaine inaptitude à surmonter des émotions fortes, comme la peine que me causait la mort de mon père ; les membres de mon équipe qui me demandaient constamment si « tout allait bien », car ils voyaient que je n'étais plus moi-même et que je manquais d'empathie. Et ce sont quelques exemples parmi d'autres.

Quelques jours plus tard, on m'a fait une scanographie du cerveau et les séquelles de mon accident sont finalement apparues : j'avais subi une forme de traumatisme crânien – le syndrome postcommotionnel – caractérisée par une faible activité neuronale dans le cortex préfrontal, le cervelet et l'hippocampe. Quelques tests cognitifs ont confirmé le diagnostic. Mes capacités cognitives se situaient dans la courbe du 25ᵉ centile inférieur des diplômés de l'école secondaire. Les lésions au cortex préfrontal affectaient ma concentration, le contrôle de mes émotions et mon raisonnement abstrait ; la faible activité neuronale dans le cervelet ralentissait la prise de décisions ; et le mauvais fonctionnement de l'hippocampe expliquait ma mémoire déficiente – des problèmes majeurs lorsqu'on chemine dans la vie, et encore plus lorsqu'on doit faire un test cognitif ou écrire un livre.

Heureusement, le cerveau humain est souvent réparable. Tout comme vous pouvez rééduquer n'importe quelle partie de votre corps après une blessure, vous pouvez rééduquer votre cerveau avec des exercices et un traitement ciblés et constants. En tirant parti de ce que les neuroscientifiques appellent la « neuroplasticité », vous pouvez modeler vos fonctions cérébrales en organisant vos pensées et vos expériences de manière qu'elles refaçonnent et renforcent les parties endommagées de votre cerveau. Plus précisément, en relevant de nouveaux défis et en recourant à la pensée consciente, la méditation et la résolution d'énigmes pour activer les parties peu performantes de votre cerveau, vous pouvez, comme le dit mon ami et éminent neuroscientifique, le Dr Daniel Amen, « transformer votre cerveau et votre vie ».

Pendant que j'écrivais ces pages, j'ai dû lutter de toutes mes forces pour retrouver mon énergie vitale. J'ai dû exercer mon esprit à dominer la matière, utilisant mes pensées et ma capacité de concentration pour réactiver certaines parties de mon cerveau et réinjecter de l'énergie dans ma vie. J'ai dû mettre en pratique tout ce que j'avais appris dans les domaines de la psychologie, des neurosciences et du rendement supérieur. J'ai lutté chaque jour en faisant appel à ma volonté pour arriver à me concentrer, rassembler mon énergie, surmonter mes limitations physiques et taper sur ce clavier pour vous. J'ai versé mon sang sur ces pages, testant les limites de mes propres théories.

J'ai côtoyé des gens qui ont dû faire face à de graves maladies, à des blessures et à la mort. En comparaison, mon accident et mon histoire ne sont pas si dramatiques ou bouleversants. Je vous en ai parlé parce que j'ai dû relever des défis, apprendre à consciemment contrôler mon esprit et ma vie, et parce que c'est exactement ce que je vous demanderai de faire. Je l'ai fait sous l'emprise d'un stress émotionnel extrême, avec des facultés de concentration limitées, alors que je m'étais fixé des attentes extrêmement élevées et que je dirigeais une entreprise multimillionnaire. Je voyageais sans cesse tout en essayant de prendre soin de mon épouse et de ma famille, de mes amis, de mon équipe, de mes clients et de moi-même. J'y suis arrivé parce que j'avais un plan. Je connaissais la voie qui me conduirait à une vie pleine de vitalité. Je connaissais les 10 leviers de l'expérience humaine et du bonheur. Il me fallait seulement travailler d'arrache-pied pour les activer.

Je suis heureux de vous annoncer que je suis *de retour*, complètement guéri et débordant d'énergie. Il m'est impossible de décrire le niveau de charge, d'engagement et d'enthousiasme que j'ai retrouvé grâce aux efforts les plus concertés que j'aie jamais faits pour activer les leviers que je décris dans cet ouvrage. Au lieu de vous exposer les sentiments qu'ils procurent, je vous laisserai les découvrir par vous-même dans les pages qui suivent.

Pour l'instant, je me contenterai de vous dire que je suis tout simplement heureux d'avoir su quels leviers activer pour ne pas sombrer dans la tristesse ou l'apathie pendant l'une des périodes les plus difficiles de ma vie. Écrire à propos de la vie chargée et des 10 leviers humains m'a rappelé à quel point j'exerçais un contrôle sur ma vie, même si elle avait chaviré. Cela m'a permis de ne pas perdre de vue ce qui comptait pendant que je cheminais vers une guérison totale. Ma plus grande ambition est que ces leviers fassent la même chose pour vous.

Personnellement, je crois que votre vie est en jeu chaque jour. C'est moment par moment, jour après jour, que vous construisez votre expérience de vie ultime et votre héritage. Votre histoire est écrite par vos gestes, des gestes qui mènent tous quelque part, qui mènent vers ce qui sera, on l'espère, un magnifique crescendo. Peut-être n'avez-vous pas besoin d'un grand coup sur la tête, comme cela a été mon cas, pour décider de livrer bataille afin d'améliorer votre qualité de vie. Peut-être ne ferez-vous que choisir, en ce moment même, de réveiller ce qu'il y a de meilleur en vous.

C'est à votre tour. Votre destinée vous attend. Tenez-vous prêt. C'est parti.

Chapitre 1

SORTIR DE L'OMBRE

Au cours des 15 dernières années pendant lesquelles j'ai évolué comme apprenti et formateur de haut niveau, j'ai eu la chance d'être le témoin des changements spectaculaires que les gens peuvent apporter dans leur vie quotidienne lorsqu'ils *choisissent* tout simplement de sortir de l'obscure médiocrité d'une existence non caractérisée par l'engagement et la satisfaction.

J'ai également vu des gens qui jouissaient déjà d'une vie heureuse amplifier leur joie et leur satisfaction à un degré qu'ils n'avaient encore jamais pu imaginer. Peu importe où vous vous situez dans ce spectre, il convient de savoir le plus rapidement possible quel type de vie vous vivez actuellement et de déterminer le type de personne que vous êtes et qui a façonné votre existence. Avec ceci en tête, commençons par une exploration de trois types de vie très différents.

Trois vies

Une vie pleine, chargée, est très différente de celle que la majorité des gens mènent. Ce n'est pas parce qu'elle est inaccessible, mais plutôt parce qu'il est rare que les gens pensent (ou gèrent de façon stratégique) leur énergie et leur engagement à long terme – ce que nous appelons leur « niveau de charge ». Ils ne pensent pas à leur vie sous cet angle parce qu'ils s'efforcent tout simplement de rassembler suffisamment d'énergie pour passer à travers leurs journées fort chargées et épuisantes. Ils traversent semaine après semaine en ne songeant qu'au *week-end*, alors qu'ils pourront s'écrouler sur le canapé ou se livrer à une activité dont ils ont vraiment envie. Souvent, ils ne comprennent pas que le tourbillon de leur vie a le don curieux d'occulter ce qui est réel ou possible. Lorsque vous êtes incapable de voir au-delà de votre agenda, il est difficile d'évaluer qui vous êtes devenu et là où vous allez.

Parfois, au milieu de cette folle agitation, il est utile de nous arrêter, de lever la tête et de nous interroger sur notre qualité de vie et les sentiments qu'elle nous inspire. Nous devrions mesurer notre niveau de charge et nous demander à quel degré nous sommes satisfait de notre réalité quotidienne et de l'avenir qui se dessine pour nous.

Vivre à fond, c'est se sentir *engagé*, *énergique* et *enthousiaste*, et je ne crois pas me tromper en affirmant que c'est ce que tout le monde veut. Notre niveau de charge a deux propriétés : la qualité et l'intensité. La qualité de la charge émotionnelle que nous avons dans la vie peut être positive ou négative, et son intensité peut être faible (un simple murmure) ou élevée (une grande clameur).

Donc, idéalement, nous devrions tous avoir une charge très intense et positive. Mais est-ce *votre* cas ? Est-ce que la qualité et l'intensité de la charge que vous ressentez chaque jour correspondent bien à ce que vous avez toujours espéré ? Est-ce que la charge dont vous faites preuve au travail a une qualité et une intensité qui vous inspirent et inspirent les autres ? Est-ce que la charge que vous offrez à votre conjoint et à vos enfants a la qualité et l'intensité nécessaires pour que vous puissiez leur dire votre adoration et votre affection ?

Après avoir passé 15 ans à étudier la condition humaine, j'en suis venu à la conclusion que les gens ont tendance à vivre l'une de trois vies. Actuellement, vous vivez l'une d'elles et vous pouvez choisir de la conserver, de l'amplifier ou de la transformer du tout au tout. Nous passerons donc en revue ces trois vies de manière à mieux les distinguer, pour ensuite nous atteler à créer de façon stratégique une vie pleine et riche.

La vie en cage

Beaucoup de gens sont prisonniers de leur passé ou vivent en fonction des attentes des autres. Ils ne se sont jamais vraiment aventurés dans l'inconnu ou n'ont jamais cherché à dépasser les limites qu'ils se sont imposées ou que d'autres leur ont fixées.

Parce qu'ils ont laissé les autres ou le passé leur dicter qui ils sont, leur identité est enfermée dans une boîte hermétique remplie de croyances à propos de ce qui leur est possible. Par conséquent, leur expérience de la vie et leurs pensées, leurs sentiments et leurs comportements quotidiens sont limités. En général, ils se sentent enchaînés, à jamais liés à des expériences qui les ont marqués, à des résultats antérieurs. Ils sont terrorisés à l'idée de décevoir leurs maîtres – des maîtres qui parfois n'existent que dans leur imagination. Ils ont souvent le sentiment que le monde les a contraints à devenir ce qu'ils sont et que jamais ils ne pourront échapper aux étiquettes, attentes et critiques fausses ou injustes dont il font l'objet.

Dès la naissance, nous avons été conditionnés, par la récompense ou la punition, à faire ce que les autres veulent que nous fassions. Nos « dresseurs », parents ou professeurs, ont voulu que nous présentions un certain visage ou une certaine identité au monde. Parfois, ils nous ont persuadés de nous comporter comme ils le voulaient en échange de leur acceptation et de leur amour. D'autres fois, ils ont utilisé la manière forte. Le résultat final, inévitablement, est que nous avons adapté notre comportement et exprimé nos désirs en fonction de récompenses venues de l'extérieur. Après un certain temps, nous avons aisément pu accepter cette réalité dans notre quotidien. Tant que nous recevions attention, soins et récompenses, la vie en cage offrait de nombreux attraits.

Moriah, une cliente qui ne m'a consulté qu'une seule fois, se sentait ainsi – piégée par le désir d'obtenir l'approbation des autres et leur amour. Lorsque je l'ai conseillée, elle se plaignait sans cesse: «Personne ne me comprend ni ne me donne une chance. Je suis prisonnière de ce que tout le monde veut ou pense de moi.» Mais elle n'avait jamais pris le risque d'exprimer qui elle était et ce qu'elle voulait dans la vie. Elle avait fréquenté l'école que ses parents avaient choisie pour elle, accepté un emploi que ses amis jugeaient bon pour elle, et déménagé dans une ville où son petit ami avait toujours voulu vivre (une ville que, secrètement, elle détestait). Elle bougeait, parlait et se comportait comme elle croyait que les autres voulaient qu'elle le fasse, et n'en dérogeait jamais parce qu'elle avait peur de faire un faux pas et d'être jugée. Son existence tout entière était une projection des désirs des autres et elle ne trouvait jamais le courage de se regarder dans le miroir et de se demander ce qu'elle voulait vraiment.

Voilà à quoi ressemble la vie en cage, la vie faite de soumission. Il est arrivé à tous, à un moment ou à un autre, d'en sentir l'abrutissante répression. Nous avions alors le sentiment d'être enfermés et contrôlés, et nous étions impatients de nous échapper. Mais nous n'avons pas tous réussi à nous libérer et, c'est triste à dire, certains d'entre nous n'y arriveront jamais.

Il y a seulement deux façons de sortir de cette cage. La première, c'est quand, par chance ou par fatalité, la vie chamboule tout, fait exploser notre réalité douillette et ouvre pour de bon la porte de notre cage. La seconde, l'évasion planifiée, nécessite un immense effort personnel. C'est quand nous choisissons finalement de regarder de l'autre côté des barreaux que notre peur a érigés et que nous découvrons que la vie est beaucoup plus que d'être enfermé dans la cage de quelqu'un d'autre. Cela arrive lorsque nous faisons la seule chose qui ait jamais permis de forger une destinée différente: choisir consciemment une nouvelle image et une nouvelle vie et se battre au quotidien pour l'ancrer dans notre existence en réalignant sans cesse nos pensées et nos comportements.

La vie confortable

Pour beaucoup d'entre nous, la vie n'est pas aussi terrible que la vie en cage. Grâce au travail, à l'acharnement et à d'heureuses circonstances, nous sommes nombreux à vivre une vie confortable. Nous avons suivi des voies similaires menant à l'indépendance, la bonne fortune et la liberté. Nous avons une maison, un conjoint, des voitures et des enfants. Nous nous sentons engagés et nous éprouvons de la reconnaissance pour cette vie. Nous sommes conscients d'avoir dû faire quelques compromis – renoncer à un peu d'aventure par-ci, passer quelques heures de plus au bureau par-là –, mais nous savions dans quoi nous nous embarquions. Nous avons vu nos amis et nos pairs emprunter le même chemin, et ils semblaient heureux.

Et puis un jour, quelqu'un vous pose des questions sur votre vie et vous vous surprenez à répondre : « Oh, vous savez... les choses vont... très bien. » Mais le doute commence à s'insinuer dans votre esprit : *Est-ce ce que j'ai vraiment voulu ? Est-ce tout ce qu'il y a ? Ai-je fait trop de compromis ? Est-ce que je vis ma vie ou celle d'un autre ? Ne suis-je pas plus créatif, sexy, spontané, ambitieux et amusant que ça ?*

Souvent, notre cerveau répond à ces questions avec la pointe acérée de la culpabilité : *Tu ne sais pas la chance que tu as. Tu devrais être beaucoup plus reconnaissant. Ne pourrais-tu pas te contenter de ce que tu as ?*

Nous sommes davantage embourbé dans une ornière qu'emprisonné dans une cage, mais nous commençons tout de même à nous sentir piégé. Mais qu'on ne s'y trompe pas : cette geôle est beaucoup plus confortable et la porte s'ouvrant sur les possibilités est beaucoup plus grande et accessible – un portail béant, vous invitant à trouver plus, plus, plus. Mais même le confort apporte son lot d'agitation.

La vie ne semble pas dénuée de sens, mais elle demeure mystérieuse. Vous vous demandez : *Comment en suis-je arrivé là ? Où sont passées mes ambitions et mon entrain ?*

Alors que celui qui vit en cage voit le monde comme un lieu terrifiant, celui qui mène une vie confortable le compare plutôt à un lieu confiné. Celui qui vit en cage croit qu'il n'a aucun potentiel; celui qui mène une vie confortable a activement cherché à réaliser son potentiel, mais il craint de ne pas pouvoir faire mieux.

Celui qui vit en cage se sent limité par des circonstances qui échappent à son contrôle; celui qui mène une vie confortable se sent limité par son propre succès. Celui qui vit en cage sent qu'il n'a pas voix au chapitre et, par conséquent, il ne s'exprime pas; celui qui mène une vie confortable a utilisé sa voix, a exprimé ses idées, a misé sur elles... mais se demande maintenant si cette voix est la bonne, l'authentique.

Il y a toutefois une similarité indéniable entre ces deux vies: que vous soyez en cage ou coincé dans l'ornière du succès, vous aspirez probablement au même idéal: davantage de couleur dans votre vie, plus de diversité, de créativité, de liberté et de relations.

Vous aspirez à une vie chargée, vous voulez vivre à fond.

La vie chargée

Celui qui vit en cage se demande: *Vais-je survivre?* Il s'inquiète constamment de sa sécurité. Celui qui mène une vie confortable se demande: *Est-ce que je serai accepté, est-ce que je réussirai?* Il se soucie avant tout de l'acceptation d'autrui et de ses réalisations. Celui qui a une vie chargée se demande: *Suis-je fidèle à moi-même et est-ce que je réalise mon potentiel? Ma vie est-elle inspirée et inspirante pour mon entourage?*

L'ennui, ou un sentiment d'inutilité, ne fait pas partie du répertoire émotionnel de celui qui connaît une vie chargée, car il ressent de la joie à l'idée de relever de nouveaux défis et de s'engager dans de nouvelles activités. Alors que l'individu qui mène une vie confortable considère l'existence comme mystérieuse, celui à la vie chargée y voit de la magie et un sens. Celui qui mène une vie confortable voit le monde comme un lieu familier, mais sans issue; l'autre à la vie chargée voit ce même monde comme un lieu rempli de possibilités infinies et excitantes qui lui permettront de grandir et de progresser.

Nous qui menons une vie chargée ne nous sentons pas déconnectés ou désemparés devant les pièges que nous réserve la vie. Nous n'assistons pas passivement à la progression de l'humanité – nous créons notre propre monde et nos propres définitions de la vie et du progrès. Nous vivons pleinement et comme nous le voulons, sans envier la vie des autres ni courir après elle.

Nous ne conduisons plus sous régulateur de vitesse depuis des années ; nous vivons avec enthousiasme, pleinement conscient et présent, appuyant avec précision sur la pédale d'accélération de manière à foncer droit devant ou à prendre le temps d'admirer le paysage.

Nous ne sommes pas coincé dans les ornières de la routine ou d'un ensemble de compétences dépassées et devenues machinales ; nous sommes plutôt engagé dans le présent. Contrairement aux individus qui mènent une vie confortable, nous souhaitons ardemment relever des défis qui nous permettront de diversifier nos compétences. Nous ne remettons pas en cause nos mérites ni ne doutons de nos forces ; nous sommes plutôt habité de la noble ambition d'apporter notre contribution au monde, et nous y insufflons toute notre énergie.

Lorsque nous menons une vie chargée, nous ne nous inquiétons pas de faire des vagues ; nous nous préoccupons plutôt de faire ce qui est juste et significatif. Si nous suscitons de la controverse ou heurtons les sentiments de nos pairs en cours de route, nous en assumons pleinement la responsabilité par notre présence et notre attention, mais nous continuons à avancer.

De prime abord, on pourrait penser que les gens qui mènent une vie chargée ont surmonté tous les obstacles et connaissent une existence de rêve. Mais ce n'est pas tout à fait exact. En fait, ils *apprécient* le voyage, peu importent les obstacles qui se dressent devant eux ; ils débordent d'*enthousiasme* à l'idée d'affronter les défis de la vie et de tracer leur propre destinée. Ils savent qu'ils doivent, cent fois sur le métier, remettre leur ouvrage, mais ils trouvent du plaisir à se façonner eux-mêmes et à réinventer leur réalité.

Ainsi, contrairement à ceux qui vivent en cage ou qui mènent une vie confortable, ils ne demandent absolument pas à la réalité ou à la vie de leur apporter la sécurité ou la satiété. Ils cherchent plutôt des occasions de changer et de grandir. Ils s'intéressent avant tout à servir et à apporter leur contribution au monde. Leur credo est : *Ne vous demandez pas ce que vous recevez du monde, mais plutôt ce que vous lui procurez.*

Pour celui qui vit en cage ou qui mène une vie confortable, la vie chargée paraît une étoile inaccessible, une énergie et une lumière ardente évoluant sur une orbite qui leur est propre. En effet, la vie chargée semble planer au-dessus de la mêlée, alimentée par une énergie entièrement différente et orientée vers une tout autre destination. Pourtant, ceux qui connaissent une vie chargée ont les pieds bien sur terre et plusieurs vous diront qu'ils ont déjà mené une vie en cage ou confortable, ou même les deux.

Il est souvent dans la nature humaine de plier avec obéissance au début, et puis de revendiquer des droits tout en continuant à coopérer ou à faire des compromis pour ensuite, enfin, découvrir la liberté de choix, l'appel, la maturité et les puissants leviers de la liberté, de l'expression et de la contribution. La vie chargée, alors, nous interpelle généralement lorsque nous avons fait ce que nous étions censé faire, que nous sommes devenu ce que nous croyions devoir devenir et que nous avons vécu comme nous pensions devoir vivre. C'est à ce moment-là que la sécurité, le confort et les compromis nous incommodent et qu'un grand mouvement nous pousse à la recherche de signification et de plus grandes aventures.

Lorsque nous la trouvons, la vie chargée nous paraît totalement différente de tout ce que nous avons toujours connu. Un enthousiasme égal la caractérise, qui semble perdurer peu importent les circonstances ou les défis à relever.

Rencontrez ces gens qui vivent à fond

Lorsque vous commencerez à vivre à fond, vous constaterez que vous êtes rempli d'une énergie égale, forte, saine et soutenue. Vous êtes dynamique, pleinement engagé dans tout ce que vous entreprenez et d'un enthousiasme palpable par rapport à la vie et à l'avenir.

Certaines personnes croient que ce n'est pas tout le monde qui peut avoir ce genre de vie. Mais pourquoi pas ? Les gens qui vivent pleinement ne sont pas nés avec une ampoule vissée sur la tête. Ils ne sont pas différents des autres, de vous ou de moi. S'il y a une différence, c'est qu'ils agissent et qu'ils perçoivent le monde et eux-mêmes *différemment*. Peu d'entre eux rendent leur enfance responsable des choix qu'ils font comme adultes ou des défis qui se dressent devant eux. Ils ne nourrissent aucun ressentiment ou attachement à l'égard du passé. Ils ne semblent pas distraits dans le présent. Et ils ne craignent pas l'avenir ni les inévitables obstacles que la vie mettra sur leur route. En cela, ils sont effectivement différents des autres.

Mais ce n'est pas cette absence d'attachement à la peur ou aux aspects négatifs de la vie qui les rend si fascinants et puissants. C'est plutôt leur habileté à dégager une énergie forte, positive et soutenue, à se montrer engagés et enthousiastes dans la vie, sans égard à la situation dans laquelle ils se trouvent. Cela n'est pas toujours facile. J'entends sans cesse répéter, à propos de ces gens, qu'ils s'exercent *systématiquement* à demeurer conscients de leurs réactions et de la réalité. Ils font des *efforts* pour changer, et ils savent qu'ils doivent le faire. Ils ne pensent pas que leur charge intérieure est une mentalité innée ou « établie », ni une personnalité permanente.

Et ils ont raison : les neuroscientifiques ont écrit que l'esprit et la personnalité d'un adulte ne sont pas « établis », mais continuent à se développer et à mûrir en fonction de nouvelles idées, expériences et conditionnements. C'est une nouvelle encourageante pour l'individu qui croit que son cerveau ou sa personnalité l'empêche de jouir d'une vie chargée. Il s'avère que les gens qui mènent une vie chargée sont incroyablement attentifs à leur réalité intérieure et extérieure, et qu'ils travaillent dur pour acquérir ces traits de caractère que tout le monde présume qu'ils ont déjà.

Voici les sept traits de caractère les plus courants que j'ai notés chez les gens qui vivent à fond :

1. *Ils sont ouverts et à l'écoute de l'instant présent.*

Instruits du passé mais non prisonniers de celui-ci, ils sont conscients du moment présent et l'acceptent. Ils ont tendance à s'engager avec beaucoup de curiosité, de spontanéité et de souplesse dans le monde qui les entoure. Ils ne portent pas de jugements hâtifs sur le sens des choses ni ne présument de la façon dont les choses « devraient » être. Avec une perception aussi large, ils ont tendance à être plus patients, plus tolérants, plus réceptifs à ce qui leur arrive, et plus créatifs dans leur façon de comprendre une situation. Ils estiment que le voyage est aussi important que la destination et ils cherchent donc à s'immerger, à s'engager pleinement, dans le moment présent.

2. *Ils sont tournés vers l'avenir.*

Malgré leur grande aptitude à vivre le moment présent, ils sont également très ambitieux. Ils ont une vision riche et détaillée de l'avenir et ils cherchent activement à en faire une réalité. Ils sont optimistes relativement au lendemain et cet optimisme agit comme un aimant, attirant à eux cet avenir qu'ils désirent. Habités d'un authentique enthousiasme à propos du lendemain qu'ils visualisent, ils se sentent capables de franchir les étapes nécessaires pour sa concrétisation. Pour eux, aucun problème n'est insurmontable et ils s'attellent donc à trouver des solutions de manière à améliorer leur sort.

3. *Ils recherchent les défis.*

Une grande partie de leur engouement pour la vie vient de leur recherche active des nouveaux défis. Comme vous l'apprendrez dans les chapitres qui suivent, un nouveau défi est comme une friandise pour le cerveau, stimulant les hormones et les centres du plaisir. Les gens qui vivent pleinement veulent évoluer, s'exprimer et réaliser leur potentiel, et ils savent qu'ils ne pourront y arriver sans relever des défis. Ils sont prêts à affronter tout ce que la vie leur apporte parce qu'ils croient pouvoir être à la hauteur dans n'importe quelle situation. Cela leur permet d'apprécier le processus incertain et tumultueux de la croissance, et même de le considérer comme un jeu.

4. *Ils s'intéressent sincèrement aux autres et ils établissent des relations authentiques.*

Bref, ils adorent les gens. Ils ont un profond sentiment de curiosité et de respect pour les autres. Ils posent beaucoup de questions et prêtent une oreille attentive aux rêves, aux craintes et à la réalité quotidienne de leur entourage.

Ce ne sont pas uniquement des papillons sociaux, pleins de jovialité dans leurs interactions. C'est plutôt le contraire. Les gens qui vivent à fond tendent à se focaliser intensément sur autrui, et privilégient des relations authentiques. Ils entretiennent également des relations profondes et significatives avec leurs amis et les membres de leur famille. Alors qu'on les voit généralement comme des gens pleins d'entrain ou plus extravertis que la moyenne, ils sont des interlocuteurs prévenants et peu de leurs relations sont superficielles. Ils voient dans toute interaction une occasion d'établir des liens, d'apprendre, de grandir et de livrer une partie d'eux-mêmes. Ils disent que leurs relations avec le monde sont souvent ce qu'il y a de plus important à leurs yeux ; ils y voient un moyen clé de s'engager dans la vie et d'apprécier cette dernière.

5. *Ils sont indépendants.*

Malgré cet élan qui les porte vers les autres, ils sont extrêmement indépendants et ingénieux. Ils suivent fièrement leur propre voie ; ils apprécient avoir de la compagnie en cours de route, mais pas au point d'accepter de dévier de leur trajectoire. Ils ne se sentent pas tenus de rendre les gens heureux autour d'eux si cela exige des compromis avec leurs valeurs. Aussi leur reproche-t-on souvent d'être non-conformistes, injustes, entêtés ou égoïstes. En réalité, ils manifestent simplement le courage suffisant pour tracer leur propre trajectoire et ils osent miser sur de nouvelles idées, quitte à échouer et en tirer une leçon.

6. *Ils sont créatifs.*

L'expression créative fait partie intégrante de leur vie. Ils ont tendance à choisir leur emploi, leur carrière, leurs projets, leurs causes et les occasions favorables en fonction de la possibilité de création qui leur sera alors offerte. Par conséquent, ce sont souvent des créateurs, des artistes, des concepteurs, des écrivains et des leaders éclairés. Ils mettent activement à profit leur côté créatif et l'adaptent à l'expressivité qui leur est propre. Ainsi, leur créativité tend à les démarquer. Ils sont également portés à afficher franchement leur style ou leurs idées, et ils s'enorgueillissent de leur audace et de leur engagement à partager leurs réalisations.

7. *Ils donnent un sens aux choses.*

Ils ont un profond respect pour le sens dont chaque jour est imprégné et ils désirent ardemment créer des moments significatifs dans leur vie. C'est en cherchant ces moments qu'ils arrivent à éviter d'attacher trop d'importance aux détails qui freinent les autres. Ils sont capables d'évaluer les choses dans leur ensemble ; ils consacrent leur vie à atteindre des buts louables qui correspondent à leurs passions et à leur raison d'être. Ils savent, comme nous l'a enseigné Viktor Frankl, que la véritable quête de l'homme est celle du sens de la vie. Forts de cette connaissance, ils ont une grande facilité à déterminer sciemment ce que veulent dire les choses et cela leur permet d'interpréter positivement les épreuves et les victoires qui jalonnent leur vie. Ils tentent également de créer des moments et des souvenirs qui comptent avec les autres, les surprenant souvent avec des cadeaux, des expériences uniques ou, tout simplement, avec des mots pleins d'amour, d'admiration ou d'appréciation.

En lisant ces descriptions, on pourrait croire que les gens qui vivent à fond ont reçu un don unique ou qu'ils ont toujours été « comme ça ». En fait, ils vous diront souvent qu'ils ont déjà vécu en cage ou mené une vie confortable. Leur vie a changé lorsqu'ils ont *décidé* de changer. Ils ont eu envie de *mettre plus de vie dans leur vie*, et ils ont fait le nécessaire pour obtenir ce qu'ils voulaient. De la même manière, vous pouvez vous aussi connaître une vie pleinement chargée – à l'aide de choix conscients et de gestes conséquents. Mais par où commencer ?

Les 10 leviers humains

Si vous pouviez consciemment construire une vie idéale, à quoi devriez-vous prêter attention et quels leviers devriez-vous activer pour l'améliorer de façon systématique et entretenir un niveau élevé d'énergie, d'engagement et d'enthousiasme ?

Pensez-y un instant. Au cours de votre vie, il y a eu une étincelle dans chaque moment heureux. Vous l'avez perçue et vous ne l'avez jamais complètement oubliée. Vous devez donc vous demander ce qui a produit cette étincelle. Qu'est-ce qui vous a fait sentir aussi vivant ? Et comment connaître ce sentiment chaque jour de votre vie ? Encore mieux, comment transformer cette étincelle en une flamme ardente qui illuminera votre âme, en une force intérieure qui ne vous quittera plus ?

Les réponses à ces questions ne se trouvent pas dans une solution toute faite ou une approche superficielle qui vous donnerait vite de l'entrain. Pour cela, une boisson énergétique ferait l'affaire, mais vous savez que son effet ne durerait pas. Pour vivre pleinement, nous devons nous tourner vers l'intérieur et activer ces leviers qui font de nous des êtres humains.

Dans le cadre de mes recherches et de mon travail, j'ai toujours cherché à comprendre comment activer ces leviers de manière à apporter un changement et un engagement durables et véritables dans notre monde chaotique. J'ai déterminé 10 leviers et j'ai connu un énorme succès en les enseignant aux autres afin qu'ils puissent transformer leur vie de façon radicale et stratégique. De plus, je leur ai montré à les utiliser dans le contexte actuel – à activer les leviers de base qui touchent tous les êtres humains depuis un demi-siècle –, de manière à se sentir heureux et pleins d'énergie dans notre société changeante et abondante.

Mais avant de commencer, permettez-moi de préciser ce que j'entends par « leviers humains ». Ce sont des motivateurs psychologiques davantage liés à nos désirs qu'à nos besoins. Nous n'avons pas nécessairement *besoin* de posséder l'un ou l'autre des éléments qui composent mon modèle. Au 20e siècle, les psychologues ont élaboré la « théorie des pulsions », selon laquelle nous sommes tous nés avec certains besoins physiques qui, s'ils ne sont pas satisfaits le plus tôt possible, nous plongent dans un état de tension et d'émotions négatives.

Lorsque j'utilise le mot *levier*, je ne fais pas référence à des *besoins* physiques ou psychologiques. En fait, à part un nombre très limité de besoins fondamentaux – nourriture, eau, sommeil, protection contre les éléments, soins à la naissance –, je ne crois pas que nous ayons de réels *besoins*. Certaines personnes voient un besoin dans l'épanouissement personnel ou l'« actualisation », mais alors comment expliquer que le fils de 35 ans de votre voisin ne quitte pas son canapé et ne se taille pas une place dans le monde ?

D'autres traits de caractère populaires, comme la moralité, l'amour, l'estime de soi, le respect, la foi et la transcendance, ne sont pas plus de véritables besoins. Par contre, le désir d'être fort, important et d'améliorer sa vie en est un. Mais ce que l'on qualifie de nécessité absolue ne l'est généralement pas.

Penchons-nous sur l'un des premiers leviers humains, celui du contrôle. Nous voulons tous exercer davantage de contrôle sur notre vie, car nous croyons qu'il est le gage d'un plus grand bonheur. Mais si ce contrôle accru nous échappe, cela ne veut pas dire que nous perdons tous nos moyens ou notre habileté à nous engager, à fonctionner et à être productif. La créativité – un autre levier humain – est quelque chose dont nous voulons tous également faire preuve, même si bon nombre d'entre nous peuvent très bien s'en passer.

Bien sûr, nous ne sommes alors pas *aussi* heureux, mais nous pouvons tout de même nous en sortir. Nous *voulons* le contrôle et la créativité, mais nous n'en avons pas besoin pour vivre. De même pour tous les leviers dont je parlerai – ils nous gouvernent parce qu'ils peuvent mener à une vie meilleure, mais nous n'en avons pas nécessairement *besoin*.

Mais pourquoi tout ce verbiage ? Parce que je veux être franc avec vous. Vous *êtes* gouvernés par les 10 leviers dont je parle, mais pour être heureux, vous n'avez pas vraiment *besoin* de ces concepts – ni de mon modèle, ni même de ce livre. Il ne fait aucun doute que vous pouvez poursuivre votre vie sans exercer davantage de contrôle et sans faire preuve d'une plus grande créativité.

Vous pourriez, après tout, en cet instant même, choisir d'être heureux sans avoir *quoi que ce soit* de plus. Si vous le vouliez, dès maintenant, vous pourriez fermer les yeux et vous plonger dans un état de béatitude. Tel est le pouvoir de l'esprit humain. Seulement, il y a un problème : cela ne durerait pas.

Je suis d'avis que les 10 leviers humains sont ce que vous voulez vraiment dans la vie, et si vous faites l'effort de les activer, vous serez élevé à un état d'énergie, d'engagement et d'enthousiasme plus intense – oui, de bonheur – qui vous étonnera.

Dans la première section de cet ouvrage, je traiterai les cinq premiers leviers de la motivation humaine, que j'appelle les « leviers de base » – contrôle, compétence, conformité, empathie et relations. Ce sont les leviers qui contribuent à notre stabilité en matière d'identité et d'appartenance.

Si nous arrivons à activer ces cinq leviers de base et, ainsi, à augmenter l'intensité de notre charge intérieure, nous nous sentons immédiatement plus sûr de nous et plus connecté sur le plan social. C'est une très bonne recette de bonheur, mais elle ne suffit pas. L'activation des cinq premiers leviers humains s'apparente en quelque sorte à la satisfaction de nos besoins fondamentaux dans une société moderne : c'est un début, mais ce n'est pas entièrement gratifiant.

C'est pour cette raison que je les qualifie de leviers de base – Il faut les activer, mais ils ne font que nous placer sur la grille de départ. La ligne d'arrivée n'apparaît qu'après l'activation de cinq autres leviers, que je nomme « leviers propulseurs » – changement, défis, créativité, contribution et conscience. J'en traiterai dans la seconde section et vous découvrirez que, souvent, ils font monter le mercure dans le thermomètre du bonheur.

Bien que les leviers propulseurs se situent à un niveau supérieur, il n'en demeure pas moins que les 10 leviers sont d'une importance vitale. Pouvez-vous imaginer la vie sans l'activation d'un de ces leviers ? Délaissez l'un ou l'autre et l'équation du bonheur dans votre vie s'en trouvera fractionnée. Bien comprendre et maîtriser l'ensemble des 10 leviers semble intimidant, mais la bonne nouvelle c'est que vous pouvez lire et relire ce livre jusqu'à ce que vous y arriviez.

Les chapitres suivants, qui décortiquent chacun des 10 leviers humains, sont tous axés sur l'action. J'y couvre beaucoup de territoire sur la façon dont vous devriez les aborder mais, en fin de compte, je ne propose pour chaque levier que trois stratégies précises que vous pourrez utiliser pour mettre plus de vie dans votre vie. En somme, 10 leviers humains, 3 stratégies transformatrices, pour 30 stratégies au total. Et il n'est pas nécessaire que vous les appliquiez toutes simultanément. Vous pouvez choisir de vous concentrer sur un levier en particulier et voir comment cela change votre vie.

À la fin de chaque chapitre, je vous encouragerai à faire un exercice que j'appelle *Moment de réflexion*. Vous compléterez des phrases et, ainsi, méditerez sur les concepts présentés dans chaque chapitre. Je vous donnerai les premiers mots et vous terminerez l'énoncé. Je vous recommande de recopier ces phrases au fur et à mesure dans votre journal personnel. Cela vous aidera à réfléchir et à assimiler le matériel.

MOMENT DE RÉFLEXION

1. Si j'ai récemment eu le sentiment d'être en cage ou de mener une vie trop confortable, c'est probablement parce que…

2. Si je veux commencer à vivre à fond, je devrai…

3. De tous les traits de caractère des gens qui vivent pleinement – ouverts et à l'écoute de l'instant présent, tournés vers l'avenir, à la recherche de défis, sincèrement intéressés aux autres, indépendants, créatifs, qui donnent un sens aux choses –, celui que je devrai avant tout intégrer ou amplifier dans ma vie est…

PREMIÈRE SECTION

LES CINQ LEVIERS DE BASE

CONTRÔLE

COMPÉTENCE

CONFORMITÉ

EMPATHIE

RELATIONS

Chapitre 2

LE LEVIER DU CONTRÔLE

« Cette stabilité que le monde nous refuse, nous devons la trouver en nous. »

— Nathaniel Branden

Mon père, Mel Burchard, a reçu un diagnostic de leucémie myéloïde aiguë le jour de la fête des Mères, le 10 mai 2009. Nous ne nous attendions absolument pas à ça. La semaine précédente, il jouait au golf et au racquetball. Les médecins ne lui ont accordé que 5 % de chances de s'en sortir. Ils ont dit que c'était le pire cas qu'ils aient jamais vu.

Papa était un homme extraordinaire : drôle, d'un grand soutien, fort et aimant. Le message qu'il a livré à ses enfants tout au long de sa vie résume bien ce qu'il faut savoir de cet homme : « Sois toi-même. Sois honnête. Fais de ton mieux. Sois un bon citoyen. Traite les gens avec respect. Poursuis tes rêves. »

Son dévouement envers les autres était également éloquent : 20 ans parmi les marines et 3 séjours au Vietnam ; 20 ans au service de l'État du Montana ; 34 ans de mariage ; 69 années de vie honorable.

Le jour de la fête des Pères, nous avons appris que la deuxième série de traitements de chimiothérapie ne donnait aucun résultat. Le cancer s'était généralisé. Mon père en connaissait l'issue et il l'acceptait. Il ne lui restait que quelques semaines à vivre. Il a choisi de rentrer à la maison et d'y recevoir des soins palliatifs, entouré de sa famille.

Toutes les infirmières ont pleuré lorsqu'il a quitté l'hôpital, car elles aimaient son humour et les histoires qu'il racontait à propos de la vie. Partout où il allait, il respectait les autres et leur racontait une bonne blague et une anecdote. Il semait partout les racines de l'amitié. Tout le monde l'adorait.

Pendant le peu de temps qu'il a ensuite passé à la maison, il n'a pas laissé de non-dits ni rien d'inachevé. La famille immédiate était présente : maman ; mes deux frères, Bryan et David ; ma sœur, Helen ; son mari, Adam ; moi et mon épouse, Denise.

Nous avons été privilégiés de pouvoir passer ces moments avec lui. Nous avons pu lui dire à quel point nous étions fiers de lui, qu'il avait eu une bonne vie, que nous prendrions toujours soin de maman, que ses valeurs et son esprit vivraient en chacun de nous. Tout cela était important pour lui. Et jusqu'à ce qu'il perde l'usage de la parole pendant ses deux derniers jours de vie, il n'a cessé de nous demander de nous occuper de maman. Nous le ferons.

Il est difficile de voir son père s'éteindre lentement. C'est ce qui m'est arrivé de pire dans toute ma vie, et j'ai détesté me sentir impuissant et n'avoir aucun contrôle sur la situation. Mais papa y a fait face avec grâce et force, même si les effets secondaires de la chimiothérapie le rendaient très malade. Il s'est montré reconnaissant et aimant pendant que nous prenions soin de lui. Il savait qu'il lui restait peu de temps et c'était extraordinaire de constater tout l'amour qu'il nous offrait, et la paix d'esprit dont il faisait preuve devant son sort inéluctable.

Papa nous a quittés juste avant minuit, le 9 juillet. À minuit trente, l'infirmière a officialisé son décès. Il est parti paisiblement, sans douleur, après une longue série de respirations laborieuses, de plus en plus espacées. Je tenais sa main droite et mon frère Bryan, la gauche. Maman et ma sœur étaient tout près de lui. Il est mort à la maison, avec sa famille autour de lui, exactement comme il l'avait voulu.

Quelques semaines avant son décès, alors qu'il venait d'apprendre que la chimiothérapie ne pouvait rien pour lui, je devais animer un séminaire. Environ 400 personnes étaient venues du monde entier pour y assister. J'étais à San Francisco; papa était au Nevada, où maman et lui avaient une résidence secondaire et où il était tombé malade. La veille de l'événement, mon père m'a téléphoné pour m'annoncer la nouvelle: il ne lui restait que quelques semaines à vivre. Il ne voulait pas que je m'affole et que j'annule mon engagement – il savait que je n'hésiterais pas à le faire pour me rendre auprès de lui.

Le lendemain soir, après avoir passé neuf heures sur une scène, je lui ai téléphoné. Nous avions décidé que je procéderais à une sorte d'interview en lui posant un large éventail de questions sur sa vie. J'enregistrerais la conversation pour la faire écouter à toute la famille plus tard. J'ai particulièrement aimé un passage dans lequel il nous livre un message, à nous, ses enfants: « Aimez toujours votre mère, aimez-vous entre frères et sœur, ayez confiance en vous, aidez les gens moins fortunés et n'ayez jamais peur de demander de l'aide ou de l'amour. Soyez de bons Samaritains et faites de votre mieux. »

J'en ai beaucoup appris sur lui pendant cette conversation. Non qu'il y ait fait des révélations étonnantes, mais sa façon de parler et d'aborder les choses m'a touché. Il était ouvert et optimiste, entièrement disposé à affronter ce qui échappait à son contrôle en lui opposant ses choix et sa volonté.

Papa a mené le bon combat contre le cancer. Au cours de la dernière semaine de sa vie, lorsqu'il est devenu clair qu'il ne vivrait pas assez longtemps pour en voir une autre, il a accepté la fatalité de la mort et a semblé se soulager de ses peurs. Il ne s'est jamais plaint de la douleur, du bassin hygiénique, des saignements de nez constants, des injections ou des changements de draps. Il acceptait tout simplement et il avait choisi d'effectuer la plus grande et – de loin – la plus terrifiante transition de sa vie avec amour et grâce.

Aux prises avec une situation incontrôlable, il a continué à puiser dans sa force de caractère, dans le marine en lui, pour trouver un sens à ce qui lui arrivait jusqu'à la toute fin.

Il n'est pas facile d'écrire ces mots, d'essayer de rester concis tout en exprimant à quel point cet homme était remarquable, de tenter de partager avec vous une perspective éclairée du contrôle et de la vie.

Dire que la mort est généralement inopportune et incontrôlable est un euphémisme. Elle finit néanmoins par arriver, comme tant d'autres choses que nous n'avons ni planifiées ni souhaitées. Et pourtant, au milieu de tous les combats que nous livrons, même nos dernières batailles, nous avons le pouvoir de contrôler, dans la mesure de nos capacités, la façon dont nous affrontons le monde, nous donnons un sens à notre expérience et laissons un exemple de l'être remarquable que nous pouvons être tout au long de ces épreuves.

• • •

Il peut paraître étrange de commencer un livre traitant de motivation par le récit d'un décès. Mais je veux que vous me connaissiez, et je veux être honnête avec vous : on ne peut pas tout contrôler dans la vie. Et nous ne devrions pas tenter de le faire. En fait, je dis souvent qu'une grande partie du malheur des gens au cours de leur existence vient de leur détermination à contrôler des éléments incontrôlables ou dénués d'importance. Vous ne pouvez pas contrôler le temps ou l'économie. Vous ne pouvez pas contrôler les autres. Je suis certain que vous l'avez déjà compris. Dans l'ensemble, nous ne pouvons contrôler que la qualité de notre caractère, de nos actions et des contributions que nous apportons dans le monde.

Et pourtant, le désir de contrôler est profondément ancré en nous, et nous avons tous tendance à nous efforcer de le mener à bien, jusqu'à ce que, à la fin, ce contrôle nous échappe totalement. Mais avant que cela arrive, nous devrions apprendre à reconnaître les facteurs que nous *pouvons* contrôler et qui feront de notre passage sur terre un voyage merveilleux. Ce chapitre a pour but de vous y aider.

Nous commencerons par un petit questionnaire auquel vous pouvez répondre sur une feuille de papier :

Sur une échelle de 1 à 10, où 10 représente le contrôle absolu, comment évaluez-vous le contrôle que vous exercez actuellement sur votre vie ?

Comment évaluez-vous le contrôle que vous exercez sur votre esprit, vos émotions et vos expériences ?

Comment évaluez-vous le contrôle que vous exercez sur le monde qui vous entoure ?

Vos réponses en disent long sur la façon dont vous évoluez dans le monde, et elles sont étroitement liées au bonheur que vous éprouvez.

Peu de gens nieront que nous passons beaucoup de temps à essayer d'exercer davantage de contrôle. Mais, en fait, que tentons-nous de contrôler ? Quels facteurs nous permettent d'estimer qu'on exerce un contrôle suffisant pour être sains et heureux ?

En gros, nous voulons tous avoir le sentiment de contrôler notre monde intérieur et extérieur. Nous voulons exercer un contrôle sur ce dont nous avons conscience – nos expériences, nos pensées, nos sentiments et nos comportements. Nous voulons exercer un contrôle sur les résultats que nous obtenons et sur les relations que nous entretenons dans le monde extérieur. *Ce désir de régenter notre vie tout entière et d'influer sur celle-ci résume bien le levier humain du contrôle.*

Comme tous les leviers humains, celui du contrôle peut être une arme à double tranchant. Si nous cherchons à exercer trop de contrôle, nous finissons par devenir inflexible et rigide. Nous nous attendons à ce que tout se passe selon nos plans et nous perdons notre ouverture d'esprit et notre capacité d'adaptation aux imprévus. Nous tentons de supprimer tout ce qui peut fluctuer dans notre vie, et nous nous emprisonnons de manière obsessionnelle dans des routines, des relations et des environnements figés. Nous collaborons moins aisément avec les autres et nous tendons à traiter durement les gens en désaccord avec nous. C'est terriblement limitatif et, au bout du compte, c'est ce qui nous prive de la diversité, la couleur et la joie d'une vie plus souple et plus libre.

En revanche, si nous n'exerçons aucun contrôle de notre vie, nous pourrions éprouver le sentiment de tomber en chute libre. Alors que renoncer au contrôle pour adopter l'attitude de « se laisser porter par le courant » peut sembler attrayant sur le coup, cela signifie également se désengager de ce qui est réel. Renoncer à tout contrôle passe très bien au spa ou au sommet d'une montagne, mais ce n'est généralement pas une bonne idée dans les rivières tumultueuses de la vie. L'absence de contrôle signifie une absence de choix, aucun effort de volonté, et cela peut nous laisser impuissant. Si nous n'exerçons aucun contrôle sur notre vie, nous sommes incapable de diriger notre esprit ou d'influer sur notre environnement. Nous n'avons plus la liberté de choisir notre voie si nous nous abandonnons totalement aux caprices du hasard et des circonstances.

Mon but, ici, en discutant de chacun de ces leviers, n'est pas de vous dire combien vous devriez vous efforcer de garder le contrôle ou de vous laisser aller. Ce qui me fait sentir que j'ai le contrôle approprié de ma vie pourrait sembler exagéré ou insuffisant pour un autre. Nous avons tous besoin d'exercer différents degrés de contrôle à divers moments de notre vie. Même si, à mon avis, la majorité d'entre nous désire emprunter le sentier harmonieux du milieu, quelque part entre les deux extrêmes de chaque levier, ce n'est pas toujours le cas.

J'ai découvert qu'en matière de contrôle, trois activateurs précis nous rendent particulièrement énergique, engagé et enthousiaste. Peu importe le degré de contrôle que vous souhaitez exercer, si vous voulez avoir de l'ascendant sur un aspect de votre vie, vous devez miser sur les trois activateurs suivants.

Activateur n° 1 : Contrôlez votre perspective et votre caractère

La majorité des événements et des expériences qui jalonnent votre vie sont fortuits, inattendus, circonstanciels ou, si vous préférez, inévitables. Ils se produisent tout simplement, sans que vous vous y attendiez. Cependant, votre mode de réaction – la signification que vous leur attribuez – dépend uniquement de vous. Dans cette habileté repose le plus grand différenciateur de l'expérience humaine, et c'est également l'outil le plus puissant dont vous disposez pour vous forger une vie chargée. Il s'avère que ce qui augmentera le plus le contrôle que vous exercez sur votre vie est votre perspective, c'est-à-dire la qualité de la signification que vous attachez aux événements et à votre avenir.

Vous jouez donc un rôle crucial dans votre vie – vous servez de gardien et de metteur en scène de votre vision et votre perception des autres et du monde. C'est beaucoup plus difficile que vous l'imaginez, car ce que vous voyez dans le monde sur une base régulière est ce à quoi vous avez tendance à vous attendre, et ce que la majorité des gens voient n'est pas toujours très positif. De nos jours, presque tout ce que nous voyons ou lisons fait la promotion, sous une forme ou une autre, du chaos, du stress, de conflits, de négativité, de défense du consommateur ou d'idées qui appartiennent aux autres. Pensez à notre monde qui est gouverné par les médias modernes qui semblent conspirer à assombrir notre perception de l'humanité.

L'Américain moyen passe chaque jour quatre heures devant la télévision, ce qui ne fait que consolider dans son esprit les concepts de polarisation, de violence, de narcissisme et d'avidité. Pire encore, il passe ensuite quelques heures de plus à fureter sur des sites Web qui n'ajoutent rien à sa vie, sauf distraction et impasses. Si nous consacrons quatre heures et plus chaque jour à de telles activités, à quoi pouvons-nous alors nous attendre ? À des choses positives ou à des choses négatives ?

Et c'est ce qui nous amène à l'évidence : si vous voulez conserver une perspective saine et positive du monde, il est important d'être plus vigilant lorsque vous emmagasinez de l'information. Bref, cela ne vous ferait pas de mal de réduire *considérablement* le temps que vous passez à regarder la télévision, à écouter des émissions de radio insipides, à surfer sur le Net ou à lire des magazines à potins. Toute cette information que vous gobez consciemment et inconsciemment crée un stress et un malaise inutiles dans votre vie, même à un degré que vous ne soupçonnez probablement pas. Malgré la métaphore populaire, votre cerveau n'est pas un ordinateur. Les ordinateurs n'ont pas d'émotions; vous en avez. Votre cerveau greffe un sens et une émotion à chaque bit utile de données qui entre dans votre vie. Cela signifie que cette information est en fait plutôt « lourde » et que plus il en entre dans votre vie, plus vous vous alourdissez. Si un ordinateur contient trop de données, sa vitesse de traitement ralentit ou, dans les cas extrêmes, il cesse de fonctionner. Pensez alors à l'effet qu'un trop-plein d'informations négatives, chargées d'un bagage émotionnel, peut avoir sur vous.

Il en va de même avec les vampires qui s'abreuvent à votre énergie et à votre estime de soi. Vous savez, ces gens qui vous malmènent sans cesse avec leurs jugements et leurs critiques, et qui vous font sentir horriblement coupable. Il est tout aussi important de moins fréquenter ces personnes toxiques que de réduire votre exposition aux médias négatifs.

Songez davantage à consacrer environ quatre heures par jour à vous abreuver de lectures et d'émissions éducatives, enrichissantes et soigneusement choisies, à rencontrer des amis qui donneront un nouveau souffle à votre perception de la vie, ou à relever de nouveaux défis qui vous rappelleront à quel point vous êtes fort et avez les choses en main.

En ce qui a trait au bonheur, le meilleur moyen de sauvegarder notre perspective consiste à contrôler nos interprétations et à déterminer à quel degré nous voyons les événements de notre vie sur une base positive et personnelle. En psychologie, cet exercice est à la base de presque toutes les discussions portant sur l'optimisme et l'identité.

Nous commencerons par l'optimisme et la raison pour laquelle il est important de contrôler consciemment vos pensées de manière à devenir ou à demeurer optimiste. Si les psychologues ont prouvé une chose de façon probante, c'est bien qu'il est préférable d'interpréter l'information et les événements de votre vie avec une mentalité optimiste, en considérant ce que vous voyez, entendez et expérimentez d'une manière plus positive que négative.

Être optimiste, c'est voir les choses sous un jour favorable, être plein d'espoir et de garder confiance en la tournure des événements. Lorsque le malheur vous frappe, l'optimisme vous aide à garder les choses en perspective. C'est pour cette raison que les optimistes ont tendance à voir les événements négatifs qui se produisent dans leur vie comme des épisodes temporaires, propres à une situation, des incidents qu'ils n'ont pas nécessairement causés, mais qu'ils peuvent maîtriser ou résoudre.

Malgré les idées fausses que véhicule l'imaginaire collectif, les optimistes ne sont pas uniquement des rêveurs qui ne voient pas le monde tel qu'il est. En fait, ils sont *plus enclins à voir le monde tel qu'il est* et à prendre des mesures pour résoudre les problèmes, contrairement aux pessimistes qui, eux, ne croient pas que les problèmes peuvent être résolus. Les optimistes sont donc davantage portés à passer à l'action.

En général, les optimistes sont plus heureux, vivent plus longtemps, réagissent mieux vis-à-vis de l'adversité, ont une vie de couple plus harmonieuse et un mode de vie plus sain. Les pessimistes ont tendance à voir les expériences et les événements négatifs comme des bouleversements qui dureront longtemps, qui sèmeront le chaos dans leur vie et qui ne peuvent être contrôlés ni freinés.

Pour ceux qui disent : « Eh bien, je ne suis pas né optimiste », ou « Je suis fait comme ça », il y a de l'espoir ; les neuroscientifiques ont prouvé que de nouvelles voies neuronales peuvent être créées (et les anciennes renforcées) par l'orientation consciente de notre attention et par une pratique intentionnelle. Il ne fait aucun doute que tous les êtres humains normaux peuvent devenir d'éternels optimistes s'ils y mettent l'énergie et les efforts nécessaires. En fin de compte, c'est une question de choix. Que choisiriez-vous : une vie remplie de perspectives positives ou d'attentes négatives ?

L'autre interprétation majeure que nous faisons, et devrions contrôler pour protéger notre perspective, c'est la façon dont nous relions les événements et l'information à notre moi psychologique, notre identité. Ceux qui vivent en cage voient souvent l'information et les expériences de vie négatives comme une preuve qu'ils sont « mauvais » ou « insignifiants ». Ceux qui mènent une vie confortable sentent qu'ils ne sont « pas à la hauteur » ou qu'ils auraient personnellement dû empêcher les problèmes de surgir dans leur vie. Mais ceux qui connaissent une vie chargée ont tendance à voir l'information pour ce qu'elle est : de l'information. Ils n'y attachent pas une émotion négative et ne portent pas de jugements sur eux-mêmes uniquement parce que quelqu'un a tenu des propos désobligeants ou qu'un événement tragique s'est produit dans le monde. Ils protègent leur image de soi et comprennent qu'un monde parfois chaotique et instable n'a pas à bouleverser leur constitution intérieure ou leur perspective d'un univers qui peut être véritablement magique.

Ce pouvoir intérieur qui vous permet de protéger et de modeler votre perspective est le même qui vous incite à former et à établir votre caractère.

L'un des choix les plus déterminants que vous puissiez faire dans la vie est de décider de contrôler sur une base quotidienne la qualité de la personne que vous deviendrez. Que défendrez-vous ? Sur quelles valeurs, normes et croyances positives vous appuierez-vous chaque jour ? À quel degré seriez-vous tenu de faire preuve d'honnêteté, d'intégrité, d'équité et de bonté envers votre entourage ? Voilà ce qui forge caractère.

En commençant aujourd'hui, attelez-vous à vivre votre vie en y mettant le meilleur de vous-même, en tout temps. Démontrez une force de caractère de manière à être fier de vous et à ce que les autres vous voient comme un modèle.

Vous ne pouvez pas tout contrôler dans la vie. Mais vous *pouvez* vous contrôler *vous-même* – qui vous êtes, comment vous traitez les autres, quel dessein vous motive. En contrôlant la qualité de votre caractère au jour le jour, interaction par interaction, situation par situation, vous façonnerez la qualité de la vie que vous vivrez, ainsi que l'héritage que vous laisserez. Lorsque mon père luttait contre le cancer, je me rappelle que toute ma famille a été étonnée par sa force, sa fidélité à ses principes, la grâce avec laquelle il démontrait que l'on peut relever n'importe quel défi. Son caractère et sa détermination à être un bon être humain tout au long de sa vie et jusqu'à sa mort demeurent une inspiration pour moi.

L'exemple de mon père m'a également rappelé que le caractère n'est pas seulement ce que nous croyons être et ce que nous défendons – c'est ce que nous démontrons à la face du monde. Les intentions ne suffisent pas ; ce sont nos actions qui définissent qui nous sommes vraiment. Ainsi, rien ne changera dans votre vie tant que vous ne modifierez pas votre comportement, que vous n'afficherez pas votre caractère magnifique. Mettez-vous donc continuellement au défi en vous posant cette question : *Est-ce que mes actions reflètent la qualité de la personne que je veux être, et que je peux être ?*

Lors d'une soirée-bénéfice pour la jeunesse, je me rappelle avoir rencontré une bénévole de 90 ans qui était très heureuse. Après avoir observé pendant près de deux heures cette femme travailler dans la joie avec un groupe d'enfants d'une école primaire, je me suis approché d'elle et j'ai engagé une conversation à propos de la vie. Il se dégageait d'elle une force de caractère palpable.

À un moment donné, j'ai dit : « Comment se fait-il que vous ayez autant d'énergie et comment faites-vous pour avoir une telle influence auprès de ces enfants ? » Sa réponse, que je me suis ensuite empressé de noter sur une serviette de papier, m'a transformé pour toujours. « Brendon, a-t-elle dit, toute l'énergie et toute l'influence que nous voulons avoir dans la vie sont *contrôlées* par une chose : *il faut nous comporter en faisant délibérément appel à notre Soi le plus élevé.* Et de cette expression du caractère découlent la grâce et l'amour, et c'est ainsi que l'on trouve le bonheur et un sens à la vie. » (Les italiques sont de moi.)

Activateur nº 2 : Cherchez la nouveauté

J'ai un ami qui s'appelle Paulo Coelho. Auteur de renommée internationale, il a écrit de nombreux ouvrages à succès, dont *L'Alchimiste*, *Onze minutes* et *Le Pèlerin de Compostelle*. Pour celui qui examine sa vie de loin, il semble tout avoir.

On le reconnaît partout dans le monde. Jetsetteur, il voyage beaucoup et possède des résidences en France, en Suisse et au Brésil. Son œuvre est captivante et profondément enrichissante, et elle a transformé la vie de plus d'un demi-milliard de personnes. Plus de neuf millions de fans le suivent en ligne. Des présidents et des dirigeants de nombreux pays ont reconnu ses contributions et l'ont invité à leur rendre visite. Il est en excellente santé et il a été marié pendant plus de 30 ans à la femme qui, son âme le sait, lui était destinée. C'est un homme profondément spirituel et tolérant. Son voyage de découverte de soi et sa quête du sens de la vie ont fait de lui un homme riche, célèbre et aimé. Mais avec le temps, lentement mais avec une intensité surprenante, il est devenu, tout simplement, misérable.

Comment est-ce possible? Avait-il été ingrat? Non. Lorsque je lui ai parlé, le jour de son 65e anniversaire, il était clair qu'il se savait plus que choyé dans la vie. Il se sentait vraiment honoré d'avoir ce que nous voulons tous : l'amour, la sécurité, le respect, l'abondance et une carrière marquée par la créativité et un sens. Mais alors, que se passait-il dans son âme et son cerveau pour qu'il se sente aussi insatisfait? Son histoire et ses efforts pour trouver une réponse révèlent beaucoup de choses sur la vie et, en même temps, sur les neurosciences.

Paulo m'a donné la permission de vous raconter son histoire. De plus, il a parlé de sa crise de soi et de satisfaction dans un ouvrage brillant intitulé *Aleph*. Lui et moi avons abordé la question sous différents angles – d'une perspective spirituelle pour lui et du point de vue du rendement élevé pour moi. Et pourtant, nous sommes arrivés à la même conclusion : Paulo avait besoin de *nouveauté* dans sa vie.

Dans *Aleph*, Paulo décrit comment il en est venu à croire que sa crise de foi s'expliquait par le fait qu'il ne s'aventurait plus dans le monde. Oui, il sillonnait la planète, mais d'un cocon sécuritaire à un autre, où tout était planifié et ne présentait que très peu de nouveaux défis ou occasions. Il ne vivait plus de nouvelles aventures, ne rencontrait plus de nouvelles personnes, n'était plus assez stimulé pour se sentir engagé. La routine l'avait emprisonné dans une ornière spirituelle.

Paulo ne savait pas exactement ce qu'il cherchait. Il a donc fait preuve de souplesse devant les hasards de la vie et s'est engagé à faire quelque chose de nouveau. C'est ainsi qu'il a entrepris de traverser la Russie sur la ligne de la voie ferrée du Transsibérien, un voyage ardu au cours duquel il a fait la connaissance d'une femme qui l'a aidé à trouver ce petit quelque chose qu'il cherchait.

Je laisserai son livre vous raconter la suite de cette histoire. Je dirai simplement que ce qui l'a finalement aidé à trouver sa charge intérieure est ce défi qu'il s'était lancé d'explorer le monde et de s'explorer lui-même de manière différente. Ce simple geste que j'appelle « quête de la nouveauté » a de nouveau rempli d'énergie son esprit et son âme. Je suis heureux qu'il ait renoué avec sa foi et retrouvé sa charge intérieure – c'est mon auteur préféré et j'attends avec impatience tout ce qu'il écrit.

« Cherchez la nouveauté » est une expression que j'emploie avec mes clients qui semblent enlisés dans la routine. Cela signifie que nous devrions consacrer autant de temps à planifier stratégiquement l'introduction de nouvelles choses et expériences dans notre vie que nous en passons à planifier ce que nous mangerons, le moment où nous ferons de l'exercice et comment nous atteindrons nos buts. Grâce à ce concept, on peut remédier en grande partie à l'ennui, à la dépression, à la misère et au malaise émotionnel.

De récents progrès des neurosciences le prouvent. Après être entrés dans le cerveau de milliers de personnes grâce à des techniques d'imagerie telles que l'imagerie par résonance magnétique, les neuroscientifiques ont conclu que le cerveau est programmé pour chercher et estimer l'importance de la nouveauté et des défis. Mémorisez ces deux ingrédients : *nouveauté* et *défis*. Vous pouvez avoir tous les bons éléments pour connaître une vie formidable – l'amour, le respect, l'abondance, etc. –, mais sans ces deux ingrédients, votre recette donnera une soupe fade qui aura un goût de tristesse et de détachement.

Votre cerveau s'active lorsque quelque chose de nouveau ou de stimulant se produit. Votre esprit devient attentif et aiguisé, libérant de la dopamine, énergisant votre cerveau et le mettant en mode « voyons voir ce qui se passe ». C'est ce qui nous pousse à apprendre. Et si, de plus, cette nouveauté nous met au défi, alors notre cerveau demeure engagé encore plus longtemps. Et un cerveau engagé est un cerveau heureux.

Il est intéressant de noter que les neuroscientifiques ne sont pas les seuls, ni les premiers, à avoir prouvé ce fait. Le célèbre psychologue Mihaly Csikszentmihalyi est essentiellement arrivé à la même conclusion dans ses travaux précurseurs sur la notion d'« expérience-flux », aussi appelée expérience optimale. Il a découvert que le bonheur est souvent comparé à un état dans lequel nous perdons la notion du temps alors que nous sommes totalement absorbés dans une activité que nous aimons et pour laquelle nous sommes doués, mais qui compte en même temps des éléments suffisamment nouveaux pour nous mettre au défi.

De toutes les choses que nous cherchons à contrôler dans la vie, il s'avère que la plus importante est l'introduction de la *nouveauté*. L'absence de ce contrôle a des répercussions dramatiques : un cerveau qui s'ennuie, une âme agitée. Et comme c'était le cas pour Paulo, peu importe l'abondance qui caractérise votre vie, il vous manquera quelque chose si vous n'y faites pas entrer de la nouveauté.

Cette quête de nouveauté ne signifie pas que vous devez constamment chercher à vivre de nouvelles aventures au quotidien. Dieu sait que la majorité d'entre nous est déjà débordée. Mais comme c'est souvent le cas dans la vie, ce n'est pas la quantité qui compte, mais la qualité. Vous devriez donc toujours tenter d'ajouter de nouvelles expériences satisfaisantes dans votre vie.

Pour certaines personnes, c'est aussi simple que d'aller dans un nouveau restaurant une fois par semaine. Pour d'autres, c'est acquérir une nouvelle habileté ou tout simplement faire de nouvelles rencontres. La quête de nouveauté n'exige pas que vous restructuriez toute votre vie. Mais de petits changements peuvent avoir un impact considérable et pourraient bien être ce dont vous avez besoin pour vous engager sur la voie qui mène à une vie chargée.

Conclusion : Viser à vivre de nouvelles expériences sur une base régulière est l'un des meilleurs moyens de rester engagé, énergique et enthousiaste pendant toute la vie. Voici quelques idées pour amorcer votre quête de *nouveauté* :

Six moyens faciles de trouver la nouveauté

1. *La pause des 90 jours.* Tous les 90 jours, prévoyez une petite escapade, seul, avec votre conjoint ou un ami. Oui, *tous* les 90 jours. Il n'est pas nécessaire que ce soit un voyage autour du monde – le but ne réside pas dans la distance à parcourir, mais dans l'*évasion*, la différence ne se mesurant pas en kilomètres, mais dans l'intensité de la pause mentale qui vient rompre la monotonie de la routine et qui apporte relaxation et regain d'énergie. Prenez des « vacances à Balconville » ou, mieux encore, quittez la maison pour une période d'un à cinq jours.

   Allez dans un endroit que vous ne connaissez pas et lâchez prise. Certaines personnes protestent en disant : « Mais c'est impossible. » Et je leur réponds : « Oh, mais je croyais que vous étiez quelqu'un de plus créatif et qui se débrouille bien, surtout lorsqu'il s'agit d'améliorer votre vie. » Si vous valorisez vraiment l'évasion, vous la rendrez possible. Après tout, ce n'est que quatre fois par année, et vous vous devez bien ça.

2. *La tournée des restaurants.* Transformez vos soirs de sortie en une excursion et découvrez un nouveau restaurant

une fois par semaine. Si vous vivez dans une petite ville, organisez-vous pour recevoir entre amis à tour de rôle. Le but est de parcourir la ville et de faire de nouvelles expériences gastronomiques.

3. *Les spectacles et les événements sportifs*. Que se passe-t-il dans votre ville en fin de semaine ? Y donne-t-on un spectacle auquel vous pourriez assister ? Y a-t-il une nouvelle exposition ? Même si un grand nombre d'entre nous adore aller au cinéma, au théâtre ou participer à des événements sportifs, nous le faisons rarement. Prenez l'habitude d'être à l'affût de choses que vous pourrez aller voir et applaudir.

4. Les *voyages d'aventure*. Avez-vous dressé une liste des 50 destinations de rêve où vous aimeriez vous rendre au cours de votre vie ? Les biffez-vous de votre liste et partez-vous au moins une fois par année ? Sinon, commencez à le faire. Voyager est l'un des meilleurs moyens d'apporter sainement de la nouveauté, un sentiment d'engagement et de l'excitation dans votre vie. Faites en sorte d'économiser et de vous réserver du temps afin de faire une réalité de ces aventures. Voici la principale règle qu'il convient d'observer lorsque vous visitez de nouveaux endroits : faites quelque chose d'inédit. Ne vous contentez pas de rester à votre hôtel : sortez, explorez et cherchez l'aventure.

5. *Un cercle d'amis plus vaste.* C'est étrange, mais lorsqu'on est jeune, il est très important pour nous de nous faire des amis, mais en vieillissant, nous accomplissons moins d'efforts en ce sens. Mais sachez que votre cercle d'amis et de connaissances constitue la plus importante influence extérieure lorsqu'il s'agit de trouver le bonheur (à l'exception de vos relations intimes). Prenez des mesures concrètes pour élargir votre cercle d'amis en assistant à des événements de réseautage, des activités de collecte de fonds

et des événements locaux. Ne le faites pas uniquement pour vous constituer un réseau, mais pour tisser des liens d'amitié.

6. *La formation continue.* Quelles 10 nouvelles habiletés devriez-vous acquérir cette année ? Quels efforts faites-vous actuellement pour maîtriser une activité telle que l'écriture, l'art oratoire, le chant, la cuisine, la programmation, la gestion, le soccer ou toute autre activité artistique, athlétique ou professionnelle ? En vous mettant au défi d'acquérir de nouvelles habiletés, vous vous mettez à l'épreuve et transcendez vos limites. Cherchez quelque chose de nouveau à apprendre et n'ayez pas peur d'échouer. Appréciez le processus d'apprentissage – c'est l'un des moyens les plus faciles de cultiver un cerveau plus engagé (et récolter une vie plus engagée).

Ce ne sont là que quelques idées. Personnellement, je les mets toutes en application dans ma vie, car mon niveau d'énergie, d'engagement et d'enthousiasme est très important pour moi. Ce n'est pas toujours facile, mais comme vous allez sans aucun doute le découvrir, la variété met du piquant dans la vie.

Activateur n° 3 : Gestion du flux des travaux

Lorsqu'on demande aux gens sur quel aspect de leur vie ils aimeraient exercer davantage de contrôle tout en retirant une plus grande satisfaction, le travail et la carrière arrivent toujours en tête de liste, en dépit de décennies de progrès en matière de théorie et de pratique dans les domaines de la gestion et de l'avancement professionnel. Nous en savons plus que jamais sur ce qui rend les travailleurs heureux et le milieu de travail harmonieux.

Entrez dans une librairie et vous y trouverez des centaines d'ouvrages traitant de carrière, de management, de culture organisationnelle, de leadership, de saine gestion commerciale et d'efficacité de la main-d'œuvre. Nous avons trouvé le moyen de créer des environnements de travail agréables et branchés, de « réduire » et de décentraliser les organisations, d'externaliser les tâches non essentielles à la mission organisationnelle, de collaborer entre divers secteurs, de partager de meilleures pratiques, de travailler à distance, d'assister à des réunions virtuelles, etc. Et pourtant, moins de 20 % des travailleurs de la planète disent qu'ils sont activement engagés et qu'ils aiment ce qu'ils font.

Si vous avez déjà été employé par une grande entreprise, peu importe la qualité de sa gestion ou sa performance sur le marché, vous avez pu sentir chez vos collègues et vous-même une envie non dite de pouvoir exercer davantage de contrôle et de trouver un sens à votre travail. Quel est donc le problème ? Comment se fait-il qu'avec tout ce que nous savons de l'organisation du travail, nous ne soyons pas plus heureux, plus engagés ou plus productifs comme employés ou entrepreneurs ?

J'ai consacré près de 15 ans de ma vie à étudier cette question dans le cadre de mon travail sur le rendement supérieur, et j'en suis venu à croire que la réponse se trouve dans deux éléments qui caractérisent depuis peu la main-d'œuvre moderne : le *manque d'appropriation* et la *distraction.*

Depuis que l'être humain travaille, sa vie a la plupart du temps consisté à accomplir des tâches spécialisées. Dès l'aube de l'humanité, le monde a été rempli de fermiers et d'artisans qui contrôlaient tous les aspects de leur travail, de A à Z. Le fermier semait des graines, nourrissait les plants pour ensuite les récolter. L'artisan transformait des matières premières en produits finis. Chacun était son propre patron et faisait pratiquement la même chose à longueur d'année, pendant toute sa « carrière ».

Transportons-nous maintenant dans la seconde moitié du 20e siècle et penchons-nous sur une philosophie de gestion qui a tout changé. C'était un concept qui visait à rendre la vie organisationnelle plus productive et il est indéniable que cela a donné des résultats. Le seul problème, c'est que malgré cette réussite – qui est encore vraie aujourd'hui –, personne ne s'est aperçu que cette approche agissait comme un voleur dans la nuit en nous privant d'un plus grand plaisir au travail.

Le coupable ? L'équipe interfonctionnelle chargée de projets. Apparu dans les années 1950, alors que le concept de « gestion scientifique » a pris de l'ampleur à l'échelle planétaire, le monde organisationnel est rapidement passé de la tâche au projet. Plus personne ne travaillait isolé, et plus personne n'effectuait une tâche de A à Z. Tout le monde s'est mis à travailler au sein d'équipes dispersées dans divers projets de l'entreprise.

Ce modèle est encore prépondérant dans la vie organisationnelle actuelle, et ses répercussions sur notre bonheur sont choquantes. Or ce concept d'équipe interfonctionnelle nous a privés d'un facteur que l'on ne savait pas apprécier autant : l'appartenance.

Lorsque j'ai présenté cet ouvrage à des éditeurs potentiels, je savais qu'ils en comprendraient les ramifications si j'arrivais à établir un lien avec leur vie. Je leur ai donc demandé : « Vous est-il déjà arrivé de travailler sur un projet de livre, assistant sporadiquement à toutes sortes de réunions ? Et puis, lorsque le livre a été publié et a connu un grand succès, avez-vous constaté que toute l'équipe était heureuse du résultat ? » Ils ont répondu oui. Je leur ai demandé ensuite : « Et avez-vous déjà travaillé sur un projet de livre que vous avez suivi du début à la fin comme si c'était votre bébé ? Et puis, lorsque le livre a été publié et a connu un grand succès, avez-vous constaté que toute l'équipe était heureuse du résultat ? » Ils ont encore répondu oui. Et puis j'ai posé la question qui tue : « Lequel de ces projets a été le plus satisfaisant ? Dans quel projet votre niveau d'engagement a été le plus élevé, et lequel a été le plus satisfaisant et gratifiant ? »

Bien entendu, vous connaissez la réponse qu'ils m'ont donnée. Tous, sans exception, ont préféré le projet dans lequel ils s'étaient personnellement engagés, celui qu'ils avaient mené du début à la fin.

Considérez maintenant en quoi cet exemple peut s'appliquer à tous les contextes. Le fait d'être plus engagé dans un projet, du début à la fin, est plus satisfaisant que de seulement y participer de temps en temps. Le fait de s'y investir totalement, de le voir évoluer et de le mener à terme est l'une des plus grandes joies du travail. Donc, investissez-vous à fond.

Le concept d'équipe interfonctionnelle n'est pas près de disparaître. Mais sans vouloir prédire l'avenir, je peux vous garantir une chose : *votre niveau d'engagement et d'enthousiasme grimpera en flèche lorsque vous déciderez de ne participer qu'à des projets dans lesquels vous pourrez vous investir totalement, du début à la fin.*

Encore une fois, certaines personnes diront qu'elles n'ont pas le choix, que les projets s'empilent sur leur bureau et qu'ils ne peuvent pas tout faire. Elles vous diront que ce que je demande est irréaliste. Mais je vous assure que c'est possible, quel que soit votre environnement de travail.

Je vous suggère de contrôler ce domaine de votre vie, même si cela signifie de ne participer pleinement qu'à deux à cinq projets majeurs par année. Vous pouvez le faire – vous pouvez trouver ces projets, les demander ou les créer. Vous m'en remercierez.

Si la première partie du flux opérationnel à maîtriser a trait à la *nature* du travail que vous effectuez – et vous savez maintenant qu'il s'agit d'accroître le nombre ou la qualité des projets dans lesquels vous vous engagez pleinement du début à la fin –, la seconde partie concerne votre *façon* de travailler. C'est ici que l'on parle de « flux ». Et il faut que ce soit clair pour vous, dès maintenant. Nous parlerons donc de ce qui vous empêche d'avoir un rendement supérieur. Il est temps d'aborder le problème de la distraction.

Si l'équipe interfonctionnelle vous prive d'un sentiment d'appartenance, alors les responsables de la distraction – oui, vous l'avez deviné – sont le courrier électronique et la messagerie instantanée. J'ai demandé à des auditoires, partout dans le monde, quelle était la chose qu'ils *détestaient* le plus à propos de leur travail, et la réponse était souvent le courrier électronique. Cela m'apparaît très sensé, et c'est probablement pour cette raison que l'on me cite souvent pour un de mes traits d'esprit sur scène : « Votre boîte de réception n'est rien d'autre qu'un système d'organisation pour l'agenda des autres. »

Si les messages électroniques sont votre principale source de distraction ou d'insatisfaction au travail, il est temps de prendre le contrôle de cet aspect de votre vie. Le courrier électronique n'est qu'un élément d'un problème plus vaste : vous n'exercez pas un contrôle adéquat sur le déroulement de vos journées et votre rendement n'est pas à la hauteur de ce que vous méritez (et, de nos jours, de ce qu'il *devrait être*).

Au lieu de me lancer dans la théorie, je me contenterai de vous exposer comment vous devriez travailler de façon stratégique. Cette approche, que nous enseignons depuis de nombreuses années avec le séminaire High Performance Academy, est l'une des stratégies de gestion du temps les plus populaires que j'aie élaborées. Je l'appelle la Fiche de productivité. Elle illustre une façon entièrement nouvelle d'organiser une journée de travail. (Vous pouvez la télécharger en anglais à partir de www.TheChargeBook.com/resources.)

Chaque fois que vous commencez une journée de travail – et idéalement, vous aurez auparavant marché ou fait de l'exercice, dit vos prières ou médité et pris un petit déjeuner sain –, je vous recommande de vous mettre immédiatement en *mode stratégie*. Ne lisez pas votre courrier électronique dès votre arrivée au travail. Si vous commencez par ouvrir votre boîte de réception, vous cédez immédiatement tout contrôle – et abandonnez votre emploi du temps – aux autres.

En mode stratégie, vous aurez une vue d'ensemble de ce que vous tentez d'accomplir et des principaux *projets* sur lesquels vous travaillez. La première section de la Fiche de productivité est donc réservée à l'inscription de projets majeurs et vous propose de réfléchir aux mesures que vous prendrez (de 3 à 5) afin de les mener à bien.

Une fois que vous aurez rempli cette section (eh oui, j'insiste pour que mes clients remplissent cette feuille à la main au début de chaque journée de travail), il est temps de passer en *mode exécution* dans les deux prochaines sections. La section médiane a pour but de vous aider à penser aux personnes avec qui vous devrez communiquer pendant la journée, parce que : a) vous avez besoin de renseignements ou attendez une décision de leur part; ou: b) vous voulez leur transmettre de l'information ou leur faire part d'une décision. La dernière section est réservée à l'inscription de vos priorités, de ce que vous *devrez* absolument accomplir pendant la journée, quelles que soient les circonstances.

Mais aussi simple que puisse paraître cette fiche, son efficacité viendra de ce que vous ferez ensuite. Vous allez travailler d'une manière bien précise et, ainsi, vous prendrez le contrôle de votre boîte de réception – et vous passerez maître dans l'accomplissement de vos tâches.

Après avoir rempli la Fiche de productivité, vous entamerez votre journée de travail en vous concentrant sur la section médiane (qui concerne les personnes). Ce n'est qu'à ce moment-là que vous vous permettrez d'ouvrir votre boîte de réception. Évidemment, vous plier à ces exigences vous demandera beaucoup de volonté. Voici ce que je veux que vous fassiez: ouvrez votre boîte de réception. Ne lisez que les messages envoyés par les personnes dont vous attendez une décision ou de l'information (comme vous l'avez noté dans la section médiane de la fiche). Ne prenez connaissance que de ces messages et répondez-y.

Ensuite, ne rédigez que les réponses nécessaires en fonction de ce que vous avez noté dans la même section. Tout cela ne devrait pas vous prendre plus de 20 à 45 minutes. Mais voici qu'arrive le moment critique : fermez votre boîte de réception et déconnectez-vous de l'application de messagerie. Et n'y touchez plus à moins que vous ayez un peu de temps libre à la fin de la journée, point final.

Alors, si vous ne lisez et n'écrivez pas de courriels pendant le reste de la journée, que faites-vous? Vous produisez, ce qui est à la racine même du mot «productivité». Vous vous attaquez à toutes les priorités que vous avez inscrites dans la dernière section de la fiche. Voilà à quoi vous occuperez le reste de votre journée, et vous ne consulterez pas votre boîte de réception tant que vous n'aurez pas respecté ces priorités. (Si elles nécessitent une transmission électronique, attendez la dernière heure de votre journée de travail pour y procéder.)

Votre tâche consiste à créer de vraies choses, à accomplir de vraies tâches et à faire une vraie différence – pas à envoyer des messages comme si vous y étiez accro. Concentrez-vous donc sur vos priorités. Si vous terminez tôt, n'ouvrez pas votre boîte de réception. Demandez-vous d'abord : *Y a-t-il autre chose que je pourrais faire maintenant pour progresser plus rapidement et plus efficacement dans la réalisation de mes principaux projets ?* Si la réponse est oui, consacrez-vous-y jusqu'à la dernière heure de la journée. Et là, vous pourrez vous permettre de lire votre courrier et d'y répondre.

Voici le défi que vous devez relever au travail : ne vous laissez pas affaiblir et distraire toute la journée par votre courrier électronique. Consacrez la majeure partie de votre journée à travailler sur vos projets et vos priorités, des tâches qui devraient toujours être axées sur la réalisation de choses significatives. Prenez en main votre emploi du temps et faites en sorte que de la magie se produise pendant la journée. Vous aurez alors le sentiment d'avoir retrouvé le contrôle de votre vie professionnelle. Cela se traduira par une explosion de productivité et de plaisir.

Pour éviter un sentiment de surcharge, contrôlez ces aspects de votre vie : la perspective, votre caractère, la nouveauté et le flux de travail. Sur eux, repose notre habileté à garder une bonne attitude et à vivre avec intégrité, à goûter la magie et la diversité du monde, et à organiser chaque jour notre agenda pour faire un usage positif et productif du temps imparti. Et si vous faites preuve de discipline, vous vous réveillerez chaque matin prêt à vivre une vie magnifique et bien remplie.

MOMENT DE RÉFLEXION

1. Si je veux améliorer mon caractère et avoir une perspective plus positive, je devrai…

2. Les deux choses que je dois inscrire à mon agenda dès maintenant si je veux apporter de la nouveauté et des défis dans ma vie sont…

3. Un projet dans lequel je pourrais m'engager ou créer immédiatement et qui me permettrait de m'investir davantage du début à la fin serait…

Chapitre 3

LE LEVIER DE LA **COMPÉTENCE**

« Un homme qui doute de lui est comme un homme qui s'enrôlerait dans l'armée ennemie pour porter une arme contre lui-même. »

— Alexandre Dumas fils

« Je me sens vraiment stupide et incapable de mener mes projets à terme ou de concrétiser mes rêves. »

Assise dans un fauteuil non loin de moi, jouant avec ses ongles, se trouvait une femme qui avait connu une réussite hors du commun. Pour la plupart des gens, cette affirmation de Susan aurait semblé surprenante. Sortie d'une université prestigieuse, elle était bardée de diplômes qui auraient impressionné n'importe qui. Elle n'avait pas seulement grimpé dans l'échelle organisationnelle ; elle s'était hissée au sommet avec un enthousiasme et une audace qui inspiraient ses pairs et ses chefs. Ses homologues féminines la considéraient comme un modèle de fonction professionnelle. Elle dirigeait des équipes de travail partout dans le monde. Richissime, elle possédait des résidences secondaires dans plusieurs pays. C'était une très belle femme et son mari était un homme compréhensif et sensible que tout le monde aimait.

J'ai posé quelques questions à Susan, et nous avons rapidement établi la source du problème. Depuis les 18 derniers mois, elle avait le sentiment d'avoir été médiocre au travail, d'avoir perdu sa motivation et abandonné trop rapidement, trop souvent. Elle ne prenait plus de risques. Elle souffrait également de ce que son psychiatre qualifiait d'« anxiété de performance ». Il l'avait mise sous médication, mais cela ne semblait pas l'aider.

« Maintenant que j'ai connu un certain succès, j'ai l'impression que je n'apprends plus aussi rapidement qu'avant », a-t-elle dit d'une voix lasse. « Mais, ce qui est encore pire, j'ai le sentiment de ne plus être capable d'apprendre, et c'est pour cette raison que je ne relève plus de gros défis et que je n'entreprends pas de projets majeurs. J'ai plus que jamais peur de l'échec. J'évite de faire plusieurs choses à la fois. Je me laisse distraire et ça me sert d'excuse. Ainsi, je sais que je n'échouerai pas. Croyez-vous que j'ai perdu ma fougue ? »

J'ai remarqué que Susan était terriblement mal à l'aise en me confiant tout cela. Mon premier réflexe a été de la réconforter, de lui dire qu'elle imaginait des choses, que tout irait bien. Mais elle ne me payait pas pour que je la console.

« J'ai peut-être atteint les limites de mes habiletés ou de mon intelligence, ou quelque chose comme ça, Brendon, a-t-elle poursuivi. J'avais l'habitude de me sentir si sûre de moi, mais j'ai maintenant le sentiment d'être impuissante, bonne à rien. Qu'est-ce que je peux faire pour retrouver ma confiance et mes moyens ? Qu'est-ce qui m'est arrivé ? Ce sentiment me donne la frousse et va détruire ma carrière. »

Deux options s'offrent à moi : la consoler ou l'orienter. Si je la console, elle se sentira mieux. Si je la guide, elle *sera* mieux.

Je décide de prendre le risque. Je me redresse, me tourne pour lui faire face et lui dis en toute franchise : « Susan, c'est probablement la conversation la plus ridicule que j'aie jamais eue avec une personne de votre envergure. »

Surprise, elle cligne des yeux et ouvre la bouche, sans rien dire. « Vous me dites que vous *attendez* de sentir que vous êtes encore capable d'apprendre avant de relever de nouveaux défis ? C'est comme attendre qu'une voiture démarre sans mettre le contact. Vous avez tout à l'envers. Vous n'avez pas atteint les limites de vos habiletés ou de votre intelligence parce que, franchement, vous n'en avez justement pas testé les limites. »

Je sais que mon approche pourrait paraître cruelle aux yeux de la majorité des gens. Mais je connais Susan. J'affiche un grand sourire en lui parlant ainsi, mais je l'observe également pour voir si elle s'en offusquera. Mais elle ne réagit pas et je continue.

« Vous n'êtes pas sûre de vous parce que vous n'*êtes* plus vous-même. Le problème, c'est que vous ne faites pas l'*effort* d'apprendre et d'essayer de nouvelles choses. Si vous attendez que l'on vous dise que vous êtes assez compétente et encore capable d'apprendre et de faire preuve d'audace, alors écoutez-moi. Je ne crois pas que vous ayez perdu votre fougue ; je crois que vous l'avez seulement muselée parce que vous vous êtes sentie un peu intimidée par votre réussite et enfermée dans un cocon confortable. Vous avez eu peur de votre succès et vous avez cessé de faire preuve de la hardiesse qui vous permettait d'apprendre et qui mettait de la vie dans votre vie. Mais vous étiez audacieuse auparavant, n'est-ce pas ?

— Oui. Mais je suis peut-être tout simplement fatiguée de foncer et d'apprendre tout le temps.

— Eh bien, je vous ai peut-être mal comprise, mais il me semble que vous vous plaigniez d'*avoir perdu le sentiment* de foncer et d'apprendre. Vous devez prendre une décision dès maintenant. Vous pouvez fouiller dans votre passé et trouver toutes les excuses possibles pour expliquer la perte de votre soif de vivre et d'apprendre. *Ou* je peux vous donner un coup de fouet, vous proposer quelques défis à relever pour vous pousser à apprendre et à grandir, et ensuite vous secouer encore un peu jusqu'à ce que vous retrouviez votre élan. Que décidez-vous ? »

Après un moment de réflexion, elle déclara : « Je veux retrouver mon aplomb.

— Et retrouverez-vous votre aplomb en ne faisant rien, ou bien en retournant dans l'arène où vous pourrez vous dépasser, apprendre, grandir et être en pleine possession de vos moyens ? »

Elle esquisse un grand sourire. Et son regard est éloquent: *je suis prête.*

• • •

Si vous aviez connu Susan, vous auriez été surpris de l'entendre se qualifier de «stupide» et d'«incapable». C'est un être humain extraordinaire. Mais tout le monde – sans exception – se sent incompétent dans plusieurs aspects de sa vie, coincé à diverses étapes et dans différentes situations. Susan me donne ici l'occasion de discuter d'un des plus importants leviers humains: *la compétence.*

Le cas de Susan n'est pas isolé. Je le constate de façon récurrente grâce à ma profession, mais aussi parce qu'il fait partie de l'histoire humaine. À un moment ou à un autre, nous nous sentons tous comme elle se sentait, car nous sommes tous gouvernés par le levier de la compétence. Lorsque nous nous sentons compétents et capables, le monde nous appartient. Nous nous aventurons audacieusement dans l'inconnu, nous nous adaptons et nous apprenons rapidement, nous surmontons nos peurs et relevons des défis, et nous atteignons des niveaux élevés de confiance, de succès et de maîtrise.

Dans l'univers du mentorat, nous appelons souvent ce cheminement la «boucle compétence-confiance» – plus vous êtes compétent, plus vous êtes confiant lorsque vous essayez de nouvelles choses ou décidez de relever de plus grands défis; et plus vous foncez, plus votre maîtrise grandit, et plus vous vous sentez compétent.

Mais lorsque l'assurance fait place au doute, nous commençons à nous sentir vaincus. Nous remettons en question nos habiletés, notre intelligence et nos points forts – notre avenir tout entier. Lorsque nous ne nous sentons pas à la hauteur, des sentiments pénibles tels que l'anxiété, la colère, la déception, le désespoir et la peur de l'échec deviennent la norme. Le résultat est désastreux: nous cessons d'essayer, d'apprendre, de grandir et d'apporter notre contribution. Nous comparer aux autres devient une obsession, et le verdict n'est jamais en notre faveur. Nous pouvons avoir l'impression d'avoir perdu notre charge intérieure, car aller de l'avant nous semble intimidant, sinon impossible.

Je sais qu'un grand nombre de ces sentiments vous sont familiers. Nous les avons tous éprouvés. Et je sais également que si nous nous asseyions pendant un instant et si nous avions une conversation à cœur ouvert à propos du niveau de charge que vous ressentez actuellement, je découvrirais rapidement qu'il y a trop d'aspects où règnent l'anxiété et l'apathie dans votre vie – deux symptômes probants d'un mauvais emploi du levier humain de la compétence.

Vous pourriez croire que dans notre monde moderne, caractérisé par l'abondance – où l'éducation et l'information sont très valorisées et disponibles –, le levier de la compétence peut être aisément activé et développé. Il est facile d'acquérir de nouvelles habiletés dans notre société, n'est-ce pas ? Après tout, nous avons des écoles, des programmes d'éducation gouvernementaux et des organismes à but non lucratif en abondance. Les collèges d'arts libéraux encouragent les étudiants à poser des questions et à « trouver leur propre voie ». Les sociétés commerciales sont dotées de services de ressources humaines axés sur la « performance humaine », les « champs de compétence » et même le « développement des compétences ».

La création d'une *organisation qui encourage l'apprentissage* a été le slogan accrocheur du monde de la gestion pendant plus d'une décennie. Le réseau Internet a ouvert à tous l'univers de la connaissance, gratuitement. Nous devrions tous nous sentir suffisamment intelligents, efficaces et capables. Tout devrait donc être parfait en ce qui a trait à notre compétence dans ce monde, n'est-ce pas ?

Mais ce n'est pas le cas. Aux États-Unis, les résultats scolaires des élèves sont à la baisse, et environ la moitié des diplômés qui s'inscrivent à l'université ne terminent pas leurs études. Au travail, la majorité des gens estiment que l'anxiété est devenue la « nouvelle norme », malgré le mandat des services des ressources humaines de donner aux employés les habiletés et les compétences nécessaires à leur réussite. Des entreprises locales et des multinationales ont été rayées de la carte au cours des dernières années à cause de ce qui peut être décrit comme un simple manque de compétence (et peut-être d'éthique) de la part de leurs équipes dirigeantes.

Alors, que se passe-t-il? Pour comprendre, commençons par définir le mot *compétence.* Nous verrons ensuite comment notre société nous prive souvent d'en avoir davantage.

La compétence personnelle peut être librement définie comme notre habileté à comprendre et à maîtriser notre monde, et à y exceller. *Comprendre, maîtriser, et se dépasser.* Si nous le faisons avec confiance lorsque nous relevons les défis et saisissons les occasions que nous apporte la vie, alors nous avons tendance à nous sentir compétent. Nous sentons que nous pouvons utiliser efficacement notre savoir-faire et nos habiletés et, ainsi, bien gérer la situation et réussir.

Songez à votre carrière pendant un moment. Comprenez-vous bien votre rôle et vos buts, ainsi que la structure sociale qui caractérise votre environnement de travail? Pensez-vous détenir le savoir pertinent à la réussite et au progrès? Croyez-vous avoir le talent, les connaissances et les habiletés nécessaires pour atteindre vos buts et ceux de votre entreprise? Et pensez-vous maîtriser vos tâches, apprendre assez rapidement et contribuer systématiquement à un haut niveau d'excellence? Vos réponses à ces quatre questions en disent long sur la compétence dont vous estimez faire preuve au travail.

Le défi auquel nous faisons face, au travail et dans tous les autres aspects de notre vie, est la vitesse à laquelle se produit le changement dans notre société moderne. Alors que tant de gens voient leur rôle changer continuellement – *voici une autre restructuration et une autre vague de licenciements qui se traduiront par une surcharge de travail pour moi* –, il leur est difficile de comprendre où est leur place. Nous devons acquérir toujours davantage de connaissances, et plus rapidement que jamais, si nous voulons rester à flot. Le simple fait de tenir nos connaissances « à jour » est de plus en plus difficile, étant donné la transformation continue de notre environnement de travail.

La dynamique de travail en équipe et l'approche par projet forcent un grand nombre d'entre nous à agir d'une manière qui altère notre faculté d'apprentissage, une habileté essentielle au développement de la compétence. Nous voulons impressionner nos coéquipiers – et plus particulièrement depuis que nous sommes entrés dans l'ère des réseaux sociaux – et nous faisons donc l'impossible pour paraître « compétents ».

Cela signifie que, souvent, nous ne demandons pas d'aide lorsque nous en avons besoin. Nous cachons nos lacunes et notre vulnérabilité, de crainte d'être démasqué. Nous nous empressons de faire plusieurs choses à la fois pour plaire à tout le monde, ce qui nous prive du degré de concentration qui mène à la maîtrise. Pire encore, nous évitons les conflits afin que nos coéquipiers nous aiment et que nous puissions continuer à projeter l'image de cette culture amusante, collégiale et heureuse que nous sommes censés créer.

Et les choses s'aggravent. Alors que le travail en équipe à l'échelle mondiale et l'externalisation deviennent de plus en plus la norme, nous avons pris l'habitude de déléguer les tâches qui ne mettent pas nos points forts en valeur et, ainsi, nous ne faisons plus appel à notre capacité d'essayer de nouvelles choses, de nous améliorer, d'*apprendre*.

Quelle que soit notre profession, nous faisons partie d'une main-d'œuvre en mouvement, socialement branchée, qui devrait idéalement être plus productive, plus créative et plus heureuse que jamais auparavant. Tout est en place pour une grande tragicomédie : le changement se produit à une vitesse stupéfiante et, pourtant, on ne devrait jamais se sentir incertain ou distrait.

Mais il n'y a pas matière à rire. Un manque de compétence au travail – ou dans tout autre aspect de votre vie – peut avoir un impact désastreux sur votre avenir. Voici ce que les psychologues de l'éducation et les spécialistes de la performance humaine savent de la compétence.

1. *Votre niveau de compétence détermine ce à quoi vous prêterez attention.* Lorsque vous ne vous sentez pas compétent, vous n'avez pas tendance à prêter attention aux problèmes, aux conflits ou à de grands défis et occasions – parce que vous ne vous estimez pas capable d'y faire face. Ainsi, un manque de compétence se traduit par des retards et de la procrastination.

2. *Votre niveau de compétence détermine les tâches et les activités que vous déciderez d'accomplir.* Lorsque vous vous sentez capable et sûr de comprendre votre monde, d'y briller et de le maîtriser, vous êtes porté à entreprendre des tâches plus difficiles. Et ceci, bien entendu, se traduit par l'acquisition d'un plus grand nombre de connaissances et par une plus grande réussite professionnelle. Si vous vous sentez incapable, vous n'accomplissez que les tâches les plus faciles et vous devenez esclave de la sécurité.

3. *Votre niveau de compétence détermine votre niveau d'effort.* Les travailleurs acharnés croient qu'ils peuvent obtenir des résultats positifs grâce à leurs efforts, et ils en font donc davantage. Cela semble simple, mais des études portant sur le rendement supérieur ont démontré hors de tout doute que le travailleur qui se croit compétent travaille plus dur (et de façon plus intelligente).

4. *Votre niveau de compétence détermine votre adaptabilité et votre résistance.* Cette affirmation pourrait avoir des conséquences étonnantes sur votre niveau de réussite dans la vie et au travail. Les gens qui ont confiance en leur capacité d'apprendre, de se distinguer et de maîtriser leur monde sont davantage portés à corriger leur trajectoire si quelque chose ne fonctionne pas. Ils se relèvent plus rapidement après un revers, car ils y voient un enseignement et non un échec.

5. *Votre niveau de compétence détermine si vous serez un chef de file ou si vous suivrez la file.* Connaissez-vous une habileté qui est de nos jours plus essentielle que le leadership ? Mais qui sont ceux qui prennent les commandes au travail et dans la vie ? Ce sont ceux qui croient en eux-mêmes et en leurs habiletés. Ils se sentent compétents lorsqu'il s'agit de relever des défis, même si c'est ardu, car ils sont persuadés qu'ils réussiront avec l'aide de leurs coéquipiers, tout en poursuivant une vision nouvelle et grandiose. (Malheureusement, ceux qui n'ont pas confiance en leurs habiletés à comprendre leur monde, à y briller et à le maîtriser ont rarement une grande vision pour eux-mêmes et les autres, et ils ne cherchent pas activement, courageusement et systématiquement à en développer une.)

Notre société en mutation rapide exige que nous nous dépassions si nous voulons suivre le mouvement, continuer à apprendre et à contribuer à son essor. Par conséquent, les apprenants – les gens qui cherchent toujours à accroître leur compétence de manière à mieux connaître le monde et à développer leurs habiletés – hériteront de ce nouveau monde. Avec un enjeu de cette taille, comment pouvons-nous activer le levier de la compétence d'une manière saine et énergique ? Quels sont les plus grands catalyseurs du développement de la compétence ? Voici trois des activateurs les plus puissants.

Activateur n° 1 : Évaluez et aiguillez votre désir d'apprendre

Le désir d'apprendre et de maîtriser notre vie est crucial si nous voulons être confiant et heureux. Si nous abordons l'apprentissage avec joie et enthousiasme, nous avons tendance à nous sentir plus confiant et capable dans la vie. Et les neuroscientifiques sont maintenant en train de prouver que plus nous apprenons, plus nos voies neuronales se renforcent, ce qui nous permet de mieux anticiper et briller, et ce qui déclenche ensuite une agréable libération de dopamine dans le cerveau.

Naturellement, nous voulons tous ressentir cette confiance et ce plaisir qui découlent du développement de la compétence. Mais alors, pourquoi n'y a-t-il pas plus de gens qui saisissent les occasions d'apprendre dans la vie? Pourquoi les gens ne se mettent-ils pas davantage au défi d'apprendre de nouvelles choses et de développer et approfondir leurs compétences?

Ce n'est pas parce qu'ils sont paresseux. (C'est une explication que l'on entend souvent de nos jours.) Non, si les gens ne développent pas davantage leurs compétences et ne deviennent pas des « ninjas » de l'apprentissage, c'est tout simplement parce qu'ils ne savent pas comment évaluer les nouvelles occasions d'apprendre qui leur sont offertes. Par exemple, ils disent non à l'apprentissage d'une nouvelle langue sans vraiment savoir pourquoi. (L'explication qu'ils donnent généralement – « C'est trop difficile » ou « Je n'ai pas le temps » – n'est qu'une partie de l'équation.)

Voici ce que j'ai appris : si nous voulons accroître votre habileté à devenir plus compétent dans un domaine donné, nous devons évaluer *pourquoi* vous voulez apprendre, ainsi que les *facteurs* qui pourraient vous en empêcher. Nous devons également vous aider à *choisir* des défis d'apprentissage qui vous stimuleront et qui façonneront votre avenir.

Ceci étant dit, vous devez savoir qu'il existe des indicateurs clés éprouvés qui révèlent si oui ou non vous saurez relever avec brio un défi d'apprentissage (ou même si vous essaierez). En ayant conscience de ces indicateurs, vous saurez mieux adapter votre approche de l'apprentissage et, ainsi, de votre développement.

(High Performance Academy a conçu un formulaire d'évaluation des indicateurs d'engagement que vous pouvez télécharger gratuitement à parir de www.TheChargeBook.com/resources. Ce formulaire est en anglais.)

Identité en devenir

En déterminant si vous tenterez de faire une nouvelle expérience ou de relever un défi d'apprentissage, ce qui se traduira par un développement de la compétence, posez-vous cette question clé: *Est-ce que cette activité ou ce but est pertinent pour mon identité future?*

Par exemple, si vous vous préparez à passer un examen de physique à l'université, mais que vous ne vous voyez pas utiliser les principes de la physique dans votre vie professionnelle, vous serez moins porté à étudier, à attendre fébrilement l'examen ou à vous demander si vous pourrez faire mieux la prochaine fois.

Le sachant, demandez-vous quels efforts vous faites actuellement pour apprendre de nouvelles choses. Vous n'en faites pas beaucoup? Eh bien, c'est probablement parce que vous ne concevez pas une nouvelle identité future irrésistible qui nécessiterait de nouvelles compétences. Quelles nouvelles connaissances ou habiletés pourriez-vous commencer à maîtriser afin d'offrir un rendement supérieur et de mieux réussir dans la vie?

Valeur intrinsèque

La majorité d'entre nous a été incitée à apprendre afin d'acquérir des «valeurs intrinsèques», des récompenses extérieures offertes par le monde, comme l'argent, le pouvoir et les honneurs. Dans la pire métaphore de tous les temps en ce qui a trait à la motivation, les gens parlent de «la carotte et du bâton», le bâton étant une punition si vous n'agissez pas comme on vous le demande, et la carotte une récompense si vous vous conformez. Il y a trois problèmes avec cette métaphore. Premièrement, elle suppose que nous sommes tous des ânes. Deuxièmement, elle suppose que nous sommes tous des ânes qui obéiront si on les punit. Troisièmement, elle suppose que la motivation extrinsèque nous gouverne.

Trouver une valeur intrinsèque – c'est-à-dire une connexion significative – nous motive personnellement, ce qui est très différent de la notion de motivation qu'on a inculquée à la majorité d'entre nous.

Des chercheurs ont prouvé que nous sommes plus motivés par les récompenses intrinsèques qu'extrinsèques – par exemple, en nous adonnant à nos passions, en faisant ce que nous aimons, en étant fiers d'un travail bien fait, en collaborant avec nos pairs, en apportant notre contribution à une cause qui nous tient à cœur.

Ceci étant dit, qu'*aimeriez*-vous apprendre au cours des 12 prochains mois ? Quel genre de défi pourriez-vous décider de relever afin de vous sentir plus enthousiaste et fier de vous, sans égard à la récompense extérieure ?

Valeur utilitaire

Demandez-vous : *Est-il utile de poursuivre ce but ?* La valeur utilitaire a toujours été le rayon des économistes qui croient, par exemple, que nous achetons des articles parce que nous savons qu'ils nous seront utiles, et que le prix que nous payons pour les acquérir est directement lié à l'usage que nous en ferons. Et en matière de rendement supérieur, cette valeur apparaît souvent lorsqu'on *sait* que le fait de relever un nouveau défi se traduira par un avantage direct. Par exemple, si l'apprentissage du langage hypertexte peut vous aider à être plus efficace au travail et vous valoir une augmentation, il a une valeur utilitaire.

Donc, que vous serait-il *utile* d'apprendre au cours des 12 prochains mois ?

Coût d'une occasion

En visant un nouveau but ou en accomplissant une nouvelle tâche, que pourriez-vous rater ? Tout projet demande temps, énergie, efforts, ressources et volonté, qu'on aurait pu affecter à autre chose. Nous devons tenir compte de cette réalité, car la majorité d'entre nous prend inconsciemment des décisions fondées sur la crainte de perdre un avantage si nous dirigeons notre attention ailleurs.

Nous disons: « Je ne peux pas apprendre telle ou telle chose parce que cela m'empêcherait de conduire les enfants à l'école le matin. » Bien entendu, ce raisonnement ne vaut rien, car on peut très bien apprendre quelque chose sans négliger les enfants, mais c'est ainsi que nous pensons. Généralement, nous avons tendance à nuire à notre faculté d'apprentissage en faisant une fixation sur de faux dilemmes. Demandez-vous donc: *Quelle habileté ai-je voulu acquérir, à laquelle j'ai renoncé en me leurrant avec un coût imaginaire?*

Délai

Demandez-vous: *Combien de temps devrai-je attendre pour jouir des avantages liés à l'atteinte de ce but ou à l'accomplissement de cette activité?*

Supposons que vous ayez décidé d'apprendre une nouvelle langue – l'espagnol, par exemple. Si vous commencez à suivre des cours la semaine prochaine, mais que vous ne vous exercez pas à la conversation avant d'aller en Espagne dans cinq ans, cela aura-t-il une incidence sur votre motivation? Évidemment. Les êtres humains sont épouvantables lorsqu'ils doivent attendre pour obtenir satisfaction, et plus ce délai est long, moins ils sont motivés.

Qu'avez-vous renoncé à apprendre parce que le gain n'était pas immédiat? Où en seriez-vous aujourd'hui si vous étiez allé de l'avant sans hésiter?

Contrôle personnel

Les psychologues utilisent la « théorie du contrôle perçu » pour décrire le degré de confiance que nous éprouvons à l'égard de notre habileté à contrôler nos actions et à atteindre des résultats dans notre vie. Si vous ne croyez pas pouvoir accomplir les gestes nécessaires pour réussir dans un projet donné, il est clair que vous serez moins porté à l'entreprendre. Et si vous êtes prêt à agir, mais ne croyez pas que vos actions se solderont par un réel progrès et le résultat visé, vous serez encore une fois moins motivé.

Réfléchissez à la dernière année de votre vie. Vous est-il arrivé de renoncer à vos rêves parce que vous estimiez ne pas pouvoir faire les efforts nécessaires pour les concrétiser, ou parce que vous pensiez que ces efforts ne porteraient pas leurs fruits ? Cette croyance a anéanti vos rêves. Donc, lorsque vous songez à relever un nouveau défi, il est important d'avoir la certitude de pouvoir contrôler votre destinée. Sur quels exemples pouvez-vous vous baser pour vous rappeler que votre travail et vos efforts sont fructueux ?

Soutien social et relations

Les gens vous apporteront-ils leur soutien, des conseils et des encouragements si vous tentez de faire quelque chose de nouveau, et serez-vous en mesure de tisser de nouveaux liens au cours de ce processus ?

Nous voulons tous nous sentir en sécurité et bien entourés lorsque nous nous lançons dans un nouveau projet, et nous souhaitons également que les risques que nous prenons soient socialement reconnus et récompensés. C'est pourquoi il est si important de bien réfléchir au soutien que vous recevrez lorsque vous entamez un voyage d'apprentissage ou que vous décidez de relever un nouveau défi. Vous voulez apprendre à courir un marathon ? Fréquentez des gens qui veulent faire la même chose.

Informez-vous les membres de votre réseau social des buts et des réalisations qui vous intéressent ? Comment pouvez-vous utiliser votre cercle d'amis ou un nouveau groupe de gens afin qu'ils vous aident à rester motivé ?

Champ d'action

Demandez-vous : *Aurai-je suffisamment de temps et de concentration pour bien apprendre et exécuter cette nouvelle activité ?*

Voici l'un des plus grands défis que nous puissions relever en développant notre compétence : nous avons tous le sentiment d'être débordés et nous n'entreprenons donc que de petites tâches. Le tourbillon d'activités qui caractérise notre société moderne a poussé un grand nombre d'entre nous à opter pour des projets simples ou d'ordre administratif, car nous croyons ainsi minimiser les risques, alors que c'est justement le risque – le fait de repousser nos limites – qui induit la croissance.

À quelles activités non importantes consacrez-vous trop de temps alors que vous pourriez investir dans de nouvelles actions significatives ?

Disponibilité des ressources

Aurez-vous les ressources suffisantes pour atteindre votre but ? Prétendre ne pas avoir ce qu'il faut pour réussir est l'une des excuses les plus commodes pour ne pas entreprendre une nouvelle tâche ou une activité. Pensez à tous ces gens qui souhaitent créer leur propre entreprise. Mais ils ne le font pas à cause de l'une ou l'autre des raisons suivantes : manque de temps, d'équipement, de produits, de système, d'ordinateurs, de site Web, de personnel, d'argent, etc. Bien entendu, ce sont d'importantes considérations lorsque nous choisissons ce que nous ferons ou ne ferons pas dans la vie. Le problème ici, comme avec tous les indicateurs déjà mentionnés, c'est que nous faisons souvent ces évaluations *inconsciemment.*

De quelles ressources auriez-vous besoin pour atteindre un nouveau but ou relever un nouveau défi qui vous passionne ?

Autonomie

Cet indicateur explique souvent pourquoi un grand nombre de gens dans le monde du travail ne se portent pas volontaires pour participer à de nouveaux projets. *Me fera-t-on confiance et me donnera-t-on le pouvoir de prendre des décisions afin que je me sente en contrôle et capable d'arriver à des résultats ?* Si vous estimez devoir obtenir une permission à chaque prise de décision, ou si l'on doute constamment de vos capacités, ou vous donne des réponses évasives, vous ne serez tout simplement pas motivé à jouer le jeu. D'autant plus que vous n'aurez aucun sentiment d'appropriation si vous devez faire approuver chaque étape de votre travail, et vous vous investirez moins dans le résultat.

De qui pouvez-vous obtenir la « permission » et le soutien afin d'essayer quelque chose de nouveau ? Comment obtenir un plus grand pouvoir décisionnel et davantage de liberté lorsque vous déciderez de relever votre prochain défi ?

Ces indicateurs et ces questions visent à vous faire réfléchir à la façon dont vous avez jusqu'ici abordé les défis d'apprentissage. Je vous conseille d'utiliser ces indicateurs comme une liste de contrôle la prochaine fois que vous aurez l'intention d'apprendre ou de faire quelque chose de nouveau. Posez-vous les questions que je propose plus haut et réfléchissez bien à vos réponses. Ainsi, vous serez davantage porté à relever des défis qui nécessitent que vous vous dépassiez, que vous appreniez et que vous grandissiez – et qui se solderont par une plus grande compétence.

Activateur n° 2 : Fixez-vous un vrai défi, planifiez efficacement et faites appel à un mentor

Êtes-vous au même niveau d'habileté et de maîtrise des divers aspects de votre vie qu'il y a trois ans ? Autrement dit, y a-t-il des aspects de votre vie dans lesquels vous estimez ne pas avoir progressé ?

Si votre épanouissement personnel vous tient véritablement à cœur, vous devez vous *concentrer sur la croissance*. Et vous n'y arriverez qu'en choisissant de relever de nouveaux défis qui vous permettront de développer vos compétences dans les domaines de votre vie qui sont importants pour vous. Faisons-le donc maintenant.

Il est temps de vous fixer quelques vrais défis mesurables et assortis d'une échéance qui vous feront progresser dans la vie. Premièrement, définissons ces termes. Un *vrai* défi est un projet dont l'issue est ambitieuse – il ne sera pas facile à relever. Si vous cherchez la facilité, vous pouvez tout aussi bien vous arrêter dès maintenant et retourner à votre vie ordinaire. Un défi *mesurable* signifie que vous demanderez à quelqu'un d'observer votre performance *tout au long* du projet. Cette personne devra être en mesure d'évaluer votre rendement du début à la fin, de façon ponctuelle ou continue. Finalement, votre défi doit être assorti d'une *échéance* – il doit avoir un début et une fin.

Avant d'examiner le modèle, permettez-moi de vous donner quelques exemples de ce genre de défis. Si vous êtes un joueur de basketball, votre défi pourrait être de marquer 10 paniers de plus que votre record (vrai) dans un véritable match, devant votre entraîneur (mesurable), et durant le quatrième quart-temps (échéance). Si vous êtes un directeur commercial, votre défi pourrait être de doubler votre chiffre de ventes (vrai) en rendant visite à vos 20 meilleurs clients, en compagnie d'un représentant (mesurable), au cours des 5 prochaines semaines (échéance).

Ces deux exemples répondent bien à nos critères. Ils illustrent également un autre point : tous les deux sont des défis individuels. L'athlète s'est fixé un but. Le vendeur s'est assigné une tâche. C'est un point essentiel pour qui veut réussir à développer de nouvelles compétences. Vous devez maintenant prendre les *commandes* de vos défis, dès aujourd'hui. *Oui, la vie placera de nombreux défis sur votre route, mais vous devriez en fixer d'autres vous-même.* Je sais que cela peut sembler paradoxal. La majorité des gens ne cherchent pas les défis – ils les fuient.

Je vous recommande fortement de commencer par des défis à court terme. J'encourage mes clients à choisir des défis s'étalant sur 60 jours, à s'obliger à apprendre de nouvelles choses et à s'améliorer dans un laps de temps incroyablement court. En se voyant progresser aussi rapidement, ils demeurent engagés et enthousiastes. Bien entendu, il est important de prévoir un perfectionnement professionnel à long terme, mais rien n'est plus excitant qu'un défi à court terme. Veillez donc à vous en réserver quelques-uns.

Envisagez un projet d'apprentissage rapide. Mettez-vous au défi d'apprendre quelque chose en 60 jours ou moins. Par exemple, vous pourriez apprendre à jouer cinq de vos chansons préférées au piano ou sur un autre instrument. Ou apprendre à utiliser ce nouveau système ou ce nouvel outil que vous avez toujours évité de toucher au travail. Peu importe le défi, *repoussez vos limites.* Vous serez heureux de l'avoir fait.

Alors, quel sera ce vrai défi, mesurable et assorti d'une échéance que vous créerez du jour au lendemain ? Quel défi pourriez-vous vous imposer pour la seule raison d'apprendre, de grandir et d'acquérir davantage de maîtrise et de compétence ? Prenez quelques minutes pour noter quelques nouveaux défis que vous relèverez à la maison, au travail et dans d'autres aspects de votre vie.

Et maintenant, permettez-moi de vous donner quelques conseils qui vous aideront à atteindre vos buts.

Premièrement, planifiez. Chaque jour, des millions de personnes de partout dans le monde entrent dans une salle de conférence sans être préparées pour la grande rencontre. Des athlètes s'assoient sur leurs lauriers et oublient d'étudier leurs adversaires avant le grand match. Des parents entrent tranquillement dans la chambre de leur enfant sans avoir pensé à leur façon d'aborder son mauvais comportement à l'école. Sans préparation, la croissance spectaculaire et la maîtrise sont impossibles.

Bien sûr, on peut parfois réussir sans planification ni préparation ; cela arrive chaque jour. Les gens ont un coup de chance, ou bien une occasion se présente toute seule au bon moment. Mais en improvisant ainsi, ils ne progressent pas ni n'atteignent la maîtrise. Et c'est parce que la croissance considérable et la maîtrise – le véritable développement de la compétence – exigent une stratégie, exactement comme aux échecs et au football.

Si vous voulez vraiment estimer la valeur du processus d'apprentissage et de développement d'un profond sentiment de maîtrise personnelle, vous devez absolument devenir un planificateur. Choisissez le domaine dans lequel s'inscrira votre défi et lisez ensuite tout ce que vous pourrez trouver sur le sujet. Interviewez des experts de ce domaine et imitez-les. Ralliez vos pairs et faites-leur part de vos pensées et de vos stratégies.

Plus important encore, tentez de trouver un accompagnateur impartial qui vous offrira de bons conseils et de la rétroaction. Il n'est pas nécessaire que ce soit, comme moi, un *coach* spécialisé ; il peut tout simplement s'agir d'un bon ami ou d'un mentor qui pourra vous aider à planifier votre défi et à en franchir les diverses étapes. Si ce défi est important pour vous, ne vous y lancez pas à l'aveuglette et seul. Le moyen le plus rapide de devenir meilleur dans un domaine est d'avoir un entraîneur qui vous dit ce que vous pouvez améliorer. Cet observateur est important pour le développement professionnel, car vous ne pouvez pas améliorer ce que vous ne voyez pas – lorsqu'on se trouve dans le tableau, on ne voit pas le cadre.

Activateur n° 3 : Intégrez la réussite à votre identité

Un sentiment de fierté et de progression est essentiel pour qui veut se sentir compétent. Mais l'un des plus grands dangers dans un monde qui change rapidement est que nous arrivons rarement à bien saisir tout ce que nous avons accompli et maîtrisé avant de nous aventurer à nouveau dans l'arène de l'apprentissage. Nous venons à peine de comprendre enfin quelque chose que, *bang*, nous devons nous lancer dans l'acquisition de nouvelles connaissances. Si nous ne prenons pas le temps de nous complimenter pour ce que nous avons appris, alors nous n'aurons jamais l'impression d'avoir progressé.

Il s'agit donc de s'arrêter pour évaluer nos progrès sur une base quotidienne, même si nous sommes toujours tourné vers notre but ultime. Tout au long de votre vie, vous avez remporté des dizaines de milliers de victoires. Vous avez à peine remarqué la plupart d'entre elles, et c'est dommage. Vous ne vous êtes jamais attribué beaucoup de mérite pour avoir appris à rouler à bicyclette sans roues stabilisatrices, car une fois cette étape franchie, elle a fait place à une nouvelle ambition : aller plus vite et plus loin.

Vous ne vous êtes peut-être pas félicité d'avoir décroché votre premier emploi parce que vous étiez trop préoccupé par tout ce que vous alliez devoir apprendre à propos de votre environnement de travail. Ces exemples sont simples, mais ils illustrent bien le fait que nous sommes déjà passés à autre chose avant même de reconnaître ce que nous avons accompli dans la vie – même les petites choses –, et c'est pour cette raison que nous n'*éprouvons* jamais un sentiment de plénitude. Nous ne nous sentons pas plus compétents, capables et confiants aujourd'hui que nous ne l'étions la veille ou l'avant-veille.

C'est l'un des grands défis qui attendaient Susan, la femme dont je vous ai parlé au début de ce chapitre. Elle connaissait une réussite extraordinaire, mais elle ne *se sentait* plus à la hauteur. Son regard était uniquement tourné vers d'ambitieux projets et elle ne voyait plus les résultats remarquables qu'elle obtenait dans le moment présent. Elle n'avait plus confiance en elle parce qu'elle ne reconnaissait pas les petits pas qu'elle faisait vers la concrétisation de ses rêves. Susan ne se permettait tout simplement pas de goûter à ses victoires.

Pour l'aider, je lui ai proposé un exercice très efficace. Je lui ai demandé de coucher sur papier toutes les réalisations et les réussites qui avaient ponctué les 10 dernières années de sa vie. Je lui ai demandé de remplir au moins une page de ces « souvenirs victorieux » pour chaque année de cette décennie. Cette activité l'a obligée à se rappeler consciemment tous les petits succès qui l'avaient menée là où elle était aujourd'hui. Elle a dû noter, pour chaque année, toutes les nouvelles habiletés qu'elle avait acquises, les livres qu'elle avait lus, les cours qu'elle avait suivis, les évaluations de rendement qui lui avaient permis de mesurer ses progrès.

Cet exercice a été très difficile et lui a demandé beaucoup de temps, c'est le moins qu'on puisse dire. Elle m'a dit qu'il lui avait fallu près de huit heures pour le compléter, non pas parce qu'elle avait une liste interminable de réussites à consigner, mais plutôt parce qu'elle avait dû fouiller dans ses souvenirs. Voici la note qu'elle m'a envoyée avec une copie de sa liste de victoires :

Brendon, c'est les larmes aux yeux que je vous écris. L'exercice que vous m'avez proposé a été l'une des activités les plus intenses que j'aie jamais faites. Mais je dois vous avouer que cela a été difficile, quoique stimulant à la fin. En repensant aux 10 dernières années de ma vie, c'est à peine si j'arrivais à me rappeler ce que j'avais accompli. Je n'avais aucun problème à retracer mes échecs, mais j'ai eu énormément de difficulté à trouver des souvenirs positifs, à me remémorer d'avoir été fière et d'avoir éprouvé un sentiment d'accomplissement. Cela m'a fait comprendre que je n'avais jamais intégré ma réussite à mon esprit. Il est étonnant que je ne me sois jamais sentie à la hauteur. J'étais aveugle. Je ne voyais pas que j'allais de l'avant, que je m'améliorais, que je travaillais de façon plus intelligente. Je vous remercie. J'espère que vous apprécierez la lecture de mes souvenirs. J'ai le sentiment que ces 20 pages représentent ma première victoire depuis de nombreuses années.

Je crois que vous méritez le même cadeau. Prenez le temps d'accomplir cet exercice. Faites-moi confiance.

Il est probable que vous ayez un agenda ou que vous organisiez votre vie à l'aide du calendrier de votre ordinateur. Pour la plupart des gens, fermer son agenda est l'une des dernières activités accomplies chaque jour au travail, pour prendre connaissance de son emploi du temps du lendemain. À partir de maintenant, avant de fermer votre agenda, prenez un moment et pensez à ce que vous avez accompli au cours de la journée.

Ne pensez pas à ce que vous n'avez *pas* fait. Réfléchissez plutôt à ce que vous avez mené à bien, même s'il ne s'agit pas d'un coup de maître qui a changé le monde. Fermez les yeux, remémorez-vous ce que vous avez accompli et dites-vous simplement : *Je progresse. Un petit pas à la fois, je progresse.* Laissez monter en vous un sentiment de fierté et de reconnaissance pour ce que vous avez fait aujourd'hui.

Allons maintenant un peu plus loin. J'aimerais que vous teniez un journal personnel. Peut-être le faites-vous déjà. Si c'est le cas, vous n'aurez alors qu'un petit ajout à y faire. Sinon, vous devriez en commencer un. Une grande partie du sentiment de compétence que nous éprouvons vient de l'*analyse réfléchie* de notre vie, pas uniquement des gestes que nous accomplissons. C'est pour cette raison que je vous conseille d'ouvrir votre journal personnel au moins une fois par semaine, d'y inscrire vos progrès et ce que vous avez appris. Étant donné que l'emploi du temps de Susan était tellement axé sur sa carrière et sa semaine de travail, je lui ai demandé de garder son journal sous la main et, tous les vendredis avant de quitter le travail, d'y consigner ce qu'elle avait appris pendant la semaine à propos d'elle-même, de son entourage et du monde en général.

Dire que cette activité lui a redonné sa charge intérieure serait un euphémisme. Grâce à l'exercice des réussites passées, elle a enfin pu recommencer à se considérer comme une apprenante. Et si je peux vous aider à devenir un bon apprenant, alors vous commencerez à vous sentir plus compétent et, tout compte fait, plus vivant et plus accompli.

MOMENT DE RÉFLEXION

1. Si je veux faire une réalité de l'avenir dont je rêve, un domaine dans lequel je devrai développer davantage d'habiletés et de compétence est…
2. Le défi d'apprentissage rapide de 60 jours que je relèverai est…
3. L'un des moyens par lesquels je commencerai à savourer mes victoires et à intégrer la réussite à mon identité est…

Chapitre 4

LE LEVIER DE LA **CONFORMITÉ**

« N'acceptez aucun compromis. Vous êtes tout ce que vous avez. »

— Janis Joplin

Il ne me reste que 25 minutes à consacrer à Michelle. Je sais que ce n'est pas beaucoup et c'est pourquoi je m'incline vers elle, plonge mon regard dans le sien et lui demande, comme si de rien n'était : « Est-il possible que j'aie devant moi une personne plus unique, audacieuse, excitante et expressive que vous voulez le laisser croire ? »

Ma question a semblé l'étonner. Elle avait pleuré, et j'ai l'impression qu'elle voulait que je pleure avec elle. Mais je ne suis pas sa meilleure amie ni son thérapeute ; je suis son *coach*.

Pendant les 35 dernières minutes, Michelle m'a expliqué pourquoi elle devrait être heureuse alors qu'elle ne l'est pas. Une grande partie de son mal-être, dit-elle, vient de son enfance et de son incapacité à « redresser l'échine » et à être celle qu'elle croit pouvoir être dans la vie. Elle m'a expliqué à l'aide de très bons arguments pourquoi elle estime que tout le monde, dans sa vie passée, lui a mis de mauvaises cartes en main, et continue à le faire. La vie n'est pas toujours rose, me rappelle-t-elle, et elle ajoute qu'elle tente désespérément de se sentir acceptée, de se fondre dans le moule. Puis elle se met à pleurer en précisant encore davantage les raisons pour lesquelles sa vie lui semble incompatible avec ce qu'elle croit être et pouvoir être.

Oui, 35 minutes se sont déjà écoulées. Dans 25 minutes, à la fin de la consultation, elle sortira de mon bureau et je ne la reverrai plus. Elle m'a payé pour que je change sa vie. C'est un défi ridicule, mais elle connaissait mon travail et mes résultats, et elle avait insisté pour que je lui offre une heure d'assistance professionnelle. Je ne crois pas en la transformation du jour au lendemain, mais elle avait insisté, et elle était là, devant moi. Et il ne me restait que 25 minutes.

Je crois qu'elle n'apprécie pas la froideur de mon approche. Mais j'insiste. Je m'incline vers elle, à quelques centimètres de son visage, et plonge mon regard dans le sien comme si j'étais à la recherche de son âme :

« Est-il possible que j'aie devant moi une personne plus unique, audacieuse, excitante et expressive que vous voulez le laisser croire ? »

Elle semble perplexe. « Ce n'est pas ainsi que je me considère. Personne n'est comme ça tout le temps. Eh bien, peut-être qu'une partie de moi est comme ça, mais je ne le montre pas, vraiment pas. »

Je hoche la tête, sans baisser les yeux. « Peut-être que c'est ça, le problème. »

• • •

C'est difficile à dire aux gens sans les offenser, mais c'est une vérité universelle même pour les champions du rendement supérieur : votre image de soi pourrait être bien meilleure et votre engagement dans le monde doit être conforme à cette image.

La conformité a trait à la perception que nous avons de nous-même (notre image de soi) et à la façon dont nous nous comportons dans le monde réel. En tant qu'êtres humains, c'est l'un des leviers les plus puissants dont nous disposons – vivre en parfaite conformité avec ce que nous pensons être, avec la perception que nous souhaitons que les autres aient de nous et avec la personne que nous voulons devenir. Lorsque nous ne nous comportons pas conformément à notre image de soi, nous nous sentons « éteints », « mal lunés » et, souvent, frustrés ou en colère. Par exemple, si nous pensons que nous sommes des lions, mais que nous nous comportons comme des souris, c'est que nous nous détestons en secret.

Le problème de Michelle est identique au problème de conformité en deux volets que la majorité d'entre nous a :

1. Elle n'a pas une haute estime de soi et cela se reflète dans son comportement dans le monde. Elle agit conformément à ses croyances restrictives et se sent donc malheureuse.
2. Elle sait également qu'elle pourrait avoir une meilleure image de soi et lorsqu'elle ne projette pas cette image, elle est malheureuse. Elle n'est pas en harmonie avec ce qu'elle sait pouvoir être et cela l'afflige.

Donc, comme tous les leviers humains, la conformité peut être positive ou négative. Elle est positive lorsque nous avons une bonne image de soi, des critères élevés et que notre comportement concorde avec cette image et ces critères. Mais elle est négative lorsque nous éprouvons une mésestime de soi et que notre comportement cadre avec cette dernière.

Le gros problème avec le levier humain de la conformité est que la majorité d'entre nous est conforme à la *piètre* image que nous avons de nous-mêmes – nous remettons en cause notre valeur et nous avançons craintivement dans la vie –, mais en même temps, notre comportement de tous les jours ne coïncide *pas* avec la *haute opinion* que nous pourrions avoir de nous-mêmes – nous savons que nous sommes des gens patients et aimants, mais nous fustigeons les autres.

Le seul moyen que j'ai trouvé pour régler ce problème consiste à aider les gens à se fixer des attentes et des critères élevés, et ensuite à insister pour qu'ils greffent ces critères et ces attentes à leurs interactions avec le monde. Leur mantra doit devenir : « Je dois m'accorder davantage de valeur et faire en sorte que mon comportement soit conforme à ce qu'il y a de meilleur en moi. »

L'enjeu est important ici. Je suis prêt à parier qu'un grand nombre des moments difficiles que vous avez connus au cours de votre vie se sont produits alors que votre comportement n'était pas conforme à vos pensées, ou que le comportement d'autres personnes n'était pas en harmonie avec leur perception de soi. Vous vous rappelez le jour où vous avez invectivé l'être cher, même si vous vous considérez comme une personne aimante et patiente, et vous vous sentez probablement encore coupable. Ou ce jour où quelqu'un vous a dit que vous pouviez lui faire confiance pour ensuite vous poignarder dans le dos – je suis certain que vous ne l'avez pas oublié. La conformité est donc importante pour vous *et* pour les autres.

Bien entendu, il n'est pas toujours facile d'harmoniser image de soi et comportement. Naturellement, différents aspects de nous sont engagés à divers moments. Nous pouvons être une vedette du rock au travail, mais un concierge à la maison. Être drôle, intéressant et enjoué avec ses meilleurs amis, mais timide et réservé au lit. Il peut arriver aussi de se montrer combatif dans une situation donnée, et puis de manquer d'assurance à un moment crucial de sa vie. Selon le contexte, cette variation du Soi est naturelle et, malgré ce que l'on a pu vous faire croire, elle est saine. La vie serait terriblement morbide (et ennuyeuse) si nous étions exactement les mêmes en tout temps.

Cependant, on ne peut pas créer la conformité à ce qu'on n'a jamais défini. Il est donc important d'établir consciemment une image de soi unifiée, une image qui reflète qui vous êtes et qui vous voulez être. Le meilleur moyen d'y arriver consiste à vous fixer des critères personnels. Commençons dès maintenant.

Activateur nº 1 : Fixez-vous de nouveaux critères personnels

Dans le monde d'aujourd'hui, notre identité et nos critères personnels sont souvent modelés par des influences extérieures. Nous sommes constamment bombardés de messages nous disant comment être branchés, acceptés, aimés et prospères – et comment nous comporter pour entrer dans le moule. Quoi porter, comment agir, quand s'exprimer, ce qui est possible – toute cette information pénètre dans notre imaginaire ainsi que, si l'on n'y fait pas attention, dans notre identité et nos attentes.

Qui a modelé votre image de soi et vos critères personnels ? Votre famille et vos amis ? Les médias et la société en général ?

Il est facile de ne pas tenir compte de ces questions fondamentales et de dire : « Ce ne sont pas les autres qui m'ont défini. » Et je suis tout à fait d'accord. Alors, ma question sera simple : « *Qui, alors, vous a défini ?* » Quels efforts majeurs avez-vous faits, consciemment et délibérément, en décidant de votre identité ? Plus important encore, vous comportez-vous chaque jour conformément à l'image de soi que vous avez établie, de manière à vous sentir authentique, fier, entier, comblé et confiant d'être, en toute circonstance, votre moi véritable, unique et doué ?

La majorité des gens ont une image de soi et des critères personnels façonnés par les événements et les gens qui ont peuplé leur passé. Voici ce que je crois à propos du passé : votre image de soi actuelle ne devrait pas y être liée. Je ne crois pas que la façon dont les gens vous ont traité autrefois devrait déterminer comment vous voyez les autres ou choisissez d'être en tant qu'être humain. Le passé peut n'être qu'un dépotoir commode pour les attentes insatisfaites. *(Elle aurait dû me traiter comme ci et non comme ça ; on aurait dû prendre mieux soin de moi ; j'aurais dû faire ceci ou cela.)* Nous devons toujours observer les douleurs ou les déceptions du passé avec un esprit mature, conscient et autodéterminé, bien ancré dans le présent.

Lorsque nous faisons appel à des souvenirs de notre enfance, par exemple, il faut être vigilant et ne pas oublier que toutes les significations, associations et intégrations qui y sont rattachées sont l'œuvre de la psyché non développée d'un enfant innocent et immature. L'enfant croit qu'*il* est la cause des gestes qui sont accomplis pour et contre lui, même si ce n'est pas le cas. Un enfant n'est pas responsable du comportement violent de ses parents – ces derniers le sont. Mais l'enfant n'a pas le point de vue objectif d'un observateur adulte qui pourrait aisément lui dire : « Tes parents sont dangereux et peu dignes de confiance. » Et même si l'on disait cela à un enfant, son stade de développement ne lui permettrait pas de traiter ce concept et de déduire : « Mes parents sont "mauvais". »

Mais cela n'a pas uniquement trait à l'enfance. Toute influence, peu importe son ancienneté, peut être une explication commode de la façon dont nous pensons et nous comportons aujourd'hui, mais il y a une énorme différence entre une *explication* et une *excuse.* À un moment donné de notre vie adulte consciente, nous devons regarder la réalité en face et accepter le fait que *notre image de soi a toujours été définie par nul autre que nous-même.* C'est pour cette raison que je dis qu'il est temps que nous nous débarrassions des doutes et des limitations du passé en ce qui a trait à la personne que nous pouvons devenir – nous n'avons tout simplement pas d'excuses. Comme l'a dit Erica Jong : « Prenez votre vie en main, et qu'arrive-t-il ? Une chose terrible : il n'y a plus personne à blâmer. »

De plus, notre perception du passé est colorée par la lentille que nous utilisons pour le contempler. Lorsque nous réfléchissons à la façon dont le passé a influé sur nous, nous ne nous attardons pas à la manière dont nous *influons* sur nos souvenirs. Nous pensons à ce à quoi nous nous opposions comparativement à ce que nous défendions. Nous nous souvenons de nos craintes, mais pas de nos rêves. Nous méditons sur l'amour que nous avons reçu par opposition à l'amour que nous avons donné. Nous pensons : *Pourquoi tout cela m'est-il arrivé ? Qu'est-ce que cela m'a donné ? Où cela me mènera-t-il ? Vers quoi vais-je me tourner maintenant ?*

J'évoque tout cela parce que, en fin de compte, notre image de soi est une prédiction qui se réalise – rappelez-vous que notre comportement découle de notre image de soi. Donc, si vous fondez votre vie sur une image de soi appartenant au passé, modelée par les opinions et les actions d'autrui, vous avez un gros problème.

Si c'est le cas, les efforts que vous ferez *à partir d'aujourd'hui* devront tendre vers la définition de la *personne que vous êtes actuellement et que vous voulez devenir*. Vous devrez cesser de vivre dans le passé et vous *projeter* dans l'avenir.

Profitez-en pour préciser vos intentions et déterminer ce que vous voulez être dans la vie. Ensuite, votre comportement s'harmonisera probablement davantage à vos critères.

Je demande souvent à mes clients de choisir et de mémoriser six mots qui leur servent ensuite de critères sur lesquels ils basent leur comportement dans la vie : *trois mots qui définissent qui ils sont* et *trois mots qui décrivent la façon dont ils traitent les autres*. Étant donné que nous vivons en société, il appert que ce sont deux bonnes catégories de critères à établir – qui sommes-nous et comment traitons-nous les autres ? Bien que choisir six mots pour nous aider à activer le levier de la conformité puisse sembler une activité assez simple – surtout après ce dont nous avons traité dans ce chapitre –, c'est en fait l'une des choses les plus importantes que vous ferez au cours de votre vie. Sans une série d'intentions et de critères sur lesquels fonder notre comportement, nous ne sommes gouvernés que par notre instinct animal qui nous pousse à lutter, à fuir ou à rester figés. Toutefois, en choisissant délibérément notre caractère et notre comportement, nous prenons notre essor et réalisons pleinement notre potentiel en tant qu'êtres conscients.

Choisissez maintenant les trois mots qui, à partir de maintenant, vous définiront en tant que personne. Ils doivent décrire un trait de caractère, une caractéristique constante de votre nature. Et en nommant ces caractéristiques de la personne que vous voulez devenir, vous serez davantage porté à adopter un comportement qui y correspondra. C'est là la conformité en pleine action.

Veuillez maintenant prendre quelques minutes et réfléchissez aux mots que vous pourriez utiliser pour *vous définir* dans votre vie personnelle à partir de maintenant, et inscrivez-les. Remarque : ces mots doivent ne se rapporter qu'à vous et à votre image de soi. Ils ne doivent pas faire référence à la façon dont vous traitez les autres

– nous y viendrons plus tard. Pour l'instant, pensez seulement à trois mots qui vous définissent de manière à rester bien ancré dans ce que vous êtes.

- Les mots qui définissent ma façon de penser dans ma vie personnelle sont…
- Parmi ces mots, les TROIS vocables qui deviendront mes critères et mon mantra sont…
- J'ai choisi ces mots parce que…

Ne poursuivez pas votre lecture tant que vous n'aurez pas terminé cet exercice (et ne trichez pas!).

Une fois que vous aurez choisi trois mots, vous pourrez les noter sur une fiche et garder cette dernière sur vous en tout temps. J'ai des clients qui ont collé ces mots sur leur ordinateur, qui ont programmé leur agenda électronique afin qu'il les affiche plusieurs fois par jour, et qui les ont même fait tatouer sur leur corps. (J'espère seulement qu'ils étaient certains d'avoir choisi les bons mots!)

En ce qui me concerne, les mots qui m'ont défini au cours des 15 dernières années sont: *présent*, *enthousiaste* et *audacieux*. J'ai choisi ces mots, car je trouvais qu'ils étaient essentiels pour m'aider à m'engager dans le moment présent, à chercher de nouvelles idées et expériences de manière à savourer chaque journée, ainsi qu'à m'inspirer et à faire preuve de courage. Je pense à ces trois mots plusieurs fois par jour – je l'ai fait de façon consciente tellement souvent que c'est maintenant devenu un automatisme et ils me viennent à l'esprit plusieurs dizaines de fois par jour.

Passons maintenant à la définition de vos *trois critères sociaux*. Il s'agit des mots que vous garderez présents à l'esprit dans chacune de vos interactions avec les autres. Personnellement, je pense à mes mots chaque fois que je serre la main d'un étranger, que j'appelle un client, que je dirige mon équipe ou que j'accueille mon épouse lorsqu'elle rentre à la maison. Ils me rappellent comment je dois me comporter dans un monde gouverné par les relations.

Veuillez maintenant prendre quelques minutes et réfléchissez aux mots qui deviendront vos critères sociaux.

- Les mots qui définissent ma façon d'interagir avec les autres sont…
- Parmi ces mots, les TROIS vocables qui deviendront mes critères et mon mantra sont…
- J'ai choisi ces mots parce que…

Les gens trouvent souvent ce deuxième exercice plus facile, car nous avons grandi avec d'innombrables normes et attentes sociales. Assurez-vous d'y avoir bien réfléchi et d'utiliser des mots que *vous*, et non quelqu'un d'autre, avez choisis. Énoncez clairement les raisons pour lesquelles ces mots s'appliquent précisément à vous.

Si jamais je vous croise dans la rue ou lors de l'un de mes événements, voici les mots qui me viendront à l'esprit : *engagé, empathique, inspirant*. J'ai choisi ces mots, car je trouvais qu'ils étaient essentiels pour m'aider à montrer aux autres qu'ils m'intéressent et à les écouter sans me laisser distraire ; parce que je me soucie vraiment de qui ils sont en tant qu'êtres humains ; parce que le plus grand rôle que je puisse jouer auprès d'eux est de leur rappeler ce qui est possible et positif dans leur vie.

Ces six mots, lorsqu'ils sont intériorisés et ensuite projetés dans le monde, peuvent avoir un effet immédiat et durable sur votre vie. Lorsque j'ai travaillé avec Michelle, la femme dont il est question au début de ce chapitre, je l'ai mise au défi d'être plus unique, plus audacieuse, plus excitante et plus expressive. Je l'ai fait parce que c'était à l'opposé de ce qu'elle projetait.

Mais je ne voulais pas lui dicter son attitude – trop de gens l'avaient déjà fait. Je lui ai donc demandé de choisir trois mots qui décriraient son moi idéal, des mots qui gouverneraient désormais son comportement. Elle a eu de la difficulté à les trouver. Mais lorsqu'elle a réussi, j'ai assisté à une métamorphose physique miraculeuse. Elle a choisi les mots *forte*, *alerte* et *déterminée*.

Lorsque je lui ai demandé de se lever et de marcher dans la pièce en imprégnant son esprit de ces mots, elle m'a paru plus grande et plus confiante. Comme critères sociaux, elle a choisi *honnête*, *expressive* et *courtoise*. Et c'est ce qu'elle a immédiatement démontré lorsque je lui ai demandé de me parler de ce que serait sa vie si elle fondait son comportement sur ces mots. Soudain, cette femme qui était auparavant réservée et frustrée est devenue très articulée et ambitieuse. Elle bougeait davantage, souriait davantage et semblait bien dans sa peau. Elle ne se cachait plus ni n'agissait plus comme quelqu'une à qui on aurait dicté sa conduite. Son attitude a changé tout simplement parce qu'elle s'appuyait maintenant sur de nouveaux critères.

L'ultime pouvoir de cet activateur, et de tous les autres, vient de son emploi constant. Si vous ne pensez jamais aux six mots que vous avez écrits ici, et si vous ne basez pas votre comportement sur eux, alors tout cela aura été inutile. C'est une chose que de vous voir comme une personne à qui tous ces mots s'appliquent, mais c'en est une autre que de devenir consciemment cette personne par l'ensemble de vos gestes et de vos interactions.

Visualisez ce que vous pouvez être et *soyez cette vision* – c'est cela, la conformité. Lorsque ces mots deviennent votre mantra et votre ligne de conduite personnelle, jour après jour, alors il est plus probable que vous deveniez exactement la personne que vous avez toujours voulu être.

Les psychologues ont découvert que plus nous adaptons notre monde intérieur à notre entourage, meilleure est notre santé et plus nous sommes fonctionnels. Cette stratégie vous aide à cet égard en vous offrant un cadre de référence avec lequel vous *voir* et vous *évaluer*, ainsi que voir et évaluer vos interactions avec les autres et, finalement, voir et évaluer votre degré de conformité avec votre image de soi.

Vivez vos six mots. Chaque jour.

Activateur n° 2 : Apprenez à contrôler votre état d'esprit

Voici une chose à laquelle la majorité des gens ne pensent pas : nous discernons la conformité dans notre vie non seulement à notre façon de nous *comporter*, mais aussi de nous *sentir*. Si nos émotions vont d'un extrême à l'autre, alors nous n'avons pas le sentiment d'avoir un monde intérieur conforme. Des hauts et des bas émotionnels constants que l'on n'arrive pas à maîtriser, qui fluctuent selon l'entourage ou les circonstances, sont des sensations très désagréables. De même, lorsque notre comportement va à l'encontre de nos émotions – par exemple, lorsque nous nous forçons à sourire alors que nous sommes tristes –, il n'y a pas conformité entre notre monde intérieur et l'image que nous projetons. Sans une réalité émotionnelle stable, ressentie à l'intérieur et projetée à l'extérieur, nous ne ressentons aucune harmonie, aucune conformité.

En revanche, si nous avons une énergie émotionnelle égale, positive et soutenue, alors nous sentirons que nos émotions sont conformes à ce que nous voulons ressentir dans la vie. Nous sentons alors que nos bases sont solides, que nous sommes en sécurité dans notre monde émotionnel, peu importe ce qui nous tombe dessus. Ainsi, nous avons un sentiment de conformité si notre état d'esprit est stable.

Notre état d'esprit est notre tonalité affective, notre qualité et notre attitude dominantes. Il représente notre énergie émotionnelle dans la vie. On peut rapidement jauger ce tonus psychologique en faisant la moyenne entre la façon dont nous tendons à nous sentir et la façon de nos proches de décrire notre état d'esprit. (L'opinion des autres vous permettra de demeurer honnête – par exemple, vous ne leur direz pas : « Je suis toujours de bonne humeur » alors que votre femme vous trouve d'une humeur maussade.)

Notre tonalité et notre énergie émotionnelles ne sont pas dictées par les circonstances de la vie, et nous n'en héritons pas non plus à la naissance. Comme j'ai coutume de le dire : « La centrale électrique n'*a* pas d'énergie ; elle *génère* de l'énergie. » Nous choisissons la couleur de notre propre ciel.

Bien entendu, nous aimerions tous traverser la vie avec un état d'esprit positif. Lorsque nous possédons cette qualité émotionnelle stable, nous avons davantage tendance à nous sentir heureux, inspirés, détendus et capables d'apprécier la vie. Mais, oh là là ! lorsque notre état d'esprit est négatif, attention ! Nous nous sentons plus tendus et intolérants, grognons et sourcilleux. Notre perception de soi et notre monde se trouvent assombris.

Quel état d'esprit aimeriez-vous avoir en tout temps ? Comment le décririez-vous ? Pourquoi aimeriez-vous être dans cet état d'esprit ? Que pourriez-vous faire pour demeurer conscient de votre état d'esprit ?

Pour être en harmonie avec l'état d'esprit que vous souhaitez, il est utile de savoir ce qui, en général, influe sur celui-ci. Étant donné qu'il constitue notre tonus psychologique, tout ce qui influe sur nos émotions influe sur lui. J'ai découvert que les facteurs d'influence les plus importants sont les mouvements physiques (c'est pour cette raison que, lorsque vous aviez le cafard, votre mère vous disait : « Pourquoi n'irais-tu pas faire une promenade ? »), les sons ou la musique (nous connaissons tous des chansons qui nous mettent de bonne humeur), la polarisation (prêtez attention au négatif et c'est ce que vous éprouverez), l'ambiance (nous avons tendance à nous mettre au diapason de notre entourage), et l'orientation vers l'avenir (si l'avenir nous enthousiasme, nous avons tendance à nous sentir enthousiastes dans le moment présent).

J'ai utilisé ces facteurs de façon *très* stratégique alors que je me remettais de la commotion cérébrale subie lors de mon accident de VTT. Je marche et je fais de l'exercice chaque jour. J'écoute ma musique préférée partout dans la maison. J'évite les médias négatifs. Je fréquente des amis amusants et ma souriante épouse. Et j'ai toujours les yeux rivés vers un lendemain plus sain et plus excitant. Ce sont là des énoncés simples qui me permettent de vivre en conformité avec ce que je désire ressentir.

Voici d'autres idées que vous pourrez appliquer sur une base quotidienne pour gérer et maintenir un état d'esprit positif :

- Chaque matin, demandez-vous : *Qu'ai-je hâte de faire aujourd'hui, ou que pourrais-je décider de faire, grâce à quoi je me réjouirais à l'avance ?* Commencer la journée avec une attente positive est souverain pour l'état d'esprit.

- Buvez beaucoup d'eau tout au long de la journée – environ six litres si vous êtes très actif. Il s'avère que la fatigue, la faim et les maux de tête – tous des ennemis d'un bon état d'esprit – découlent d'une hydratation déficiente.

- Cherchez des raisons de dire « merci » et montrez-vous reconnaissant tout au long de la journée. Il a été prouvé que les compliments et la reconnaissance améliorent l'état d'esprit de façon significative.

- Mangez avec des amis. La fréquentation de gens que vous aimez et les relations sociales améliorent toujours l'état d'esprit.

- Ouvrez votre journal personnel chaque soir. Notez-y les événements de la journée pour lesquels vous éprouvez de la reconnaissance, ainsi que ce que vous avez appris et avez hâte de faire.

Finalement, pendant les 30 prochains jours, consignez votre état d'esprit dans votre journal et notez-en la raison. Ensuite, réfléchissez à des moyens que vous auriez pu utiliser pour être dans un état d'esprit plus positif. Cet exercice quotidien alimentera votre concentration et votre imagination afin que vous puissiez enfin commencer à vous sentir comme vous l'avez toujours voulu.

Activateur nº 3 : Tenez parole et assumez vos responsabilités

« Tiens parole » est l'un de mes mantras préférés. C'est comme de proclamer : « Sois un bon être humain ! »

Ce mantra ne saurait être plus simple et universellement approuvé, et pourtant, peu de gens l'utilisent. Songez seulement au nombre de personnes que vous connaissez qui ne prêchent pas par l'exemple.

Mais que se passe-t-il ? Pourquoi, par exemple, prenons-nous en janvier la résolution de perdre du poids pour ensuite oublier ça ? Pourquoi prêchons-nous l'acceptation pour ensuite nous moquer des autres autour du refroidisseur d'eau ?

Les réponses à ces questions en disent long sur la désinvolture dont nous faisons preuve à l'égard des énoncés que nous formulons dans la vie et qui, eux, découlent des conséquences que nous leur attribuons. Si nous pensons : *ma parole dans ce monde n'a pas d'importance ou n'inspire personne*, alors nous avons tendance à nous montrer frivoles avec elle. Mais que se passerait-il si nous nous disions que notre parole contribuerait tout autant que nos actions à l'héritage que nous laisserons ? Si nous imaginions qu'elle serait diffusée dans la conscience collective de l'humanité ? Si nous prétendions tout simplement que notre parole et nos promesses figureraient à la une du journal de demain ?

Vivre avec la conviction que votre parole est importante dans le monde, et que d'autres êtres humains s'y fient pour éprouver un sentiment de justice, de stabilité et d'inspiration, est le point de départ pour connaître une meilleure qualité de vie et un sentiment de conformité plus profond. Le rapport que les gens entretiennent avec le monde est vraiment lié à la parole des autres, et je suis sûr que vous êtes d'accord avec moi après avoir fait les exercices contenus dans ce chapitre. Les mots ont un pouvoir. Les mots peuvent infliger la douleur ou inspirer la grandeur. Mais ce qui est extraordinaire, c'est de voir que, avec le temps, les mots que nous utilisons finissent par refléter qui nous sommes, et qu'ils ont un impact positif ou négatif sur le monde. Je demande à mes clients d'adopter cette vision.

Mais nous devons aller un peu plus loin. En plus de tenir parole et de comprendre le pouvoir et l'impact de notre voix, nous devons faire preuve d'une très grande vigilance en assumant pleinement nos responsabilités. Et il ne s'agit pas uniquement de « tenir nos promesses ». Oui, nous devons les tenir, mais pour éprouver un sentiment de parfaite adéquation, nous devons aller jusqu'au bout des choses que nous n'avons même pas promises verbalement. C'est une distinction essentielle pour qui veut activer le levier de la conformité.

La conformité n'a pas uniquement trait aux promesses tenues, mais à ce que *nous savons* devoir faire, du début à la fin. Si vous commencez à repeindre votre maison et ne terminez pas, vous éprouverez un sentiment d'inachèvement. Ce sentiment ne sera peut-être pas prépondérant dans votre esprit, mais il refera surface chaque fois que vous penserez à la satisfaction que vous procure votre demeure ; vous transporterez un bagage spirituel incomplet.

Quelles sont vos responsabilités dans la vie ? Qu'avez-vous commencé, mais pas terminé ? Que pouvez-vous faire *aujourd'hui* pour mieux gérer vos responsabilités et terminer ce que vous avez commencé ?

Ce concept n'est pas qu'un principe isolé d'efforts personnels. Nous avons atteint un moment décisif dans notre communauté mondialement branchée lorsque nous sommes devenus très conscients de l'importance de tenir nos promesses et d'assumer nos responsabilités les uns envers les autres. Vous pouvez faire partie de la solution en assumant vos responsabilités. Vous pouvez inspirer les autres en étant fort, utile et dévoué. Et vous pouvez vous inspirer vous-même en vous comportant chaque jour comme un bon être humain.

Comme vous pouvez le constater, la conformité est un concept important. Lorsque vos actions concordent avec la personne que vous voulez être dans la vie, la façon dont vous souhaitez vous sentir, et ce que vous croyez devoir accomplir et atteindre, alors vous commencerez à être habité d'une grande force intérieure. Vous vous sentirez plus solide, responsable et sûr de vous. Un nouveau degré d'harmonie et de stabilité entrera dans votre vie, et vous serez fier de qui vous êtes et de la façon dont vous interagissez avec les autres. C'est à peine si vous verrez l'instabilité et l'incertitude dans le monde, car vous y trouverez stabilité et certitude. La *vie* vous appartiendra.

MOMENT DE RÉFLEXION

1. Pour vivre chaque jour selon les six critères que j'ai établis, les comportements que je devrai adopter ou abandonner afin d'activer le levier de la conformité sont…

2. Les trois choses que je pourrai faire chaque jour pour mieux gérer mon état d'esprit de manière que mon comportement s'y harmonise sont…

3. Les 5 engagements que je prendrai et respecterai au cours des 60 prochains jours sont…

Chapitre 5

LE LEVIER DE **L'EMPATHIE**

« Je n'envisage de vivre cette vie qu'une fois. Alors, si je peux démontrer de la gentillesse ou n'importe quoi de bon à un autre être humain, laissez-moi agir, sans me défiler ni faire preuve de négligence, car je ne repasserai pas par ici. »

— William Penn

« Je crois que personne n'en a rien à cirer et, franchement, moi non plus. Prochaine question. »

L'homme qui est devant moi est imposant. Mesurant près de deux mètres, avec un poitrail en forme de tonneau que son tee-shirt épouse étroitement et des biceps de la taille d'un pamplemousse, il pourrait aisément me projeter à l'autre bout de la pièce, comme si j'étais une canette de soda vide. Et à voir son visage rouge de colère, je crains qu'il ne le fasse.

Mais je ne le lâche pas.

Je lui demande donc encore une fois : « Qui se soucie de vous, et pour qui éprouvez-vous de l'empathie ? »

Les yeux exorbités, il hoche la tête et me regarde avec incrédulité. « Je ne suis pas un quelconque métrosexuel sentimental. Je ne suis pas ici pour parler d'"empathie" ; je suis ici parce que je veux passer à un niveau de rendement supérieur. Donc, prochaine question, *coach*, ou je disparais. »

Il a raison; il est ici pour améliorer son rendement. Ancien footballeur très connu, il vend maintenant des voitures. Il ne s'agit pas d'une triste rétrogradation – il gagne des millions. Il est l'un des meilleurs dans son domaine, mais il veut être *le* meilleur. Quelqu'un lui a dit que je suis capable de mettre de l'énergie dans la vie des gens. Tout ce qu'il veut, c'est quelques stratégies pour motiver son équipe et quelques « astuces mentales à la ninja » pour inciter les gens à lui acheter davantage de voitures.

J'ai déjà jaugé l'homme. Sa clientèle est surtout composée de femmes. Mais il est trop agressif. Il ne donne pas l'impression d'être à l'écoute des gens. Son intelligence, son arrogance et son nom l'ont aidé à gravir les échelons, mais il doit maintenant apprendre une vérité sur laquelle nous butons tous un jour ou l'autre : seuls les plus sensibles d'entre nous, les plus empathiques et les plus engagés sur le plan affectif réussissent haut la main (ou, en l'occurrence, sont vraiment heureux).

Je crois profondément en cette théorie. Mais pour l'instant, je décide de me détacher émotionnellement. Je décide de l'affronter sur le champ de bataille. J'en prends le risque.

« D'accord », lui dis-je en me calant dans mon fauteuil et en le détaillant de la tête aux pieds, lentement, de manière qu'il sente que je l'évalue. « Il faut énormément de cran et de force pour parler de ce que vous considérez comme sentimental. Tout ce qui concerne le cœur concerne la vie. Peut-être avez-vous un trou dans le cœur ou un blocage mental, mais si vous avez besoin de quelques minutes pour vous psychanalyser comme vous le feriez dans un vestiaire, je serai heureux de rester ici pendant que vous irez faire un tour et trouverez le courage de revenir et de me parler comme un homme, un vrai, qui a un *cœur*, un vrai. »

Les gens n'ont pas tendance à parler ainsi à de tels colosses, et lorsqu'ils le font, ils les déséquilibrent toujours. Et cela se solde parfois par un crochet du gauche.

Son regard est traversé par une lueur de surprise pendant une fraction de seconde. Et puis, il se penche nonchalamment en avant.

D'un ton froid, neutre, que seuls les hommes qui ont livré des batailles peuvent emprunter, il dit : « Vraiment ? »

Il n'y a pas un bruit dans la pièce. Pas un mouvement. Seulement le silence, une atmosphère lourde de tension, comme avant un coup de tonnerre. Deux hommes qui se dévisagent, le regard exempt d'humanité. Prêts.

Je ne cille pas. J'ignore ce qui va arriver. Ma stratégie de l'*Ave Maria*, du dernier recours, vise à lui faire comprendre que « je m'en fiche aussi », de manière que, je l'espère, il fasse le contraire.

Soudain, il lâche prise. Il grogne, se cale dans son fauteuil, regarde par la fenêtre, et puis se tourne vers moi. Un sourire timide retrousse le coin gauche de sa bouche alors qu'il se frotte les mains sur son pantalon. « Je suppose qu'il va vous falloir creuser pas mal, n'est-ce pas, doc ? »

Cela me fait sourire. Je ne suis pas docteur, et il le sait.

Je me détends moi aussi, ma voix s'adoucit et je le regarde maintenant avec compassion. « Je parie que peu de gens savent comment vous vous sentez. Vous vous *souciez* beaucoup des autres, n'est-ce pas ? »

Il respire profondément et tourne son regard vers la droite, pensif. Et puis, à mon grand étonnement, le géant fond en larmes. « Je *veux* me sentir concerné », dit-il.

• • •

L'empathie est une force humaine. C'est grâce à elle que quelqu'un a pris soin de nous au début de notre vie, ce qui nous permet ensuite de faire preuve d'amour, de sollicitude, de gentillesse, de pardon et d'altruisme envers les autres.

Dans le monde universitaire et professionnel, l'expression « apporter des soins » est souvent réservée à la profession d'infirmière. Les personnes soignantes – qui donnent les soins de santé primaires aux malades, aux agonisants, aux aînés ou aux invalides – sont généralement des infirmières ou des aidants naturels.

Mais je donne à l'empathie un sens beaucoup plus large. Nous devrions tous nous efforcer de montrer davantage d'empathie aux gens que nous croisons dans la vie. Nous devrions également être plus *réceptifs* à l'empathie d'autrui en nous mettant au diapason et en appréciant leur sollicitude. Si nous le faisons, cela met du soleil dans notre vie. (Et aussi, comme vous le verrez, dans notre cerveau.)

Pratiquement tout ce que vous souhaitez désespérément recevoir des autres ne peut être obtenu que grâce à l'empathie dont ils font preuve. Vous voulez de l'attention, de l'approbation, de l'acceptation, de la sympathie, du respect, de l'adoration, de l'affection ? Cela se manifestera dans votre vie uniquement si quelqu'un se soucie de vous et vous le prouve de l'une ou l'autre de ces manières. Lorsque les autres font preuve d'empathie envers vous – en vous disant qu'ils vous aiment, en vous épaulant pendant des moments difficiles, en vous réconfortant par un mot gentil –, vous vous sentez accepté et apprécié.

C'est lorsque l'on ne prend pas soin de nous que nous commençons à avoir des ennuis sur le plan psychique. Les bébés dont on ne prend pas soin meurent. Les lettres de suicide foisonnent d'affirmations hallucinantes telles que « personne ne m'aime » et « personne ne m'aimera jamais ». Les gens qui évoluent dans un environnement dénué d'empathie ont un comportement excentrique, un registre émotionnel négatif, ils divorcent, trichent et quittent brusquement leur emploi. (Quelle est la principale raison pour laquelle les gens quittent leur emploi, toutes industries confondues ? Le manque d'appréciation – l'absence de sollicitude ou de reconnaissance pour leurs efforts et leur contribution.) Il ne faut donc pas prendre l'empathie à la légère.

Mais ce n'est pas tout. Il ne suffit pas d'être apprécié des autres. En effet, si vous ne faites pas vous-même systématiquement preuve d'empathie envers les autres, la vie perd sa couleur et son sens. Vous vous sentez moins engagé sur le plan émotionnel. Les hormones qui gouvernent le développement des liens sociaux – la vasopressine et l'ocytocine – ne circulent plus dans votre cerveau, et vous vous sentez seul.

Si vous ne vous faites pas un point d'honneur de faire preuve d'empathie, les gens qui vous entourent ne se sentiront pas aimés, appréciés, respectés ou encouragés. Donc, naturellement, ils communiqueront moins souvent avec vous, vous feront moins confiance, achèteront moins de vous, seront moins portés à vous suivre et auront davantage tendance à vous quitter. Dans toutes les relations humaines, c'est une formule remarquablement facile à saisir : l'empathie crée des liens.

Toutefois, le levier humain de l'empathie est différent du levier des relations (le sujet du prochain chapitre). Cet élan qui nous pousse à faire preuve d'empathie répond au besoin que nous avons, au sens large du terme, de nous sentir en sécurité, valorisé et aimé, de sentir qu'on prend soin de nous. Le levier des relations est plus explicite et a trait à un sentiment d'appartenance et à la nature des liens que nous tissons avec les autres. Une relation est quelque chose que vous avez ; l'empathie est quelque chose que vous donnez et recevez.

Je parie que, si vous êtes comme la majorité des gens, l'empathie n'a pas été l'une de vos grandes préoccupations depuis un bon moment. Si nous jetions un coup d'œil à votre agenda et parcourions les notes que vous avez prises au cours des 12 derniers mois, j'imagine que nous ne trouverions pas d'entrées précisant : « Faire preuve de plus d'empathie aujourd'hui. Laissez les autres me montrer leur sollicitude. »

Que se passe-t-il ?

À mon avis, de tous les leviers humains, celui de l'empathie est le plus négligé. Les gens en parlent rarement. Étant donné que c'est une vertu humaine profondément puissante, on pourrait croire qu'elle fait l'objet de conférences et de succès de vente dans le milieu de la psychologie. C'est plutôt de la sœur plus sexy de l'empathie, *Amour*, que l'on parle avec éclat, en dépit du fait qu'il est probablement impossible de ressentir ou de démonter de l'amour sans faire preuve d'empathie. Même *Gentillesse*, la sœur altruiste de l'empathie, fait couler plus d'encre, malgré que sans empathie, il est peu probable que l'on se donne la peine d'être gentil.

Étant donné que l'on accorde si peu d'attention à l'empathie, il est facile de faire d'énormes progrès à cet égard. Avant de passer aux activateurs qui vous permettront d'activer ce levier, explorons *pourquoi* tant de gens se sentent détachés de cette émotion qu'est l'empathie.

Nous sommes tous programmés pour faire preuve d'empathie – mais certains d'entre nous ont été coupés de leurs émotions et de leur fonctionnement mental d'une manière qui bloque leur capacité à donner, à se sentir touchés. Comme vous le verrez, c'était le problème du colosse dont je vous ai parlé au début de ce chapitre.

Lorsque je parle de programmation, c'est au sens littéral du terme. Il s'avère que votre cerveau est remarquablement bien équipé, biologiquement conçu pour se sentir concerné par les émotions et les expériences des autres, et pour s'en soucier. Essentiellement, votre cerveau est conçu pour imiter ce que vous voyez et sentez chez les autres. Vous en avez sans doute fait l'expérience un jour où vous vous êtes joint à un groupe de gens tristes. Votre registre émotionnel s'est probablement mis au diapason du groupe – un phénomène que les scientifiques appellent la « contagion émotionnelle ».

Cela se produit à cause d'un système de neurones miroirs qui s'activent de manière que nous percevions et imitions les émotions des autres. On les appelle neurones « miroirs » parce qu'ils provoquent en nous une réaction logique et émotionnelle qui reflète les émotions éprouvées par les autres. C'est un mécanisme automatique et subconscient. Bien entendu, nous pouvons choisir de réagir ou non à ces impulsions neuronales, mais rappelez-vous les fondements des neurosciences : plus il y a d'impulsions, plus les voies neuronales sont renforcées, et plus il est probable qu'elles induisent la même réaction à l'avenir. Donc, si nous voyons constamment les autres se comporter d'une certaine façon, notre cerveau nous dira probablement d'imiter ce comportement.

C'est l'une des principales raisons pour lesquelles les enfants fument lorsque des membres de leur entourage fument, les bébés sourient lorsque leur maman sourit, et un grand nombre d'entre nous bâille ou s'impatiente lorsqu'une autre personne bâille ou est impatiente. À cause de nos neurones miroirs, nous sentons ce que nous voyons. Par conséquent, lorsque vous voyez quelqu'un qui a besoin d'attention et d'amour, ces sentiments ont tendance à naître en vous d'une manière empathique, et vous voulez donner de l'attention et de l'amour à la personne qui est devant vous.

Mais chez certaines personnes, les neurones qui devraient déclencher les sentiments de compassion et d'empathie ne fonctionnent pas de façon optimale. Par exemple, au début de ce chapitre, j'ai parlé du duel verbal entre le colosse et moi. Je lui ai dit : « Peut-être avez-vous un trou dans le cœur ou un blocage mental. » Ce n'était pas une insulte. Je n'ai fait que décrire la réaction physique qui se produit dans notre corps lorsque l'empathie – ou toute autre émotion positive, d'ailleurs – disparaît ou est bloquée.

Je me rappelle un autre jour où j'ai travaillé avec le géant. Sa carcasse de deux mètres penchée en avant, il était avide d'apprendre. Il m'a dit : « Aujourd'hui, Brendon, j'aimerais comprendre pourquoi je suis aussi détaché et je voudrais régler cette question. Je n'ai tout simplement pas d'émotions fortes. Mon épouse trouve que c'est amusant ce que nous faisons ici, mais elle espère aussi que vous pourrez me rendre plus… je ne sais pas, empathique ou sensible ou quelque chose comme ça. »

Sa préoccupation illustre la réalité qui confronte tous les êtres humains. Un jour ou l'autre, nous nous retrouvons tous coupés de nos émotions et des joies qui accompagnent un vaste registre émotionnel – incluant l'empathie. Le colosse devait comprendre pourquoi et comment cela s'était produit chez lui, et il devait trouver le moyen de rouvrir les canaux qui mènent à une vie émotionnelle plus riche, intéressante et gratifiante.

Parfois, c'est notre culture, nos pairs et nos parents qui conditionnent nos croyances en matière d'expression émotionnelle, ainsi que la valeur que nous accordons à l'empathie. Mais en fait, c'est beaucoup plus que ça. Ce sont les millions d'expériences que nous vivons à l'intérieur et les millions d'interactions que nous avons avec les autres qui tissent la tapisserie en constant développement que nous sommes, et modèlent notre capacité à faire preuve d'empathie.

Deux de ces expériences me viennent à l'esprit, et j'estime qu'il est très important de vous en faire part. Toutes deux se soldent par ce que j'appelle un « blocage mental et émotionnel ». La première est caractérisée par une trop grande anxiété ; la seconde, par trop peu d'attention.

Voici ce qui était arrivé au géant. Tout au long de sa vie, il avait eu le sentiment d'être négligé, de ne pas recevoir assez d'amour. À force de ruptures et de jugements, il était devenu « détaché, froid et indifférent », a-t-il dit. Ce qu'il ignorait, c'est que cette description n'était pas seulement une métaphore.

Lorsqu'un cataclysme émotionnel se produit dans votre vie, votre esprit et votre cerveau se mettent en mode protection. Le processus biologique fonctionne ainsi : un malheur arrive et votre système nerveux – corps, tronc cérébral, système limbique, cortex – est immédiatement mis en état d'alerte. En gros, les émotions ont alors tendance à se déplacer « à la verticale », montant des zones sensorielles du corps vers le tronc cérébral, la zone limbique et, finalement, d'autres parties ciblées de votre cerveau, incluant le cortex préfrontal médian qui sert d'interface entre les systèmes cognitifs et émotionnels. Bien entendu, tout cela se fait en une fraction de seconde. Et ce n'est pas exactement un processus linéaire, à cause de l'interconnexion synaptique complexe du cerveau. Mais vous saisissez l'idée générale : les émotions montent, et le cerveau décide alors de l'attention qu'il convient d'y prêter.

En période de grande anxiété et de stress, l'esprit peut se soustraire à ces sensations en bloquant le transfert des émotions des zones sous-corticales vers le cortex préfrontal, nous empêchant ainsi de les ressentir à un niveau de conscience élevé. Ceci nous permet de les éviter, de les minimiser ou de les « faire taire ». Cette habileté à cadenasser une émotion est souvent vue comme un mécanisme de défense. Et c'est une bonne chose pour nous.

Étant donné que nous avons évolué, un grand nombre des réactions de lutte ou de fuite qui font de nous des êtres humains ne nous sont plus toujours d'une grande utilité. Lorsque vous assistez à une réunion et que quelqu'un vous embarrasse, votre première réaction est de vous lever et de quitter immédiatement la pièce. Heureusement, votre esprit réprime cette émotion et vous dit de ne pas bouger, de vous concentrer sur la discussion et l'objet de la rencontre.

Et dans le cas de traumatismes graves, notre esprit entre également en action et détourne notre attention d'un déferlement de sensations désagréables, qu'elles soient physiques ou émotionnelles. Les victimes d'agression, de viol et d'accident disent souvent qu'elles étaient terrifiées, mais qu'à un moment donné, leurs émotions et la situation changeaient, qu'elles se retrouvaient « ailleurs ». Leur esprit se fermait devant la réalité qui les bouleversait.

C'est pourquoi ce mécanisme de défense de l'esprit est une bénédiction. Mais plus la douleur et le traumatisme sont forts, plus ce mécanisme entre en jeu, et plus les voies neuronales se renforcent pour éviter les émotions qui y sont associées. Soudain, nous n'arrivons plus à intégrer ou à ressentir aussi bien nos émotions dans notre vie quotidienne. *Et moins nous ressentons d'émotions, moins nous prenons soin de nous et des autres.* Il s'avère que les émotions sont l'étincelle qui nous incite, en premier lieu, à faire preuve d'empathie.

Heureusement, nous sommes également dotés d'une intelligence émotionnelle qui nous permet de choisir la façon dont nous gérons nos émotions. Les thérapeutes utilisent souvent cette faculté pour nous aider à nous replonger dans le passé et à revivre des événements traumatiques afin que nous puissions mieux gérer ou intégrer les émotions qui y sont rattachées. Parfois, ils nous aident ainsi à trouver un sens à ces expériences.

En fait, les meilleurs thérapeutes sont ceux qui enseignent à leurs patients à mieux gérer leurs émotions et à accroître leur tolérance à l'anxiété et aux sentiments négatifs. C'est pour cette raison que de nombreux thérapeutes diront à leurs patients de « s'imprégner de leurs émotions ». En amenant les gens à renouer avec leurs émotions, ils les aident à se prendre en charge et à faire preuve d'une plus grande empathie envers les autres.

Donc, lorsque notre géant a dit qu'il se sentait « détaché » de ses émotions, il décrivait non seulement un sentiment, mais aussi une tendance de notre cerveau. Après un grand nombre de ruptures et de jugements pénibles, il avait tout simplement cessé de se laisser atteindre par la douleur. Ses connexions neuronales qui permettent aux émotions d'éclore et de voyager des zones sous-corticales au cortex préfrontal étaient sous-utilisées. Son univers émotionnel était terne parce que ses circuits neuronaux s'étaient atrophiés.

Tout cela a beaucoup plus de conséquences que l'on pourrait croire. Non seulement cessons-nous de sentir nos émotions en général, mais nous commençons également à penser différemment. Voici l'obstacle qui se dressait devant notre géant : il avait grandi auprès de parents qui n'exprimaient pas leurs émotions. Il avait eu si souvent mal qu'il avait laissé l'hémisphère gauche de son cerveau bloquer les impulsions émises par les zones sous-corticales, et il avait cessé de ressentir ses propres émotions. Les voies neuronales de l'hémisphère droit de son cerveau étaient affaiblies et c'est l'hémisphère gauche qui prenait le contrôle.

Cependant, il avait réussi à atteindre le sommet dans son sport grâce à l'excellence de ses stratégies. Mais le problème, c'est que dans le milieu sportif où il évoluait, tout ce que ses neurones miroirs voyaient à longueur de journée, c'était des hommes qui jouaient les durs.

Et c'est tout cela qui l'avait amené à s'asseoir devant moi, en quête de *coaching*. C'était un très bon gars, mais il ne prêtait que rarement attention à son monde intérieur et à celui des autres. Il ne voyait pas pourquoi les gens devraient l'accepter ou l'aimer ni l'inverse. Il ne voyait pas l'importance de se soucier des autres, car on ne s'était jamais beaucoup soucié de lui.

Comme tant de gens dans le monde, il avait besoin d'un nouveau plan de match.

Comment surmonter le conditionnement de notre passé? Comment apprendre à nous soucier davantage de nous et des autres, et aussi à permettre aux autres de se soucier de nous? Comment devenir une société plus bienveillante et empathique?

Comme toujours, le véritable changement commence par le véritable engagement à devenir plus conscients de nos buts et de nos choix, et aussi plus cohérents dans les efforts que nous faisons en ce sens. Pour obtenir l'empathie d'autrui, nous devons tout simplement accepter de la recevoir, en voir les manifestations partout autour de nous, et rendre la pareille.

Comme l'a fait notre colosse, vous êtes sur le point de découvrir que l'activation du levier de l'empathie dans votre vie peut donner lieu à un match entièrement nouveau.

Activateur n° 1 : Faites attention à vous

Avant de faire l'objet de l'empathie des autres ou de faire librement preuve d'empathie envers eux, nous devons être en harmonie avec l'élan intérieur qui nous pousse d'abord à prendre soin de nous. Votre cerveau et votre corps veulent désespérément savoir que vous vous souciez d'eux, que vous agissez dans l'intérêt de votre santé et de votre vie en général. Lorsque vous *savez* que vous ne prenez pas soin de vous-même, il est presque impossible de connaître une charge intérieure durable.

Une plus grande autonomie en ce sens est le fondement du développement personnel. Cependant, dans notre monde qui change à une vitesse fulgurante, nous sommes trop nombreux à ne pas prendre soin de nous. Nous sommes tellement occupés à tenir le rythme, à tout gérer ce qui nous tombe dessus et à plaire aux autres que nous avons tendance à ne penser à nous qu'en dernier lieu.

C'est pourquoi la majeure partie de la population est déshydratée, obèse, stressée et en manque de sommeil. Et personne ne peut blâmer les autres pour cette réalité. Ce que nous mangeons et buvons, la façon dont nous gérons nos responsabilités et le repos que nous prenons relèvent de décisions personnelles.

Il est temps que vous commenciez à prendre davantage soin de vous. Vous devriez vous soucier profondément de ce que vous ressentez, pensez et voulez, de ce dont vous avez besoin et de ce qui vous rend heureux. Tout aussi important, vous devriez élaborer un plan et établir des routines qui vous permettront de faire tout cela et de prendre soin de vous en général.

Voici ce que je recommande :

- *Dormez au moins sept heures chaque nuit.* Il a été prouvé hors de tout doute que bien dormir est ce que vous pouvez faire de mieux pour votre cerveau, votre corps et votre vie. Bien sûr, ce n'est pas chose facile pour les parents d'un nouveau-né – pour eux, quelques heures de sommeil seulement sont la norme. Mais nous pouvons tous, sans exception, apprendre à gérer notre emploi du temps, à obtenir de l'aide et à trouver des moyens créatifs pour nous assurer de dormir suffisamment.

- *Mettez de plus petites portions, mais une plus grande diversité d'aliments, dans votre assiette.* Votre corps ne vous sera pas reconnaissant d'être gavé ou empoisonné par de la malbouffe. Veillez à ce que chacun de vos repas ne soit constitué que d'un plat principal, et non d'une assiette bien garnie entourée d'autres assiettes bien garnies. Et veillez à ce que ce plat soit composé d'au moins un tiers de produits verts et frais. Il a été démontré qu'une alimentation naturelle – riche en légumes et en légumineuses – nourrit mieux le corps, en favorise l'équilibre acido-basique et éloigne la douleur et la maladie, dont le cancer.

- *Faites de l'exercice au moins trois fois par semaine.* Le programme de formation High Performance Academy enseigne à nos clients comment seulement trois heures d'exercice par semaine peuvent améliorer de façon significative leur santé en général et le fonctionnement de leur cerveau. Si vous avez besoin de conseils à cet égard, je vous recommande deux séances d'exercices cardiovasculaires par semaine : une heure de cardio et au moins un autre exercice bref, en anaérobie tel que l'haltérophilie, ou les kettlebells. (Comme toujours, choisissez des exercices qui conviennent à votre forme physique et consultez votre médecin si vous envisagez de vous lancer dans une nouvelle activité ou de faire de nouveaux choix en matière de santé.)

- *Méditez.* Les neurosciences ont prouvé que la méditation est non seulement efficace pour réduire le stress, mais aussi pour favoriser le développement de nouveaux neurones et accroître notre capacité de créativité, et d'empathie, et nos chances de réussite. Méditez deux fois par jour, ne serait-ce que pendant 10 à 20 minutes au milieu de la matinée et en fin d'après-midi. Si Oprah Winfrey, Russell Simmons, Jerry Seinfeld et des millions de gens partout dans le monde trouvent le temps de méditer, vous le pouvez aussi. Pour obtenir un guide de méditation gratuit en anglais, rendez-vous sur www.TheChargeBook.com/resources et cliquez sur The Meditation Guide.

- *Buvez beaucoup d'eau.* Vous devriez boire environ six litres d'eau par jour. Tout le monde ne partage pas cet avis, et c'est très bien, mais si vous avez un mode de vie sain et actif, l'ingestion de six à sept litres d'eau n'est pas exagérée. Cela représente, par exemple, deux litres pendant la matinée, deux litres pendant l'après-midi, et deux litres entre le repas du soir et le coucher. L'un de ces litres devrait être absorbé pendant l'heure qui suit votre séance d'exercices. Veillez à boire de l'eau fraîche et pure. Prenez cette habitude. Vous serez émerveillé de constater à quel point vous aurez plus d'énergie, physique et mentale.

Allons maintenant un peu plus loin. Une autre façon de prendre soin de vous est d'enfin faire un temps d'arrêt et de vous féliciter pour vos performances. Si vous êtes comme la plupart des gens qui offrent un rendement supérieur, vous êtes beaucoup trop exigeant envers vous-même. Vous portez des jugements trop catégoriques en songeant à vos points faibles et à vos problèmes, et vous oubliez trop souvent de reconnaître vos mérites et de vous récompenser pour un travail bien fait. Soyez patient et bon avec vous-même. Sachez que l'autocritique est souvent la plus dommageable.

Finalement, puisez plus souvent dans votre bagage émotionnel. Le fait d'exprimer vos émotions et de stimuler l'hémisphère droit de votre cerveau a tendance à activer les neurones qui génèrent l'empathie. En travaillant avec mon colosse, j'ai commencé par lui demander quelque chose qu'il a trouvé trop simple, et même étrange. Je lui ai dit de « vérifier » les sentiments qu'il ressentait, trois fois par jour : avant chaque repas, après une conversation (peu importe son interlocuteur) et une dernière fois avant d'aller au lit.

J'ai suggéré ces moments précis parce qu'ils sont faciles à mémoriser. Je lui ai conseillé de s'asseoir pendant une minute ou deux et de se demander : *Qu'est-ce que je ressens maintenant, et pourquoi ?* Je l'ai incité à respirer profondément, à « ressentir ses sentiments » et, peu importe leur nature, à les vivre. Il n'était pas nécessaire qu'il se plonge dans un drame émotionnel. Il n'avait qu'à s'installer avec ses émotions quelques fois par jour. Je savais que cela ouvrirait le passage vers l'hémisphère droit de son cerveau et l'aiderait à se montrer plus empathique. Je lui ai également demandé de tenir un journal hebdomadaire distinct et d'y consigner tous les gestes d'empathie, de gentillesse et d'amour dont il avait été témoin et dont il avait fait preuve pendant la semaine.

Je savais qu'il trouverait cette activité un peu saugrenue. Vous pensez peut-être la même chose. Mais je savais également que s'il faisait cet exercice pendant seulement quelques semaines d'affilée, il renforcerait ses voies neuronales ou en créerait de nouvelles. L'empathie est en elle-même une habileté, et plus on l'utilise, plus on la maîtrise, et plus elle devient une façon de penser et un comportement automatiques.

Aussi simple que soit cette stratégie, les résultats pourraient vous surprendre. Essayez-la. Notre géant s'est soudain senti dégagé et plus près de ses émotions. Il a dit qu'en l'espace de deux semaines, il avait commencé à se sentir plus « ancré », plus « expressif ». Il a également affirmé que, pour la première fois depuis des décennies, il avait réellement senti de l'amour en lui. Lorsque je lui ai demandé d'où venait ce sentiment, il a répondu : « C'est venu de l'intérieur. Je crois que mon cœur a tout simplement traversé les barrages que j'avais moi-même érigés, qu'il les a traversés et m'a salué, comme un ami perdu de vue depuis longtemps. »

Activateur nº 2 : Soyez plus vulnérable et permettez aux autres de prendre soin de vous

Même si nous voulons tous sentir que les autres se soucient de nous, il est remarquable de constater à quel point nous sommes nombreux à nous fermer aux expressions émotives et empathiques des autres envers nous, ou à quel point nous en sommes même inconscients. Nous ne cherchons pas à obtenir de l'aide lorsque nous en avons besoin, même si cette aide nous est offerte. Nous recevons un courriel d'une personne qui nous demande comment nous allons, et nous lui envoyons une réponse laconique, ne réalisant pas que cette personne s'intéresse réellement à nous et souhaite ouvrir les portes de la communication. Nous ne nous rendons pas compte que notre conjointe qui range la maison le fait par amour pour nous.

Souvent, notre réceptivité aux manifestations d'empathie des autres dépend d'expériences passées. L'attention, la sensibilité et la sollicitude de vos parents ont probablement modelé la façon dont vous interagissez avec les autres. Vos parents vous ont montré à quel point ils se souciaient de vous lorsque vous pleuriez ou aviez besoin de quelque chose. Ceci constitue le fondement qui vous a permis de décider si vous *méritez de recevoir empathie et amour*. Il a été démontré que l'enfant qui a grandi auprès de parents attentifs, sensibles et affectueux a tendance à posséder les mêmes qualités plus tard. Et le contraire est souvent vrai : l'enfant négligé aura ensuite tendance à ne pas prendre soin de lui et à négliger les autres. Mais hélas, le passé est le passé, et nous devons à nouveau choisir comment nous voulons vivre notre vie.

Si vous ne croyez pas « mériter » que l'on se soucie de vous, ou si vous avez tout simplement « peur de montrer que vous avez du cœur » parce que vous avez été blessé autrefois, il est temps de réévaluer votre position.

Vous êtes un enfant de Dieu et, pour cette seule raison, vous méritez amour et empathie. De plus, peu importe votre passé, n'oubliez pas que vous connaîtrez l'une des plus grandes joies de la vie en permettant aux autres de vous offrir leur sollicitude, leur attention et leur amour. Si vous êtes sur vos gardes, lâchez prise. Si vous avez érigé un mur de défense pour vous protéger et tenir les méchants à distance, n'oubliez pas que vous empêchez du même coup les gentils d'entrer.

Se montrer vulnérable, demander de l'aide, permettre aux autres d'entrer – tout cela exige du courage. Faisons donc preuve de hardiesse et ouvrons-nous de nouveau à la sollicitude et au soutien d'autrui. Voici une façon simple et astucieuse de le faire. Sortez votre journal et prenez quelques minutes pour y inscrire tous les domaines de votre vie dans lesquels vous avez des problèmes. Passez en revue tous les aspects de votre vie – votre réalité émotionnelle, mentale, sociale, professionnelle, financière et spirituelle. Quels problèmes avez-vous dans chacun de ces domaines ? Et maintenant, pour chacun d'eux, inscrivez vos ambitions et vos rêves.

Ensuite, prenez une décision : tenterez-vous de régler ces problèmes et de concrétiser ces rêves en agissant seul, ou demanderez-vous de l'aide ? La réponse à cette question déterminera si la prochaine décennie de votre vie sera difficile et frustrante. Voici ce que je vous conseille : parlez aux autres de cette analyse, demandez-leur de l'aide, permettez-leur de vous aider, de vous soutenir, de vous conseiller, de vous encourager – *de se soucier de vous.*

Activateur n° 3 : Soyez plus présent, intéressé et attentif

Si nous nous soucions de nous-mêmes et permettons aux autres de se soucier de nous, nous sommes à mi-chemin de la maîtrise du levier de l'empathie. Le reste de nos progrès reposera sur notre aptitude à faire davantage preuve d'empathie dans le monde.

« Vos enfants ont davantage besoin de votre présence que de vos présents. » C'est le sage conseil que le révérend Jesse Jackson a donné à un groupe de ses disciples en leur parlant de la façon dont on peut soutenir et mobiliser la jeunesse. Et je crois que c'est également le conseil le plus judicieux que je puisse vous donner à propos des relations interpersonnelles : n'impressionnez pas les autres par des « artifices », mais par votre présence pleine et entière.

La superficialité est tellement présente dans notre société moderne que lorsque nous rencontrons un individu vraiment disponible pour nous, nous le remarquons. Nous sentons que cette personne veut réellement être à nos côtés. Pendant une rencontre, elle ne passe pas son temps au téléphone pour vérifier si elle a reçu des messages. Au restaurant, elle ne regarde pas sans cesse autour d'elle pour voir qui pourrait bien être plus intéressant. Elle ne semble pas distraite et elle se concentre sur ce que nous estimons être le plus important : nous.

À mon avis, nul doute que la principale raison pour laquelle vos relations ne sont pas aussi fortes ou chaleureuses que vous le souhaiteriez, c'est que vous êtes rarement « dans » la relation. Vous vous laissez distraire. Lorsque vous êtes avec quelqu'un, votre esprit vagabonde. Vous pensez à ce que vous devrez faire demain ou immédiatement après cette rencontre, ou encore à ce que vous direz lorsque votre interlocuteur cessera enfin son verbiage. Vous ne vivez pas le moment présent avec cette personne, et elle ne peut donc pas être entièrement « présente » dans l'interaction. La seule façon de vivre pleinement l'expérience humaine est une présence pleine et entière pendant nos interactions avec les autres, se donner pleinement dans l'instant, avec eux seuls.

Être présent dans nos interactions avec les autres exige énormément de concentration et d'entraînement.

À partir de maintenant, lorsque quelqu'un vous parlera, rappelez-vous ceci : SOYEZ PRÉSENT. Si c'était le seul rappel mental que vous feriez pour amplifier votre aptitude à faire preuve d'empathie, et à améliorer vos relations, et si vous y pensiez systématiquement avant et pendant toutes vos interactions, votre vie déborderait alors de sollicitude, de gentillesse et d'amour.

Mais nous devons également avoir un objectif en étant présent. Nous devons montrer aux autres que nous nous soucions d'eux et que nous voulons en apprendre à leur sujet. Le fait d'être présent nous permet de faire preuve de curiosité et de prêter attention aux autres. La curiosité est vraiment le secret des bonnes relations. Et il y a de fortes chances que si vous vous laissez aller à vous soucier des gens qui évoluent dans votre entourage, vous soyez étonné de constater tout ce qu'il y a à connaître, à apprendre et à estimer à leur sujet, et que vous n'aviez jamais soupçonné.

Faites ce simple test. Écrivez le nom des 10 personnes avec lesquelles vous interagissez le plus souvent. Cette liste sera probablement constituée de votre tendre moitié (si vous en avez une), de collègues, d'amis et de membres de votre famille. Ensuite, complétez les énoncés suivants en pensant à chacune de ces personnes :

- Dans la vie, les trois plus grandes ambitions de cette personne sont…
- L'artiste préféré de cette personne est…

- Les trois meilleurs amis de cette personne sont…
- Les trois plus belles expériences de cette personne ont été…
- Les trois pires expériences de cette personne ont été…
- Le plat préféré de cette personne est…
- Cette personne adorerait posséder un…

Bien entendu, ces questions sont aléatoires et, certains pourraient dire, sans importance. Mais alors, que révèlent-elles sur nous si nous sommes incapables d'y répondre ?

Un vieil adage dit : il y a deux sortes d'individus dans le monde – ceux qui entrent dans une pièce en disant : « Me voilà ! » et ceux qui entrent dans une pièce en disant : « Oh, vous êtes là ! »

Faites partie du second groupe. Tournez-vous vers les autres. Posez-leur davantage de questions personnelles. Soyez si curieux à leur sujet qu'ils le deviendront à votre sujet. (Ceci se produira presque automatiquement, à cause de leurs neurones miroirs.)

Nous voulons tous que quelqu'un se soucie de qui nous sommes, de ce que nous pensons et de ce que nous ressentons. C'est pourquoi nous devrions imaginer que toutes les personnes que nous croisons dans le monde ont une affichette accrochée autour du cou, avec les mots suivants : S'IL VOUS PLAÎT, ÉCOUTEZ-MOI ET ESTIMEZ-MOI. Lorsque vous vous informez de la réalité de quelqu'un, c'est comme si vous aviez lu son affichette et que, à son tour, cette personne voulait apprendre à mieux vous connaître et à faire preuve d'empathie envers vous.

Lorsque vous posez des questions aux gens à propos de leur vie, il y en a une qui, en particulier, semble mieux traduire votre empathie. À elle seule, cette approche a changé ma vie, et je lui en serai toujours reconnaissant. Je l'ai découverte alors que je suivais un cours de communication interpersonnelle. Je me rappelle que mes camarades de classe aimaient cette idée, et qu'un grand nombre d'entre eux l'ont même mise en application pendant quelques semaines. Mais ce qui a souvent fait une différence dans la qualité de ma vie, c'est ma persévérance. Et le fait de poser cette question aux gens que j'ai rencontrés au cours des 15 dernières années a été plus qu'efficace.

La stratégie est simple. À partir de maintenant, chaque fois qu'on vous confie quelque chose, pensez à poser cette question : « Ouah ! Comment vous êtes-vous senti lorsque c'est arrivé ? » En ajoutant le mot « Ouah », vous n'avez pas l'air de celui-qui-joue-au-thérapeute. (Vous ne devriez en aucun cas lui dire : « Hum, je vois… Dites-moi comment vous vous sentez maintenant. ») Vous faites un cadeau aux gens en leur posant cette question, car elle leur permet de faire une pause et elle montre que vous vous souciez de leurs émotions. C'est aussi un cadeau que vous vous faites, car cette question rendra beaucoup plus profondes et significatives vos interactions avec les autres.

Les gens les plus heureux et les plus efficaces que j'aie rencontrés sont aussi extrêmement empathiques. Ils placent l'empathie en tête de liste de leurs priorités dans la vie. Ils montrent aux autres qu'ils se soucient d'eux d'une manière très attentive et concrète, et ils ont le courage de faire appel à la gentillesse des autres lorsqu'ils en ont besoin. Pour eux, l'empathie est un mode de vie et non un concept sentimental, et parce qu'ils abordent cet aspect de leur vie avec une telle maîtrise de l'esprit, leur vie est vibrante d'émotions. Si vous voulez de nouveau vous sentir vivant, faites preuve d'empathie une fois de plus.

MOMENT DE RÉFLEXION

1. Les cinq façons dont je commencerai à mieux prendre soin de moi sont…

2. Si je voulais me montrer plus vulnérable dans la vie, je commencerais probablement par demander davantage d'aide dans le domaine de…

3. Les trois façons dont je commencerai à faire preuve de plus d'empathie envers les gens qui font partie de ma vie sont…

Chapitre 6

LE LEVIER DES **RELATIONS**

« Il est bon de se rappeler que la totalité de la population de l'univers, à une seule petite exception près, est composée des autres. »

— John Andrew Holmes Jr

Je suis Dan dans la maison et je remarque des éclats de bois sur le chambranle de la porte qui l'empêchent de fermer complètement. Le sol du vestibule est jonché de morceaux de verre. La console est à quelques centimètres de sa place le long du mur, et quelques-unes des photos encadrées qui s'y trouvent sont renversées.

Dan m'observe pendant que je contemple la scène et il hausse les épaules d'un air penaud : « Nous n'avons pas eu le temps de nettoyer. »

Nous montons à l'étage. Dan m'indique la dernière porte à droite. Elle aussi a été défoncée. « Euh, dis à Shane que je l'aime, d'accord ? Fais ton travail et puis viens me rejoindre à la cuisine quand tu veux. On prendra un verre. »

Je hoche la tête et puis je me dirige vers le fond du couloir. Aujourd'hui, je déteste ce que je fais et, en même temps, je me sens honoré d'avoir développé des compétences aussi uniques. Il n'y a rien de plus difficile que lorsque vos amis vous demandent d'aider leurs enfants.

J'arrive à la porte de la chambre de Shane et je vois qu'il est installé à sa table de travail et qu'il est en train d'écrire. Sa mère, Rita, est assise sur une chaise à sa droite et elle lit. Elle m'aperçoit et, soulagée, m'adresse un grand sourire. « Shane ! Regarde, Shane, Brendon est ici ! » Il regarde dans ma direction, mais n'établit aucun contact visuel.

Je fais un geste en direction de la porte abîmée que seule la charnière du bas retient encore. Je sais que la situation n'est pas drôle, mais parfois il suffit de tenter de briser la glace pour montrer aux gens que l'on se soucie d'eux.

« Mince alors, Shane, tu envoies un texto et ils t'envoient le groupe tactique d'intervention – comme dans les films lorsqu'ils font une descente dans une fumerie de crack ? »

Hier soir, Shane a envoyé un texto à Nina, son ex-petite amie : « Je suis armé. C'est à cause de toi que je vais appuyer sur la détente. Je t'emmerde et j'emmerde tout le monde. » Nina se trouvait alors chez l'une de ses meilleures amies, dont le père, heureusement, est policier.

Shane fait la gueule et reste penché sur ses devoirs. Rita se lève et m'enlace. Elle me regarde avec des yeux pleins d'espoir et puis se dirige vers la porte. « Shane, je serai en bas. Je ne quitterai pas la maison de la journée, fiston. » Il ne fait pas attention à elle alors qu'elle quitte la pièce.

Je contourne le lit et je vais m'asseoir à côté de Shane. Je décide d'attendre qu'il réagisse à ma présence. Shane continue d'écrire pendant une minute ou deux et puis il engage finalement la conversation, quoique d'une façon détournée.

« Donc, dit-il, ils ont envoyé leur commando hier soir, et maintenant *vous*, hein ?

— Eh bien, je suppose qu'après avoir embarqué toutes les cocottes qui étaient en bas en train d'ensacher de la coke, ils ont jugé que l'endroit était assez sécuritaire pour me laisser entrer. »

À mon grand étonnement, un petit sourire apparaît sur son visage. J'avais cru que ce serait plus long.

Avant d'entrer dans la maison, je savais que je ne parlerais pas à Shane comme le ferait un thérapeute, un professeur ou un adulte responsable. Il a 16 ans et les adolescents ont une façon de parler de leurs problèmes sans les aborder directement. Et s'ils le font, ils se contentent de les effleurer pour voir comment vous réagissez.

« Dis donc, ils ont vraiment saccagé ces portes. Ils devaient être plutôt costauds. »

Shane fait de nouveau la moue et ne me regarde pas. Mais il m'a entendu.

« Ils étaient plus gros que vous. »

J'éclate de rire. « Ouais, je suppose. Je ne sais pas si je te l'ai déjà dit, mais j'ai déjà essayé d'entrer dans l'armée. J'ai été refusé parce que je n'arrivais pas à faire assez de redressements assis et que je refusais de dormir dans des dortoirs géants avec des hommes en caleçon et tee-shirt. »

Shane laisse échapper un vrai rire. Son père avait déjà été militaire et je savais qu'il trouverait ça drôle. Et comme il savait que mon père avait été dans la marine, j'avais supposé qu'il comprendrait que je blaguais.

Je suis prêt à lui parler sur ce ton toute la journée. La meilleure façon de se faire aimer d'un ado consiste à bavarder avec lui de tout et de rien, à vous comparer à un raté ou à un laissé-pour-compte, et – uniquement lorsque vient le bon moment – à lui montrer que vous vous préoccupez vraiment de lui.

Le contact se fait rapidement. « Ils vous ont dit que je n'avais pas d'arme, n'est-ce pas ?

– Sans blague ? Eh bien, si ces gars étaient plus gros que moi, j'espère que tu avais au moins du poivre de Cayenne ou autre chose pour te défendre. »

Il rit encore et, pour la première fois, croise mon regard. J'obtiens ce signe d'approbation dont tous les parents d'adolescents rêvent.

« Non, je n'avais rien. Je les ai entendus frapper à la porte d'entrée et je n'ai pas ouvert. Je ne savais pas qu'ils défonceraient tout. »

Règle numéro un lorsqu'un ado vous fait une confidence : se mettre sur la même longueur d'onde et puis se taire.

« Je suis surpris qu'ils aient aussi forcé la porte de ta chambre.

– Ouais, c'est dingue ! Mais si j'avais été armé ? Ils m'auraient tiré dessus, ou bien ils auraient essayé de négocier ou quelque chose comme ça. Mais de là à tout casser…

– Je trouve ça bizarre moi aussi. Ça m'étonne. Peut-être que c'est parce qu'ils te connaissaient. »

Shane reste un moment silencieux, se tourne vers la droite et regarde par la fenêtre, au loin.

« Eh bien, je suppose qu'ils sont tous au courant maintenant.

– Qui donc ?

– Tout le monde. Tous les élèves de l'école. Je suis sûr que Nina en a parlé à tout le monde. Et je suis sûr que les policiers ont parlé au directeur et aux parents, et aux voisins. Ils veulent que je rencontre un psychologue demain.

– Je suis content qu'ils ne t'aient pas jeté en prison.

– Je pense que je serais mieux là-bas. Comment est-ce que je vais pouvoir retourner à l'école maintenant ? » Pour la première fois, il me regarde comme si j'étais un ami. Et il pose enfin une vraie question.

« Tu vas tout simplement y retourner et dire quelque chose comme : "Hé, salut ! Ma petite amie a perdu la raison et a appelé la police. Des gorilles ont enfoncé la porte de ma maison et j'ai dû faire sortir les filles, et la coke, par la porte de derrière." »

Il rit de nouveau, et je sais désormais que je pourrai l'aider.

« Ou encore, tu retournes à l'école et tu dis à tes amis que tu vas bien et que tu veux repartir de zéro. Personne ne sait quoi penser de toi en ce moment, mais ils t'observeront. Montre-leur donc qui tu veux être et ce que tu veux qu'ils croient que tu es.

– Ouais. »

Nous restons silencieux pendant un moment et puis il dit : « Vous savez, ce que j'ai fait ne me ressemble pas. Mais j'étais si triste et j'avais l'impression que ça ne dérangeait personne. J'étais en colère contre Nina, vous comprenez ? Je voulais seulement lui faire peur pour qu'elle s'occupe de moi. Tout le monde veut savoir à quoi j'ai pensé et pourquoi j'ai fait ça. Je ne sais pas à quoi j'ai pensé. Peut-être que je voulais tout simplement entrer en contact avec quelqu'un. »

Lorsque je me lève pour partir, il cogne son poing contre le mien et me fait un signe de tête amical. Et comme je franchis le seuil de sa porte endommagée, il dit : « Merci, Brendon. Je sais que vous avez tout fait pour que je me sente mieux. Et c'est le cas. Si j'avais des amis comme vous, je n'aurais pas fait cette gaffe.

– Je sais, Shane. Les amitiés te sauveront la vie. Et les filles aussi, malgré ta dernière expérience. Demain, après ta rencontre avec le psychologue, nous irons manger une pizza et je te dirai comment te faire quelques amis. Ça te va ? »

Il accepte. Je descends et lorsque je raconte tout à Dan et Rita, ils versent des larmes de soulagement. Mais je les avertis que le plus gros du travail reste à faire. Ils doivent maintenant apprendre à communiquer différemment avec leur fils. Il s'était retrouvé au bord du précipice. Il n'était plus le même.

• • •

Nous voulons tous sentir que nous avons des liens avec ceux qui nous entourent. Dans notre société moderne, grâce aux réseaux sociaux, nous sommes connectés à plus de gens que jamais auparavant, mais ces liens sont également plus superficiels que jamais, et c'est là que se trouve le problème. Dans un passé pas si lointain, les amitiés étaient limitées au cercle restreint de nos connaissances, et le processus d'élimination était bref lorsqu'il s'agissait de déterminer qui étaient nos « véritables amis » – nous n'avions que quelques personnes à prendre en considération. Aujourd'hui, nous avons des centaines sinon des milliers d'« amis » en ligne. Mais combien d'entre eux sont de *véritables* amis ? Combien d'entre eux comptent pour nous ? À combien d'entre eux faisons-nous confiance ? À combien d'entre eux pourrions-nous téléphoner en cas de crise ou de triomphe ? Vos amitiés influent tout autant sur votre bonheur que sur votre travail ou sur votre salaire. C'est pour cette raison qu'il est temps que vous fassiez le point sur vos amitiés. Ce chapitre vous y aidera.

Si les liens d'amitié influent sur notre bonheur, alors les relations intimes agissent sur celui-ci comme des supernovæ. Rien n'a autant d'impact sur la satisfaction dans la vie que la relation que vous avez avec votre conjoint ou un être cher. Lorsque vous êtes amoureux et que c'est réciproque, c'est sensationnel! Vous êtes tous les deux euphoriques. Vous vous comportez comme des adolescents et vous vous envoyez des textos bêtes et mignons. Vous vous sentez émotionnellement et spirituellement liés l'un à l'autre dans le moment présent et pour toujours. Rien, et je dis bien rien, ne permet d'avoir une vie plus chargée qu'une relation amoureuse rayonnante. Les psychologues ont découvert que les gens les plus heureux ont une chose en commun : ils ont tous une vie sociale et amoureuse riche et gratifiante.

Cet élan qui nous pousse à tisser des liens – amicaux et amoureux – est si fort que nous finissons parfois par consacrer du temps à des gens plus longtemps qu'ils ne le méritent. Vous savez très bien de quoi je parle. Vous avez eu des relations horribles dans lesquelles vous êtes resté trop longtemps (à moins que vous n'ayez épousé votre premier amour de l'école secondaire et que vous viviez toujours en parfaite harmonie avec lui). Et vous avez également des amis bizarres, négatifs et lèche-bottes que vous auriez dû laisser tomber depuis des années.

Qu'est-ce qui suscite ce comportement étrange ? Que vous blâmiez Dieu ou l'évolution, il n'y a finalement qu'un seul coupable : votre cerveau. Notre cerveau, qu'il soit divinement inspiré ou génétiquement modifié, est devenu un diapason pour les connexions sociales et l'attachement. Notre désir de tisser des liens et notre besoin d'appartenance l'emportent sur presque tout autre dessein – et même souvent sur l'instinct de survie. Shane a dit qu'il était prêt à renoncer à la vie parce qu'il ne se sentait pas à sa place ou n'avait personne à aimer. Et moi aussi, je donnerais ma vie – mais par amour. Je n'hésiterais pas un seul instant à m'interposer entre un tireur fou et mon épouse.

Dans une relation, les connexions agissent comme le doigt sur un distributeur de bonbons PEZ – une bonne connexion, même momentanée, déclenche le mécanisme et le cerveau reçoit une friandise : dopamine, vasopressine, ocytocine. Nous nous sentons euphoriques, connectés, émotionnellement liés.

Il est indéniable que le levier des relations a contribué à la survie de notre espèce. Nous risquions moins d'être attaqués et de mourir lorsque nous chassions ensemble et restions regroupés. Nous avons perpétué l'espèce en ayant des relations sexuelles. Nous apprenions plus rapidement en groupe, amplifiant nos aptitudes à nous montrer plus rusés que nos prédateurs et à maîtriser notre environnement. Aujourd'hui, nous n'aurions pas de culture, pas de lieux de travail ni de Facebook (waouh !) si nous n'étions pas portés à partager, à exploiter notre intelligence et à établir des relations.

Le problème, c'est qu'autant nous voulons tisser des liens avec les autres, autant nous voulons faire preuve de libre arbitre dans le monde et dans nos relations. C'est ici que le conflit entre en jeu – en effet, l'euphorie associée à une relation dégénère souvent en un différend amer. Naturellement, nous avons tous des valeurs personnelles et des opinions que nous jugeons importantes. Et lorsque quelqu'un les remet en question, nous nous mettons sur la défensive. Plus nous sommes sur la défensive, plus nous voulons faire entendre notre voix, exprimer nos pensées et nos sentiments, imposer nos normes. Cela peut se solder par un accord ou par un conflit (généralement un conflit, suivi d'un accord).

Donc, le vrai défi que nous devrions relever pour améliorer nos relations en général serait d'apprendre à comprendre et à exprimer notre besoin d'indépendance dans un contexte de relations interdépendantes. Peut-être devrions-nous tous apprendre à respecter l'individualité de l'autre à mesure que nos liens deviennent plus serrés. Au bout du compte, presque tout ce qui nous cause des problèmes dans nos relations – critique, méfiance, compétition, désaccord – est le résultat d'un manque de compréhension, d'acceptation ou de validation de l'unicité et de l'individualité de l'autre.

Bien entendu, c'est plus facile à dire qu'à faire. Mais les efforts visant à créer des connexions et de meilleures relations, plus profondes et plus valorisantes, en valent la peine. Vous pourriez faire tout ce que je vous conseille dans ce livre, mais à quoi bon si vous n'arriviez pas à nouer des liens significatifs avec les autres ? Se sentir heureux et plein d'énergie est une chose, mais être capable de partager cette énergie et cet enthousiasme avec les gens que vous aimez profondément est la principale caractéristique d'une vie chargée, d'une vie vécue à fond. Le vrai bonheur qui dure toute la vie résulte des liens que nous tissons avec les autres et de l'amour que nous leur portons. Il est donc primordial de le faire le plus tôt possible et du mieux que nous le pouvons. Les stratégies qui suivent vous y aideront.

Activateur n° 1 : Définissez et créez des relations idéales

Chose étonnante, peu de gens prennent le temps de se demander : *Qu'est-ce que je veux exactement dans mes relations avec les autres ? Quel genre d'amis est-ce que je veux ? Quel genre d'amoureux est-ce que je veux ? Que puis-je faire pour attirer, entretenir et approfondir les relations que j'ai avec les autres ?*

Ce sont les questions que se posent les gens qui ont une vie chargée. Ils façonnent consciemment leur vie *et* toutes leurs relations.

Pour améliorer vos relations avec les autres, vous devez d'abord définir la relation idéale à vos yeux et ensuite déterminer les comportements et les interactions qui vous permettront d'en faire une réalité. C'est un travail important, car plus vous sentirez que vous vivez des relations idéales, plus votre soif de liens profonds et significatifs sera étanchée.

Nous traiterons de quatre types de relations dans cette section : famille, amitié, amour et travail. (Nous n'aborderons pas le cinquième type – connaissances –, car il a été démontré que les plus hauts degrés de connexion et de joie découlent des quatre premiers.)

Pour commencer, prenez votre journal ou votre ordinateur, car je vais vous demander de réfléchir et d'écrire avant d'aller plus loin.

Veuillez répondre aux questions suivantes :

i. Qu'est-ce qui caractérise pour vous une relation familiale heureuse et profondément harmonieuse ?

   Comment pourriez-vous améliorer et approfondir les relations que vous avez avec les gens dans ce domaine ?

ii. Qu'est-ce qui caractérise pour vous une relation amicale heureuse et profondément harmonieuse ?

   Comment pourriez-vous améliorer et approfondir les relations que vous avez avec les gens dans ce domaine ?

iii. Qu'est-ce qui caractérise pour vous une relation amoureuse heureuse et profondément harmonieuse ?

   Comment pourriez-vous améliorer et approfondir les relations que vous avez avec les gens dans ce domaine ?

iv. Qu'est-ce qui caractérise pour vous une relation professionnelle heureuse et profondément harmonieuse ?

   Comment pourriez-vous améliorer et approfondir les relations que vous avez avec les gens dans ce domaine ?

Je me pose toujours ce genre de questions, et je les pose à mes clients. Je fais de même avec vous parce qu'il est important de commencer toute relation avec un but en tête – vous devez déterminer ce que vous voulez et vous efforcer ensuite d'en faire une réalité. Aussi simple que soit cette activité, elle peut se solder par des résultats impressionnants si vous la prenez au sérieux.

J'ai fait cet exercice avec Shane, le garçon dont je vous ai parlé au début de ce chapitre. Lorsque je lui ai demandé de me décrire une vie familiale heureuse, il m'a dit qu'elle devait être avant tout caractérisée par le plaisir, l'authenticité, le partage, l'optimisme, le soutien enthousiaste et une ouverture d'esprit de la part de ses parents qui lui permettrait de prendre des risques et de vivre de nouvelles expériences. Il m'a permis d'en parler à ses parents et ils ont été surpris – non pas par la description en soi, mais par leur inconscience et le fait de ne pas avoir réussi à offrir à leur fils la vie familiale dont il rêvait.

En fait, ils se sont rendu compte que depuis que Shane était entré dans l'adolescence et qu'il commençait à se montrer plus indépendant, ils avaient cessé d'organiser des sorties et des aventures familiales amusantes. Ils s'intéressaient à son travail scolaire, mais ne manifestaient pas de soutien enthousiaste pour le jeune homme qu'il était en train de devenir. La liste était longue. Finalement, ils sont devenus de meilleurs parents après avoir pris connaissance de cette liste.

Lorsque nous avons abordé le sujet de l'amitié, Shane a dit qu'il voulait avoir des amis plus engagés et plus curieux de la vie qui existait à l'extérieur de leur collectivité. Il voulait des amitiés caractérisées par davantage de partage et d'aventure. Je lui ai demandé s'il était prêt à en parler avec les quelques amis qu'il avait et s'il pouvait se faire de nouveaux amis en ayant ces deux critères en tête. Il a compris, et pendant la première année qui a suivi nos séances, il s'est souvenu d'être « le gars curieux » de l'école. Il est devenu membre de quelques associations étudiantes, a cherché à se faire des amis qui partageaient des passions et des passe-temps similaires, a demandé à deux de ses professeurs de lui servir de mentors et a commencé à agir comme tuteur auprès d'élèves plus jeunes que lui. Il s'est fait d'excellents amis à l'école et il est devenu un homme heureux et curieux de tout.

Et cela m'amène à ceci – vous devriez songer à parler aux autres de ce qui est à vos yeux une relation idéale. S'ils sont au courant, cela favorise le rapprochement. Bien entendu, vous devriez également leur demander de vous décrire une relation idéale.

C'est si simple : il suffit de demander aux autres ce qu'ils attendent de nous, et de leur dire ce que nous attendons d'eux. Et pourtant, nous oublions souvent de le faire. Je me rappelle avoir un jour demandé à ma mère ce qui l'aiderait à se sentir plus proche de moi, son deuxième fils. Elle m'a répondu : « Tu pourrais m'appeler tous les dimanches, me parler et me dire que tu m'aimes. » C'est ce que j'ai fait, et n'ai cessé de faire depuis près de 15 ans.

Il y a deux façons d'approfondir vos liens avec votre entourage : l'une est attribuable au hasard, à la suite d'une tragédie ou d'une coïncidence, par exemple ; l'autre résulte d'une action délibérée. Si vous êtes prêt à faire l'effort de dire et décrire ce que vous voulez, et si vous êtes prêt à écouter les autres et à leur offrir ce qu'ils veulent, vous constaterez un épanouissement dans toutes vos relations. Déterminez clairement ce que vous voulez et ce que veulent les autres, et travaillez ensuite à créer des relations dont vous serez fier. Faites-le pendant toute votre vie et vous connaîtrez des relations heureuses, saines et durables.

Activateur n° 2 : Pratiquez la projection positive

Les grands professeurs et les couples heureux en ménage ont une chose en commun. Ils savent que s'ils veulent obtenir le maximum de leurs élèves ou de leur conjoint, ils doivent voir ce qu'il y a de meilleur en eux et se fixer des attentes élevées. C'est la plus puissante de toutes les vérités sociales : *on obtient ce que l'on cherche.* Si vous projetez des caractéristiques et des attentes positives sur les autres, non seulement remarquerez-vous plus souvent ces caractéristiques chez eux, mais ils auront également tendance à se montrer à la hauteur de cette image.

Le problème, c'est que nous sommes nombreux à nous montrer trop réservés ou cyniques. Nous avons eu mal dans le passé, et la machine à anticiper de 1,4 kg, qui se trouve dans notre crâne, se met à chercher les ennuis. Les défauts des autres deviennent le point de mire de notre *exploration sociale.* Cette logique nous paraît juste : si je peux découvrir très rapidement ce qui ne va pas chez quelqu'un, alors je pourrai éviter plus rapidement que cette personne me fasse mal. Avec le temps, nous cessons de voir les points forts des gens, ne retenant que leurs points faibles ou leurs comportements qui pourraient nous agacer ou nous blesser.

Et ce n'est là que ce que nous voyons à travers notre filtre social personnel, alors que nous nous basons sur notre propre expérience de la douleur. Si on ajoute à cela le contexte sociétal incroyablement critique et cynique dans lequel nous vivons, il est étonnant que nous arrivions à tisser des liens avec les autres. Notre société négative nous a enseigné à chercher le négatif chez les autres (et à le commenter). Les médias survivent grâce au journalisme d'inquisition en scrutant la vie des politiciens et des célébrités. *Nouvelle-choc : cette personne est une menteuse. Nouvelle-choc : cette personne est une tricheuse. Nouvelle-choc : cette personne a dit quelque chose de stupide. Nouvelle-choc : cette robe la grossit.* Ce genre de journalisme ne fait qu'amplifier notre filtre social et nous pousse à chercher encore plus de mauvaises habitudes, de grossières erreurs et des défauts superficiels chez les autres.

Voir le monde à travers une lentille négative revêt plus de conséquences tragiques que vous ne pourriez l'imaginer. Par exemple, cette étude bien connue au cours de laquelle on a dit à un groupe d'enfants qu'ils étaient intelligents et capables, et à un autre groupe d'enfants qu'ils ne l'étaient pas. Devinez quel groupe a mieux réussi ! Devinez quel groupe a développé une meilleure estime de soi ! Devinez quel groupe est allé plus loin dans la vie ! Devinez quel groupe s'est dit le plus heureux des décennies plus tard ! C'est exact : le groupe à qui on a fait le cadeau de la « projection positive ». Tout professeur, n'importe où dans le monde, vous dira la même chose : plus nous voyons de points positifs que nous projetons sur les élèves, plus ces derniers « vivent à la hauteur » de nos attentes.

Ce concept ne s'applique pas uniquement aux enfants. Des chercheurs ont découvert que les couples les plus heureux en ménage se voient l'un l'autre comme plus intelligents, plus compétents, plus empathiques et plus remplis de bonne volonté que leur comportement ne le laisse supposer. Les couples heureux sont plus tolérants devant les mauvais comportements ou les défauts de l'autre : « *Oh, il était fatigué ; il ne voulait pas vraiment dire ça.* » « *D'habitude, elle ne se comporte pas comme ça en société ; elle était sans doute distraite.* » Ces excuses viennent du fait que chacun voit son partenaire sous un jour toujours positif.

On pourrait dire que les deux ferment les yeux sur la réalité ou que, dans un optimisme absurde, ils ne la voient pas, mais ce n'est pas le cas : ces enfants et ces couples sont *plus heureux* et ont davantage tendance à ne voir que les aspects positifs parce que c'est ce que l'on attend d'eux. Lorsqu'on dit aux gens qu'ils sont généralement attentifs, charmants et aimables, ils adoptent d'eux-mêmes ces attitudes ; ils voient l'ennui ou la distraction comme des anomalies qui ne s'appliquent pas à eux. Lorsque vous vivez votre vie en croyant que les gens sont bons et intéressants, vous voyez ce qu'il y a de bon et d'intéressant chez toutes les personnes avec qui vous interagissez.

Tenir bien haut le flambeau de l'optimisme dans vos relations sociales est probablement la meilleure chose que vous puissiez faire pour commencer à avoir davantage d'estime pour l'humanité. Si vous voyez les gens comme des êtres intelligents, empathiques, intéressants et aimables, ils auront tendance à se montrer ainsi. Projetez donc des caractéristiques positives sur les autres et permettez-leur d'être *à la hauteur* de vos attentes.

La projection positive donne des résultats significatifs en ce sens que vous cessez de voir les autres comme des obstacles ou des compétiteurs ; ils deviennent des coéquipiers ou des adversaires estimés sur le chemin de la vie. Ces distinctions sont fondamentales. Si un orage s'annonce ou que des occasions surgissent et que vous percevez les autres comme des obstacles à votre sécurité ou à votre réussite, vous les éviterez, vous les repousserez et vous n'agirez pas conformément à vos vertus et à votre caractère affable. Mais si vous les considérez comme des coéquipiers, vous vous demanderez comment vous pourrez, *ensemble*, affronter l'orage ou viser la réussite. Vous tirerez avantage des succès et des habiletés de l'autre, et vous irez plus loin que vous n'auriez pu le faire seul.

De plus, remarquez l'importante nuance qu'il y a entre compétiteur et adversaire. Lorsque vous percevez quelqu'un sous le jour négatif de la « compétition », vous le voyez immédiatement comme un obstacle qui vous empêchera d'atteindre votre but. Votre perception des autres s'en trouve appauvrie. Mais lorsque vous voyez chez l'autre un adversaire respectable, vous reconnaissez ses points forts et vous comprenez que ce sont justement ces derniers qui vous aideront et qui vous motiveront à donner le meilleur de vous-même.

Cette projection positive exige que, sur un certain plan, nous formulions une hypothèse à propos de notre entourage et des êtres humains en général. Vous devez supposer qu'ils sont bons, compétents et bien intentionnés. Qu'arriverait-il si vous commenciez à supposer que les gens qui font partie de votre vie sont brillants, empathiques, méritants et engagés sur la voie merveilleuse qui mène à la concrétisation de leurs rêves ? Si telle était votre perception, en quoi cela influerait-il sur vos interactions ?

Bien entendu, il n'est pas facile de voir les autres auréolés de la lueur positive de la bonté. Il faut pour cela vous abstenir de porter des jugements rapides et prendre le temps d'établir des liens avec eux, même si au départ vous pensez n'avoir aucun point en commun. Vous devez reconnaître et respecter leur unicité. Vous devez voir ce qu'il y a de meilleur en eux et croire que la bonté et la compassion font partie de ce qu'ils sont, de leur caractère. Bref, cela exige de l'amour.

Naturellement, il se produit des conflits, et il est difficile de toujours pratiquer cette projection positive avec ceux que l'on aime. Voici donc les résultats d'une étude portant sur la séparation. Des chercheurs ont découvert une équation éloquente que vous vous devez de connaître. Les couples qui sont heureux en ménage et qui restent ensemble toute leur vie ont en commun la proportion avec laquelle ils partagent les aspects positifs *par opposition* aux aspects négatifs. Ce ratio est de 5 contre 1. C'est donc qu'ils ont une relation marquée par cinq fois plus d'éloges que de critiques. Soyez celui qui encourage l'autre et ne soyez pas cynique. Ainsi, la projection positive et l'appréciation plutôt que les doléances changeront à jamais vos relations.

Activateur n° 3 : Trouvez des « amis de croissance » et cultivez vos relations avec eux

Partout dans le monde, les gens disent que leurs relations familiales et amoureuses sont la principale source qui alimente leurs sentiments de connexion et d'amour. La deuxième source est l'amitié. Il vaut donc la peine que vous songiez à nouer des liens d'amitié plus forts dans votre vie.

C'est toujours avec étonnement que je constate que la majorité des gens ne comprennent pas à quel point l'amitié a une importance vitale pour leur santé mentale et leur bonheur. Après d'innombrables études, des chercheurs dans divers domaines ont prouvé que la qualité de nos relations fondées sur l'amitié est l'un des facteurs qui influent le plus sur notre stabilité, notre humeur, nos ambitions, notre registre émotionnel, notre développement et notre degré de satisfaction dans la vie.

En amitié, il est utile de prendre cette précaution : choisissez prudemment les gens dont vous vous entourez. Alors que ce conseil peut ressembler à une parcelle de sagesse partagée au coin du feu, vous seriez surpris de constater qui les gens invitent à leur table de l'amitié. Vous seriez également étonné d'apprendre que c'est à peine s'ils en invitent. L'Américain moyen n'a qu'un ou deux amis intimes. C'est malheureux, mais cela nous donne une piste sur la façon dont ils peuvent accroître immédiatement leur degré de satisfaction dans la vie.

Penchez-vous maintenant sur votre propre groupe d'amis. Répondez aux questions ci-dessous sur une feuille de papier ou dans votre journal personnel :

1. Combien d'amis intimes, de véritables amis, avez-vous ? (Vous seul pouvez définir les termes « intimes » et « véritables ».)
2. À quelle fréquence les voyez-vous ?
3. À quelle fréquence leur parlez-vous ?
4. Sur une échelle de 1 à 5, où 1 est le degré le plus faible, jusqu'à quel point ces amis intimes vous connaissent-ils vraiment ?
5. Sur une échelle de 1 à 5, où 1 est le degré le plus faible, jusqu'à quel point ces amis intimes vous encouragent-ils de façon systématique à poursuivre vos rêves ?
6. Sur une échelle de 1 à 5, où 1 est le degré le plus faible, jusqu'à quel point ces amis intimes vous apportent-ils les conseils, l'information et l'inspiration qui vous poussent à devenir une meilleure personne ?
7. Sur une échelle de 1 à 5, où 1 est le degré le plus faible, jusqu'à quel point avez-vous du plaisir lorsque vous êtes en compagnie de ces amis intimes ?

Vos réponses en disent long sur vous-même et sur votre cercle d'amis. Elles vous permettent également d'évaluer à quel point vous êtes soutenu, compris, branché et stimulé par vos amis. Les liens d'amitié sont délicats, mais c'est un territoire sur lequel nous devons nous aventurer ensemble si nous voulons accéder à un nouveau palier dans la vie.

Pour ne rien vous cacher, voici les réponses que vous devrez donner à ces questions si vous voulez connaître une vie pleinement chargée, une existence qui se vit à fond :

1. De 4 à 12.
2. Vous devez les voir, ou au moins l'un d'entre eux, chaque mois.
3. Vous devez leur parler, de préférence à plusieurs d'entre eux, au moins chaque semaine, sinon deux fois par mois.
4. 5.
5. 5.
6. 5.
7. 5.

Si mes suggestions vous semblent inatteignables, alors permettez-moi, en tant que « mentor », d'être direct avec vous : vous avez sérieusement besoin de repenser votre vie.

Dans notre société, nous sommes nombreux à consacrer davantage de temps à choisir le style et la densité de tissage des draps que nous mettrons sur notre lit qu'à choisir nos amis. Donc, par défaut, nous avons les membres de notre famille, des amis, des collègues et des pairs qui nous sont imposés dans la vie. Nous n'avons pas toujours le choix. Mais nous pouvons choisir le temps que nous leur consacrons, et l'énergie que nous mettons à élargir notre cercle d'amis et la qualité des relations que nous entretenons avec eux.

Ce vieil adage est vrai : *on peut choisir ses amis, mais on ne peut pas choisir sa famille.* Il est maintenant temps que vous preniez cela à cœur. Décidez aujourd'hui même de vous entourer d'amis remarquables qui vous aideront à élever votre vie au niveau d'énergie et de potentiel que vous savez possible.

Pour vous y aider, je vais vous demander de faire quelques choix difficiles à propos des gens que vous fréquenterez dorénavant. Je vous avertis : cela ne sera pas agréable.

Voyons les choses en face : vous avez peut-être quelques amis qui n'ajoutent rien à la qualité de votre vie et à l'orientation que vous souhaitez lui donner. Je sais, ce que je dis peut sembler terriblement critique et égoïste. Et bien que cela semble également contredire mes propos au sujet des liens que nous devons tisser avec les autres – en les acceptant et en les voyant comme un atout dans notre vie –, la vérité est que nous ne pouvons développer de relations profondes qu'avec un certain nombre de gens. Nous devons donc nous faire à l'idée qu'il vaut mieux fréquenter certaines personnes plutôt que d'autres. Tous ces gens que nous avons l'habitude d'appeler ou de voir ne contribuent peut-être pas réellement à notre expérience de vie et à notre bonheur. Il y a des gens qui nous donnent de l'énergie et d'autres qui drainent notre énergie, et puis il y a ceux qui n'en ont pas du tout – les « neutres ». Pour connaître une vie pleinement chargée, nous devons savoir à qui nous avons affaire.

À la High Performance Academy, l'une de mes stratégies les plus controversées consiste justement à aider les gens à déterminer à qui ils ont affaire dans la vie. Plus précisément, je leur demande de classer leurs amitiés par catégories et de déterminer avec quels amis ils s'efforceront de tisser des liens plus profonds. Ainsi, ils sont obligés de sélectionner les gens avec qui ils ne passeront plus autant de temps.

C'est pourquoi cette activité suscite tant de tiraillement et de résistance. Mais après coup, les gens me disent toujours que c'est l'une des meilleures stratégies qu'ils aient appliquées dans leur vie dans le but de se sentir plus vivants et connectés. Étant donné ces résultats, je vais vous exposer cette stratégie, même si elle risque de vous apporter temporairement un certain inconfort.

Commençons. Dans votre journal ou sur une feuille de papier, veuillez inscrire le nom de tous les amis que vous avez eus au cours de votre vie, un nom par ligne. Cela inclut vos camarades de classe à l'école primaire, à l'école secondaire et au collège, ainsi que les amis rencontrés au travail, en pratiquant un sport ou pendant vos loisirs.

Ensuite, rédigez une brève description de : a) ce qui vous a attiré chez eux ; et b) pourquoi ils sont toujours, ou ne sont plus, vos amis.

Cet exercice vous amènera forcément à penser à de nombreuses personnes que vous aviez oubliées ou que vous avez perdues de vue. C'est parfait. L'un des bienfaits de cet exercice pourrait bien être de renouer avec certains de vos anciens amis.

Maintenant que vous avez dressé la liste de vos amis, il s'agit de les répartir en trois catégories : les anciens amis, les amis lointains et les amis de croissance.

Les anciens amis, inscrits dans la première catégorie, ne sont rien de plus que d'anciens amis : ils appartiennent au passé. Vous avez déjà entretenu des liens d'amitié avec eux, mais vous ne souhaitez plus maintenir le contact. Mais surtout, vous voudrez peut-être mettre également des amis *actuels* dans cette catégorie. Je dis cela parce que j'imagine que vous avez peut-être quelques amis que vous ne souhaitez plus vraiment fréquenter et que vous ne voyez pas jouer un rôle prédominant dans votre avenir. Aussi difficile cela soit-il, nous devons, à un moment ou à un autre, choisir les gens que nous garderons sur la scène de l'amitié dans notre vie.

À partir d'aujourd'hui, tous les gens que vous inscrirez dans la catégorie des « anciens amis » devront rester là où ils devraient être, c'est-à-dire dans le passé. Ce sont des gens dont vous garderez toujours un bon souvenir, mais ils ne joueront tout simplement pas un rôle important dans votre vie future. La deuxième catégorie est celle des « amis lointains », mais avec qui vous entretiendrez une relation jusqu'à la fin de vos jours. Les amis lointains sont des gens que vous avez toujours appréciés et que vous ne voulez pas perdre de vue. Ce sont des gens à qui vous envoyez encore une carte de vœux à Noël ou à l'occasion de leur anniversaire, ou encore une lettre ou un courriel quelques fois par année. Peut-être leur téléphonez-vous de temps en temps uniquement pour « voir comment ça va ». Inscrivez « ami lointain » à côté des noms qui correspondent à cette description.

Mais pour beaucoup trop d'entre nous, ces amis lointains deviennent un boulet mental, car chaque fois que nous pensons à eux, nous nous disons : *Zut ! je devrais vraiment faire un effort et rester en contact avec cette personne.* Mais soyons honnêtes – si vous ne communiquez pas plus souvent avec ces gens, c'est parce que : a) vous ne vous sentez pas vraiment près d'eux ; b) vous n'estimez pas qu'ils ajoutent de la joie dans votre vie ; c) vous ne les visualisez pas dans votre avenir ; ou d) vous en rejetez continuellement la faute sur le manque de temps, alors qu'en réalité vous ne leur accordez pas préséance dans votre vie.

Il est donc temps pour vous de prendre une fois pour toutes une décision difficile, de les caser indéniablement dans la catégorie des amis lointains, et de vous sentir *à l'aise* avec l'idée de ne communiquer avec eux que quelques fois par année afin de garder le contact. Je ne considère pas les amis lointains comme de « mauvais amis », mais tout simplement comme des copains que j'aime saluer de temps en temps afin de prendre de leurs nouvelles. Je resterai toujours en contact avec eux, mais je ne m'efforcerai pas de tisser avec eux des liens d'amitié plus profonds. Gardez leur statut à l'esprit et soyez reconnaissant des quelques occasions que vous avez de leur parler, par exemple lors d'anniversaires et des vacances.

Il ne s'agit pas de pratiquer un exorcisme ou une excommunication. Il ne s'agit pas d'offenser, d'écarter ou de laisser tomber des amis, anciens et lointains, parce qu'ils ne répondent pas à certains de nos nouveaux critères. Un grand nombre d'auteurs visant à aider les gens à atteindre un but grâce à des efforts personnels suggèrent avec désinvolture que nous plaquions toutes les personnes négatives qui peuplent notre vie, les traitant comme si elles n'avaient pas plus d'importance qu'une salade d'accompagnement que nous n'aurions pas commandée. Pour obtenir de nouvelles choses dans la vie, il n'est pas nécessaire de couper les ponts avec le passé, aussi commode et facile que cela puisse paraître.

Personnellement, je crois que trop de gens tiennent leurs amis pour acquis, oublient qui sont leurs amis, ou ne donnent pas assez d'eux-mêmes à leur cercle d'amis pour en retirer quelque chose. Donc, je ne vous conseille nullement de détruire les relations que vous avez bâties. L'univers a probablement placé sur votre route les amis que vous avez actuellement, pour des raisons connues ou inconnues de vous. Respectez cela et respectez vos amis, quelle que soit la direction que vous déciderez de prendre plus tard.

Le premier conseil que je donne à mes clients n'est pas de laisser tomber leurs amis, mais plutôt de les relancer. Je vous suggère de partager votre vision d'un avenir meilleur avec vos amis intimes. En étant un modèle de rôle plein d'enthousiasme, vous serez le catalyseur qui élèvera les standards et augmentera la qualité de vos relations. Rappelez-vous qu'il y a deux façons de changer votre vie : la nouveauté y entre ou vous la créez.

Avant que vous écartiez d'anciens amis, je vous encourage à vous asseoir avec eux et à leur faire part avec enthousiasme et authenticité – peut-être pour la première fois – de vos véritables pensées, de vos sentiments et de vos ambitions en ce qui a trait à votre vie future, à court et à long terme. Les liens d'amitié ne se créent que grâce à un tel partage, ainsi qu'en revivant des souvenirs ou en créant de nouvelles histoires ensemble.

Ceci étant dit, je sais que cette démarche échouera avec certains de vos amis actuels. Par la suite, pour assurer la qualité de votre vie future, le plus difficile sera de limiter la durée et la fréquence de votre exposition à certaines personnes. La triste vérité est que le monde est rempli de voleurs d'énergie qui sont amers, insatisfaits et accusateurs, et qui vous privent de toute joie et ambition. Donnez-leur une chance de sortir au grand jour, et s'ils ne le font pas, évitez-les le plus possible.

Voici quelle est la meilleure stratégie à adopter dans ce cas : si vous ne trouvez pas une amitié de qualité auprès d'un groupe de pairs, formez-en un autre et focalisez sur lui votre temps et votre énergie. À partir de maintenant, soyez vigilant et repérez les gens remarquables que l'univers a placés sur votre route. Remarquez-les. Invitez-les à dîner. Restez en contact avec eux. Présentez-leur d'autres individus remarquables. Encouragez-les à vous faire part de leurs pensées, sentiments et ambitions. Rassemblez-les souvent et vivez ensemble de nouvelles aventures et expériences. C'est ainsi que vous cultiverez des relations authentiques qui rendront votre vie plus intéressante et satisfaisante.

Finalement, vous devez trouver des « amis de croissance » et tisser des liens avec eux. Comme leur nom l'indique, ce sont des gens avec qui vous vous engagerez, vous vous épanouirez et qui vous stimuleront. À mes yeux, les amis de croissance sont des gens à qui l'on parle au moins une fois par mois, sinon plus. Ce sont des gens avec qui on sort le week-end ou avec qui on part à l'aventure : découverte de nouvelles villes, de nouveaux pays, ou encore des escapades de fin de semaine. Les amis de croissance sont extrêmement importants pour votre santé mentale et votre énergie spirituelle. Ils deviennent vos confidents, vos partenaires d'aventure, les parrains de vos enfants.

Je vous suggère d'avoir 10 amis de croissance. Il va de soi que l'amitié a trait à la qualité et non à la quantité. Toutefois, plus vous aurez de ces amis, plus il y aura de nouveauté qui entrera dans votre vie et tous ces liens contribueront à y injecter de l'énergie. De nombreuses personnes me disent qu'elles ont déjà 10 amis intimes, mais lorsque je leur pose les questions ci-après, elles constatent que ce n'est pas le cas :

- Est-ce un ami à qui vous avez hâte de parler chaque semaine ou chaque mois ?
- Cet ami joue-t-il un rôle important dans votre vision de l'avenir ?
- Est-ce que cet ami laisserait tout tomber pour vous aider en cas de crise ?

- Est-ce un ami pour lequel *vous* laisseriez tout tomber pour l'aider en cas de crise ?
- Est-ce un ami que vous avez envie de présenter à votre famille et à vos autres amis, actuels et futurs ?
- Est-ce un ami qui vous expose à de nouvelles idées et aventures ?
- Cet ami peut-il contribuer à votre santé à long terme ?
- Cet ami vous fait-il rire beaucoup ?
- Cet ami se soucie-t-il de vos émotions, de votre bien-être et de votre bonheur ?
- Pouvez-vous faire entièrement confiance à cet ami en toutes circonstances ?
- Est-ce que cet ami vous présente des gens intéressants ?

Une réponse affirmative à chacune de ces questions indique que vous avez un ami de croissance.

Si vous estimez qu'avoir 10 de ces amis est trop ou que cela nécessite trop d'efforts, je vous plains. Vous avez la chance de pouvoir fouler le sol de cette planète pendant, en moyenne, 60 à 80 ans. Et vous croyez être incapable de créer 10 amitiés profondes, durables et stimulantes ? À quoi d'autre êtes-vous donc si occupé ?

Avoir un groupe d'au moins 10 amis extraordinaires devrait figurer parmi les 5 grandes priorités de tout être humain. L'enthousiasme, l'énergie et les liens étroits que la véritable amitié procure sont inestimables et indescriptibles. Toutes les personnes heureuses que j'ai rencontrées entretenaient des liens profonds avec de nombreux amis. Si ce n'est pas encore votre cas, il est temps de commencer à tisser de tels liens. Des amitiés amusantes et enrichissantes vous donneront de l'énergie – l'un des plus importants ingrédients d'une vie pleinement chargée et vécue à fond.

Une dernière pensée. Pour entretenir des liens étroits avec un ami de croissance, il faut en être un *soi-même*. Soyez un modèle de rôle pour les relations que vous voulez dans la vie. Vous voulez être aimé ? Alors, soyez un être humain prodigieusement aimant et vous trouverez l'amour. Vous voulez de vrais amis ? Alors, soyez un ami passionnément intéressé qui apporte aux autres la nouveauté, la joie, l'empathie, l'aventure et la communion.

Comme avec tout ce que nous désirons dans la vie, je crois que nous pouvons nous entourer de tels amis. Il suffit de le vouloir et de faire les efforts nécessaires. Vous méritez d'avoir des relations profondes, aimantes et pleinement engagées avec ceux qui vous entourent.

MOMENT DE RÉFLEXION

1. Les cinq choses que je pourrais faire immédiatement pour créer des relations plus heureuses et plus profondes dans ma vie sont…

2. Si je pratiquais mieux la projection positive, ce que je commencerais par valoriser chez mon conjoint et les êtres qui me sont chers est…

3. Les amis de croissance qui font partie de ma vie ou avec qui je tisserai dorénavant des liens sont…

SECONDE SECTION

LES CINQ LEVIERS PROPULSEURS

CHANGEMENT

DÉFIS

CRÉATIVITÉ

CONTRIBUTION

CONSCIENCE

Chapitre 7

PRÉSENTATION DES LEVIERS PROPULSEURS

« Notre but, c'est de consciemment, délibérément, évoluer vers un état d'être plus libéré et lumineux [...] »

— Tom Robbins

Les cinq leviers de base – contrôle, compétence, conformité, empathie et relations – et leur activation ont manifestement une incidence sur la qualité de notre vie et sur notre charge intérieure. Lorsque nous avons le sentiment que tout échappe à notre contrôle, que nous sommes incapable de mener nos projets à terme, que notre comportement n'est pas conforme à notre image de soi, que l'on ne se soucie pas de nous ou que nous sommes déconnecté ou loin des autres, notre vie devient misérable. Mais lorsque nous avons le sentiment que nous sommes aux commandes de notre vie, que nous pouvons apprendre et comprendre notre monde, que nos actions et notre comportement concordent avec ce que nous croyons être, que l'on se soucie de nous et que nous sommes en communion avec notre cœur et celui des autres, nous commençons à sentir dans notre vie une charge nettement plus élevée, égale et positive.

En plus de nous aider à nous sentir plus connecté avec nous-même et avec les autres, l'activation de ces leviers de base contribue à la satisfaction d'un grand nombre de nos besoins fondamentaux en ce qui concerne la stabilité et l'amour. C'est pourquoi j'estime que les leviers de base sont essentiels à notre santé mentale et au développement de notre sens du Soi et de notre appartenance sociale. Stabilité, sécurité, liens sociaux. Voilà une recette géniale pour qui veut connaître une vie marquée du sceau de la tranquillité et du bonheur.

Mais il n'y a pas que la tranquillité et le bonheur dans la vie. Nous voulons tous vivre à fond et nous réaliser pleinement. Et pour cela, nous devons réviser à la hausse nos ambitions et activer une autre série de leviers humains – les leviers propulseurs. Les leviers de base vous ont permis d'accéder à une vie pleinement chargée, mais ce sont les leviers propulseurs qui vous feront gagner la partie. Ils vous pousseront à viser de plus grands idéaux, en commençant par une plus grande créativité jusqu'à l'accession à la transcendance émotionnelle.

Avant d'aller plus loin, je veux mettre l'accent sur le fait que les leviers propulseurs n'agissent pas indépendamment des leviers de base, ni ne sont nécessairement supérieurs. Même si nous en traitons séparément pour assurer clarté et structure à cet ouvrage, nous ne devons pas oublier que ces leviers sont toujours présents dans notre esprit, manœuvrant et rivalisant entre eux pour attirer notre attention. Tout est connecté. Le levier du contrôle, par exemple, influe considérablement sur notre façon d'activer le levier du changement (le premier levier propulseur, dont il est question au prochain chapitre). Il est difficile d'apporter des changements dans notre vie, car nous ne voulons pas sentir que nous perdons le contrôle. Il est donc important de savoir que notre maîtrise des leviers de base aura une grande incidence sur notre habileté à activer les leviers propulseurs. Assurez-vous donc d'avoir bien lu les chapitres qui précèdent, d'avoir pris des notes et d'avoir commencé à activer les cinq premiers leviers.

Les « leviers-p » sont les leviers propulseurs du changement, des défis, de la créativité, de la contribution et de la conscience. Je dois préciser que certaines particularités distinguent ces leviers et rendent leur maîtrise plus complexe que celle des leviers de base.

Premièrement, alors que les leviers de base vous procurent un sentiment accru de sécurité et de stabilité, les leviers-p vous bousculent de manière que, au bout du compte, vous vous sentiez plus satisfait. Les leviers-p sont tout simplement plus difficiles à activer sur une base régulière et créent un certain inconfort. C'est pourquoi leur activation suscite *beaucoup plus de résistance.* Par exemple, il est relativement facile de convaincre les gens de viser davantage d'empathie et de relations dans leur vie, mais il est beaucoup plus ardu de les persuader d'y apporter des changements et de relever des défis. Les gens ont déjà le sentiment de se débattre dans un raz-de-marée de changements et de défis ; alors, pourquoi voudraient-ils en rajouter ? C'est ce que vous découvrirez dans les prochains chapitres, mais vous avez maintenant une petite idée du labeur qui nous attend.

Deuxièmement, les leviers-p sont davantage *orientés vers l'avenir* que les leviers de base que, automatiquement ou inconsciemment, nous cherchons à activer sur une base quotidienne. Pour la majorité d'entre nous, il est facile et presque automatique de contrôler nos pensées dans le moment présent, d'acquérir de nouvelles connaissances, de vivre conformément à notre image de soi, de prendre soin des autres et de tisser des liens avec notre entourage. Mais si nous voulons activer les leviers-p et vraiment vivre à fond, nous devons avoir un *plan*. Par exemple, en pensant aux contributions que nous voulons faire au cours de notre vie, nous devons bien réfléchir à la façon dont nous vivrons et à l'héritage que nous laisserons. Nous devons également avoir une vision de notre avenir pour déterminer ce qu'il convient de changer dans notre vie, et décider des défis que nous relèverons le mois prochain ou dans un an. Mais c'est justement ce qui rend les leviers-p aussi intéressants et exaltants – en visualisant notre avenir et en visant haut, nous faisons le plein d'enthousiasme, l'un des sentiments qui caractérisent la vie chargée.

Finalement, l'activation des leviers-p nécessite que vous fassiez preuve d'audace. Des changements graduels ne se traduiront pas par une augmentation phénoménale de votre degré de satisfaction dans la vie. C'est impossible. Pour activer pleinement les leviers-p, vous devrez exiger davantage de vous-même et faire des gestes plus audacieux que jamais auparavant. Vous devrez foncer et vous convaincre que rien n'est impossible, vous élever au-dessus de votre crainte du rejet et même transcender votre propre conscience pour vous connecter à quelque chose de plus grand que vous. Ce sera l'une de vos plus grandes réalisations dans la vie. Et cela en vaudra la peine.

Le premier de ces leviers plus gratifiants et orientés vers l'avenir est celui du *changement*. Les êtres humains ont un désir insatiable de nouveauté et de variété et, pour y goûter, ils doivent souvent se changer eux-mêmes ou changer leur monde. Nous croyons tous que l'herbe est plus verte chez le voisin, et les efforts que nous faisons parfois pour nous catapulter de l'autre côté de la clôture sont absolument extraordinaires. Toutefois, changer pour changer est aussi dangereux que cela peut être exaltant. Mais lorsque nous gérons notre désir de changement avec intelligence et de façon stratégique, nous jouissons de tous les avantages d'une qualité de vie nouvelle et toujours renouvelée.

En revanche, si nous tentons constamment d'activer le distributeur de bonbons PEZ dans notre esprit, qui distille alors de petites gouttes de dopamine, cette hormone qui adore la nouveauté, nous nous épuisons rapidement ou devenons dépendants de changements insignifiants. Trop de changements, et nous paniquons; pas assez de changements, et nous nous ennuyons. Le chapitre 8 traitera donc de l'équilibre qu'il convient de chercher. Vous y apprendrez également pourquoi nous sommes si nombreux à redouter le changement.

Le levier le plus puissant pour qui veut progresser dans la vie – et je suis convaincu qu'il est le secret d'une vie chargée et son plus important ingrédient – est celui des *défis*. Et c'est lorsque nous devons relever des défis que nous sommes le plus engagés. Que nous les ayons choisis ou qu'ils nous aient été imposés par les circonstances, ces défis nous obligent à canaliser toute notre attention, à tirer parti de nos points forts, à repousser nos limites, à apprendre et à nous épanouir. Lorsque nous relevons des défis, nous perdons la notion du temps et, jusqu'à un certain point, nous nous oublions. C'est pour cette raison que lorsque nous levons les yeux après avoir joué à un jeu vidéo, peint un tableau, écrit un chapitre ou enfourché un taureau mécanique, nous nous rendons compte que le temps a filé. Le levier des défis est un grand unificateur en ce sens qu'il introduit dans notre vie un changement sur lequel nous devons exercer un contrôle, un changement autour duquel nous devons développer de nouvelles compétences et, souvent, un changement que nous devons gérer socialement (en activant les leviers de l'empathie et des relations). Le problème avec les défis, c'est qu'ils font souvent peur, et c'est pour cette raison que la majorité des gens les évitent, préférant s'en tenir à des buts « accessibles ». Au chapitre 8, vous apprendrez à faire la différence entre un but et un défi – et vous recevrez un bon coup de pied au derrière.

Le levier de la *créativité* est celui qui amplifie le degré de satisfaction dans la vie. Lorsque nous avons le sentiment de constamment exprimer notre véritable Soi, nous nous sentons vivants et pleins d'énergie. Mais si on nous enlève notre créativité, nous commençons lentement à avoir le sentiment de n'être rien d'autre qu'un infime rouage dans la grande roue d'un monde inerte et impersonnel. C'est ce levier qui vous donne envie de dessiner, de jouer d'un instrument de musique, de danser, d'écrire, de chanter, de créer, de discuter, de vous habiller, d'inventer, de construire et de raconter des histoires.

C'est pourquoi vous passez des heures à essayer de nouveaux vêtements, à chercher la citation parfaite que vous partagerez sur Twitter ou à faire plusieurs fois le tour du magasin lorsque vous allez dans une grande surface renommée. La créativité est déterminante dans la modélisation du « soi ». Elle nous permet de nous définir et de nous différencier, dans notre propre esprit et dans le contexte de notre monde social. Malheureusement, la majorité des gens croient qu'ils ne sont pas créatifs et ne comprennent pas à quel point la créativité est essentielle à la réussite dans le monde du travail moderne et dans notre économie mondialisée. J'espère que vous obtiendrez de bons résultats en répondant à notre questionnaire intitulé « Êtes-vous créatif? », au chapitre 10.

Il est d'une importance vitale de comprendre et d'activer le levier de la *contribution*, car ce que nous donnons au monde se résume à la place que nous y avons occupée et à la valeur de nos actions. Si vous apportez une contribution authentique et significative dans le monde, vous aurez la satisfaction d'éprouver un sentiment de fierté et d'accomplissement. Vous aurez le sentiment d'avoir compté et d'avoir fait votre marque. Mais quelle sera votre *véritable* contribution ? Cette contribution doit-elle prendre la forme d'un généreux don en argent ou d'un legs important ? Quels genres de contributions font en sorte que nous nous sentions plus vivants ? Les réponses qui se trouvent au chapitre 11 pourraient bien vous surprendre.

Le levier le plus difficile à activer est celui de la *conscience*. Au plus profond de nous-mêmes et dans nos ambitions les plus nobles, nous désirons nous transcender et nous rapprocher de quelque chose de plus grand que nous. Nous voulons mieux comprendre notre réalité et nos relations avec les autres, l'Univers, et peut-être Dieu. Ce levier fait de nous des chercheurs de sens, de réalisation personnelle, de spiritualité, d'une preuve que nous ne faisons qu'un avec un tout.

Ce levier pousse également les êtres humains à des comportements insolites, les amenant souvent à chercher une signification aux objets inanimés ou à déclarer la guerre pour défendre quelque chose qu'ils n'ont jamais vu ou qu'ils sont incapables d'expliquer entièrement. Comment exploiter ce levier qui nous rend si uniquement humains ? Quels niveaux de transcendance sont à notre portée ? Pouvons-nous les atteindre sans porter des sandales Birkenstock ou nous asseoir dans la position du lotus ? Nous le verrons au chapitre 12.

Ces leviers propulseurs s'inscrivent à un palier nettement plus élevé que les leviers de base, bien que tous soient importants.

Pouvez-vous imaginer ne *pas* activer efficacement l'un de ces leviers pendant votre vie ? Négligez-en un et l'équation du bonheur s'effondre. Arriver à la compréhension et à la maîtrise des 10 leviers humains peut sembler un défi prodigieux, mais sachez que le fait de relever de grands défis est le plus sûr moyen de se sentir à nouveau vivant.

Chapitre 8

LE LEVIER DU **CHANGEMENT**

« Quand vous en avez fini avec le changement, c'est que le changement en a fini avec vous. »

— Bruce Barton

« Je n'arrive pas à changer et c'est en train de détruire ma vie. »

L'homme assis à côté de moi à l'aéroport gagne sa vie en indiquant aux entreprises comment changer l'ensemble de leurs infrastructures technologiques. Je comprends qu'il intervient auprès de multinationales, et que, en compagnie d'une équipe restreinte, il amène des dizaines de milliers d'employés à adopter des systèmes et des logiciels nouveaux et plus complexes. Cela me dépasse un peu, mais je me sens à l'aise étant donné qu'il ne s'agit pas d'une situation inusitée pour moi : je rencontre une nouvelle personne, je lui pose quelques questions à propos de sa vie et, en l'espace de quelques minutes, avec une candeur étonnante, elle me raconte ce qu'elle fait, ce qui la rend heureuse et ce qui l'empêche de vivre la vie de ses rêves.

De prime abord, j'ai l'impression que cet homme est plutôt bien dans sa peau. Et puis, je lui demande : « Y a-t-il des aspects de votre vie qui vous laissent insatisfait, qui vous empêchent de vivre la vie dont vous rêvez ? »

Il hausse les épaules, et puis il me dit d'un ton empreint d'un étonnant détachement: « Je suis capable d'amener des dizaines de milliers d'employés à changer la façon dont ils travaillent, à utiliser des technologies nouvelles et très complexes. Mais je n'arrive pas à changer mon satané régime alimentaire. J'engraisse sans cesse et je suis enlisé dans la routine, mon épouse est de jour en jour plus malheureuse et, franchement, si je ne réagis pas, je sais que je finirai par mourir d'ennui, seul et misérable. Voilà où j'en suis, mon ami. » Il me regarde et je vois la défaite miroiter dans ses yeux. « Je suis un gars intelligent, ajoute-t-il. J'ai essayé d'élaborer un plan et de m'y tenir, mais rien ne fonctionne. Honnêtement, je ne sais absolument pas comment je pourrais changer ma vie une fois pour toutes. Pour moi, le changement est un vrai casse-tête. »

Ce n'est pas parce qu'il ne comprend pas intellectuellement le processus qui sous-tend le changement. Il le comprend, il s'en sert pour amener des gens à adopter de nouveaux systèmes. Mais, en dehors des heures de travail, lorsque nous ne sommes pas payés pour changer et adopter de nouveaux systèmes, c'est une autre paire de manches. Il ne m'a pas fallu longtemps pour comprendre que le problème de cet homme n'avait pas uniquement trait à la conformité avec son image de soi; il ignorait plutôt comment activer le levier du changement dans sa vie.

Je ne donne jamais dans la sympathie, même avec des étrangers. Je brandis plutôt l'épée et lance le cri de ralliement du changement afin que nous vivions à la hauteur de notre Soi le plus élevé, audacieux et engagé. Ce que me dit cet homme attise une flamme en moi et j'ai envie de le bousculer un peu.

« Donc, vous êtes gros. Votre vie est ennuyeuse. Votre femme en a plus qu'assez. » Je souris en l'entendant rire; et puis j'enfonce le clou. « Et vous me dites que vous êtes un gars intelligent? Qu'est-ce que ça veut dire? »

Je me tais et je rive mon regard dans le sien pendant un moment que je veux embarrassant. Je teste son mécanisme de combat-fuite.

Il secoue la tête, indécis. « Eh bien, ouais, euh, enfin, vous savez, je dis seulement que… »

Je souris pour lui accorder un petit répit, mais en même temps je m'incline vers lui, comme si j'allais lui confier un secret. « Écoutez, je ne suis qu'un type que vous avez rencontré par hasard dans un aéroport et je constate que vous trouverez peut-être désagréable ce que je m'apprête à vous dire. Mais je parie que mon discours fera écho à votre voix intérieure. Voilà ce que je pense, mon ami : vous ne faites *pas* preuve d'intelligence. Si c'était le cas, vous vous concentreriez autant sur votre santé, sur votre vie et sur votre épouse que sur votre travail. Si vous canalisiez vraiment votre attention et votre volonté sur les changements que vous souhaitez, vous arriveriez à vos fins. Je devine que vous êtes très efficace et coriace. Il y a en vous un homme plus audacieux que celui qui est assis à côté de moi. »

Je ne lui aurais pas dit cela si je n'avais pas été certain de m'en sortir indemne et d'avoir raison. Je ne prends pas le changement à la légère, ni le destin, et c'était bien ce dernier qui nous avait mis en présence l'un de l'autre ce jour-là.

Il y a réagi comme je m'y attendais. Il s'est redressé sur son siège et a secoué la tête pour montrer qu'il m'avait bien compris. « Vous avez raison. Vous avez raison.

– Je sais. Alors, faisons tous les deux preuve d'intelligence pendant un moment. Parlons de ces gros programmes que vous me dites implanter afin que les gens adoptent vos nouveaux systèmes. De quelle envergure sont ces changements ?

– Oh, ils sont énormes. Radicaux.

– D'accord. Et de quelle ampleur sont la recherche et la planification derrière ces changements ?

– Tout est étudié et planifié. Nous planifions tout. Nous avons plus de plans de travail, de feuilles de calcul et de documents PowerPoint que vous ne pouvez l'imaginer. Nos ressources sont considérables. Nous rédigeons même les courriels que les dirigeants envoient à leurs employés tout au long du processus.

– Très bien. Et combien de temps vous faut-il pour effectuer tous ces changements ? Un mois ou deux ?

– Non, non. Il faut en moyenne de 8 à 10 mois pour boucler la boucle. Et c'est rapide. Autrefois, il nous en fallait 18. »

Je le regarde fixement en ayant l'air de dire : « Quel abruti vous faites ! »

Il capte le message. « Eh, je vous entends penser. Des changements radicaux. Entièrement planifiés. Un travail exigeant. Il faut que j'adopte une approche similaire dans ma vie personnelle. Voilà ce que vous pensez.

– C'est exact. Au travail, vous relevez d'énormes défis pour apporter de gros changements, et vous devez faire la même chose en pensant à votre santé. Oubliez les foutaises que vous entendez dans les médias à propos des petits changements. Manger un peu moins de Doritos ne vous rendra pas plus mince et dynamique. Vous êtes plus intelligent, fort et consciencieux que ce que vous avez projeté dans le monde jusqu'à maintenant, avec votre santé et probablement avec tous ceux qui ont croisé votre route. Il y a plus de potentiel que ça en vous. »

Je vois la détermination s'allumer dans ses yeux. Et je ne fais pas que nourrir son ambition pour meubler mon attente. Je sais que cet homme, comme la plupart d'entre nous, ne lèvera pas le petit doigt tant que ne s'allumera pas en lui le feu sacré qui pousse à effectuer de vrais changements.

« Bon sang. Mais qu'est-ce que j'attendais ? »

Je lui donne une petite tape sur l'épaule et hoche la tête, des étincelles dans les yeux. « Ce n'est pas grave. Vous savez quoi faire. Rentrez chez vous et prenez votre santé en main. Rentrez chez vous et offrez une vie meilleure à votre femme. Rentrez chez vous et changez pour elle, illuminez son existence. Devenez l'homme que vous pouvez être. »

• • •

Nous savons tous que nous devons changer dans certains domaines de notre vie. Mais nous sommes si nombreux à être submergés par un vent continu de changements que nous voulons rarement en envisager davantage. Toutefois, une pulsion intérieure exige que nous le fassions.

Le levier du changement est issu non seulement d'un besoin biologique qui nous pousse à nous épanouir et à apprendre, mais aussi d'un désir conscient et incessant de nouveauté et d'effervescence. Les cellules de notre corps demandent que nous changions, et notre cerveau demande que nous apprenions et que nous demeurions engagé et occupé. Contrairement aux cinq leviers de base – contrôle, compétence, conformité, empathie et relations – qui découlent d'un besoin biologique de stabilité, de connaissance de soi et d'amour, le levier du changement a une autre source. Il opère à un niveau de conscience plus élevé, nécessitant une puissance de traitement supérieure dans la région frontale du cerveau et une approche plus visionnaire de la part de l'esprit. C'est pourquoi il est si difficile à activer, mais si efficace lorsqu'il s'agit de nous propulser avec audace et détermination dans l'avenir. Par conséquent, c'est le premier des leviers propulseurs.

Sur le plan collectif, il pourrait sembler que nous ayons vraiment maîtrisé le levier du changement. Dans notre société, ce levier semble s'être déployé comme l'Univers, à la vitesse grand V et à une magnitude que peu d'entre nous peuvent concevoir. Pour le meilleur ou pour le pire, nous sommes devenus des drogués du changement. Cette soif que nous avons de changer notre sort, de nous épanouir et de nous développer, a donné lieu à un grand nombre des plus grandes réalisations humaines : arts, architecture, agriculture, Apple. Cela nous a également conduits à nous surdévelopper, à déclarer la guerre sur des territoires qui ne nous appartenaient pas, à tenter de tout conquérir et tout consommer ce qui se trouve sur notre route. Le changement n'est pas nécessairement synonyme de progrès, mais personne ne peut nier le fait que notre culture est en train de changer à la vitesse de la lumière.

Cependant, sur le plan individuel, nous trouvons le changement difficile. C'est étrange, étant donné que le changement a été notre compagnon et notre ami de tous les jours tout au long de notre vie. Nous avons rampé, nous avons marché, et puis nous avons couru. De bébés d'à peine 60 centimètres de longueur, nous sommes devenus des adultes de 1,5 à 2 mètres de hauteur. Notre cerveau et notre corps ont grandi et ont explosé en des billions de cellules. L'air dans nos poumons, les sons dans nos oreilles, les images dans nos yeux, les pensées dans notre tête et les sensations dans notre corps – tout a changé constamment, à chaque instant de chaque jour pendant toute notre existence.

Notre expérience de vie et notre sagesse ont grandi aussi avec chaque nouvel effort, chaque échange, chaque échec et chaque succès. Nos valeurs ont changé; notre comportement a changé; nos rêves ont changé. Dans un contexte social plus large, il semble que chaque jour apporte une innovation qui vient bouleverser le monde que nous connaissons si bien. Nous nous présentons au travail, et voilà que nous devons nous lancer dans un nouveau projet, gérer un nouveau système ou apprendre à connaître de nouveaux collègues. Nous rentrons à la maison et apprenons que notre conjointe a vécu la même expérience, et nous en discutons pendant que les enfants jouent avec un nouveau gadget. Nous allumons la télévision pour écouter les actualités et apprenons que le monde est secoué par de nouveaux scandales, de nouvelles crises, de nouveaux drames et de nouvelles célébrités sur lesquelles faire une fixation. Nous entrons dans notre centre commercial favori, et où que nous tournions le regard, nous lisons : Nouveau ! Nouveau ! Nouveau !

Nous devrions y être habitués. Mais de nombreuses personnes ne voient ni ne sentent pas la magie ou la permanence du changement dans leur vie. Elles ne perçoivent ce dernier que comme un élément intermittent, une peste qui pointe sa vilaine petite tête dans les pires moments, une brèche inattendue dans la muraille de leur certitude. Elles considèrent le changement comme une perturbation, donc un phénomène à craindre, éviter ou écraser. Comment cela se fait-il ? Comment un phénomène aussi familier, que nous connaissons aussi intimement, peut-il provoquer un tel stress chez tant de gens ? Pourquoi sommes-nous si nombreux à craindre le changement ?

Comme avec tous les leviers humains, la réponse à ces questions en dit long sur la relation que nous avons entretenue avec le changement pendant notre vie. Toutefois, peu importe le passé, je crois que vous pouvez évaluer vos chances de vivre la vie de vos rêves à partir d'aujourd'hui en répondant à cette question toute simple : *Est-ce que j'accueille favorablement et que je provoque le changement?* Si vous répondez par l'affirmative, vous pourrez naviguer calmement sur les flots de la vie et atteindre la destination souhaitée. Sinon, vous vous sentirez toujours ballotté à gauche et à droite, vous serez terrifié par les caprices du hasard, et vous vivrez votre vie en tentant d'atteindre n'importe quel rivage qui semblera offrir une certaine certitude.

Si vous prenez une seule situation en main cette année, alors contrôlez la façon dont vous voyez, exploitez et apportez le changement dans votre vie. Vous vous sentirez ainsi plus stable et en même temps plus enthousiaste, plus comblé et plus déterminé. Vous devez savoir une chose : le changement est la seule voie qui mène à la concrétisation de vos rêves, car pour cela vous devez passer d'un point A à un point B. Voici les activateurs qui rendront ce voyage plus agréable.

Activateur n° 1 : Pensez aux gains et non aux pertes

Il est important de remanier votre perception du changement. Tant de gens le craignent qu'ils musellent carrément toute impulsion en ce sens. Et c'est catastrophique. Lorsque nous cessons d'activer le levier du changement, la vie ne nous semble pas exubérante et excitante ; au contraire, elle nous semble petite, stagnante, ennuyeuse. Nous trouvons que la vie est « correcte », mais sans changement à l'horizon, nous sous sentons blasés. Nous nous demandons où sont passés nos désirs et nos ambitions. Nous dormons bien la nuit, mais les nuits que nous passions à rêver tout éveillés d'un avenir plus grand, plus pétillant et plus brillant nous manquent. Et s'il nous arrive de rêver la nuit, nous laissons nos rêves mourir avec la lumière du jour, car nous n'avons plus le courage d'apporter dans notre vie les changements qui nous permettraient de passer d'ici à là-bas.

Il y a des milliers de raisons pour lesquelles on peut craindre le changement et le considérer comme une étape douloureuse qu'il faut éviter à tout prix. Peut-être que le décès d'un être cher vous a secoué en vous imposant trop rapidement des changements non désirés. Peut-être que chaque fois que vous vous sentez enfin bien, la vie vous joue un mauvais tour. Peut-être que vous n'avez jamais obtenu ce que vous vouliez chaque fois que vous avez tenté d'apporter un changement dans votre vie. Peut-être avez-vous tout simplement peur de briser votre routine ou d'être jugé. Et d'aucuns affirment même que la peur du changement découle d'une programmation biologique.

Cela fait plus de 10 ans que j'aide professionnellement les gens à activer le levier du changement dans leur vie. Cependant, j'ai constaté une chose : ils ne le craignent pas du tout ; en fait, la majorité des gens cherchent consciemment à changer. C'est plutôt ce que le changement apportera ou n'apportera pas qu'ils craignent. Par conséquent, c'est dans l'*anticipation* que réside le démon de la peur.

Il ne fait aucun doute que certains d'entre nous ont associé changement et douleur dans leur esprit. Mais il y a une subtilité dans ce que j'ai appris : c'est l'anticipation de trois types de douleur qui nous fait craindre le changement. Il y a tout d'abord l'*anticipation d'une perte*. Vous imaginez alors que le changement à venir prendra le contrôle de votre vie et vous dépouillera de quelque chose que vous appréciez, aimez ou avec quoi vous êtes à l'aise. Vous êtes obnubilé par tout ce que vous perdrez une fois que vous aurez apporté ce changement. Et parce que vous vous attendez à perdre plus que vous n'y gagnerez, vous devenez craintif ou perdez toute motivation.

Par exemple, supposons que, en raison d'un remaniement organisationnel, votre patron vous mute dans un autre service. Vous pouvez accueillir cette nouvelle en éprouvant l'une des trois principales émotions : la curiosité, l'optimisme ou la crainte d'une perte. Si c'est la crainte qui l'emporte, vous vous apitoierez sur la perte de votre joli bureau, du pouvoir que vous avez mis tant d'efforts à acquérir dans ce service, du plaisir de travailler avec vos collègues préférés, de votre emploi du temps bien réglé. C'est dans cette anticipation de la perte que se font tous les dommages.

Bien entendu, des observateurs tenteront de vous raisonner : « Eh bien, c'est peut-être la meilleure chose qui pouvait t'arriver. » Ils vous diront d'être optimiste et de vous concentrer plutôt sur ce que vous gagnerez. Après tout, il s'agit peut-être du coup de pouce que vous attendiez. Peut-être aurez-vous un plus beau bureau, de meilleurs collègues, un salaire plus élevé. Peut-être que votre nouveau rôle sera plus amusant, intéressant et significatif. Et bien sûr, ces observateurs auront raison. Vous devez vous concentrer sur vos gains et non sur vos pertes. Ce n'est pas sans raison que les optimistes sont plus heureux dans la vie.

Cependant, nous savons vous et moi qu'il est pratiquement impossible de rester impassible lorsqu'un changement inattendu survient dans notre vie. Nous avons peur de laisser ce que nous allons perdre, et nous espérons en tirer certains avantages. Il doit donc y avoir une troisième option pour mieux gérer le changement que la vie nous impose, n'est-ce pas ? Nous y viendrons bientôt, car la douleur n'a pas fini de vous frapper.

La deuxième raison pour laquelle vous craignez probablement le changement vient de l'*anticipation de la douleur engendrée par le processus*. Vous apprenez que vous serez muté et vous commencez à vous faire du souci en songeant à la tâche colossale qui vous attend : vider votre bureau, classer vos dossiers, dire au revoir à vos collègues, acquérir de nouvelles connaissances et saisir le jargon de votre nouveau service. Si ce dernier est situé dans un autre édifice, vous devrez vous habituer à emprunter un nouvel itinéraire pour vous rendre au travail, trouver de nouveaux restaurants et de nouveaux espaces de stationnement. Tous les efforts que vous devrez faire vous accablent et vous frustrent. À vos yeux, le processus de changement prend des proportions gigantesques.

Naturellement, personne n'est motivé par un processus douloureux et, ici aussi, vous devez voir la situation sous un angle différent. Au lieu de ne penser qu'aux efforts que ce changement nécessitera, prenez conscience plutôt de toutes les nouvelles expériences et relations qu'il rendra possibles. L'esprit aime les nouvelles expériences et relations, mais non les désagréments. Donc, vos amis rationnels vous diront : « Penses-y un peu. Tu vas faire la connaissance d'une foule de nouvelles personnes et apprendre de nouvelles choses qui te stimuleront peut-être plus que ne le fait ton travail actuel. » En suivant ce judicieux conseil, vous pourrez vous dire que vous allez commencer par une ardoise vierge dans ce nouveau service et réinventer votre personnalité au travail, que vous serez plus sûr de vous et plus avisé, que vous vous amuserez davantage, que vous développerez des relations axées sur l'amitié avec vos nouveaux collègues, et que vous poserez dès le début davantage de questions et vous fixerez de meilleures attentes, parce que cette fois, sapristi, vous aurez le beau rôle et aimerez votre entourage.

Hélas, il peut être difficile de rester optimiste à cause du troisième type de douleur qui peut être associé au changement : l'*anticipation de la douleur générée par le dénouement.* Vous pensez : *Eh bien, il y a des gains pour moi ici et, oui, il est possible que j'apprécie le processus et en tire parti, mais d'un autre côté, que se passera-t-il si les choses vont mal, et même si elles ne cessent pas d'empirer ?* Vous craignez que la situation soit mauvaise à l'issue du processus de changement – que l'herbe ne soit pas plus verte de l'autre côté de la clôture. *Qu'est-ce que je ferai si on me retire progressivement mes responsabilités ? Si je n'aime pas mes nouveaux collègues ? Si je ne suis pas à la hauteur ? Si mon nouveau patron me déteste ? Si la compagnie coupe les effectifs l'an prochain ? Si le photocopieur n'est pas aussi sophistiqué que dans mon ancien service ?*

Cette anticipation est comme le glaçage sur le gâteau du pessimisme. Vous vous inquiétez du résultat et vous ajoutez cette douleur à celle qui est provoquée par l'anticipation de la perte et du processus. Et voilà, le triangle de la peur est formé ! Il n'y a alors aucune chance que vous vous réjouissiez de ce changement. Et si ce triangle de la peur est transposé dans d'autres domaines de votre vie, assez souvent et avec assez d'intensité, alors vous redouterez vraiment tout changement.

Avec un peu de chance, vos amis rationnels pourront encore une fois vous aider à endiguer vos craintes. Ils vous suggéreront probablement de cesser d'être obsédé par les conséquences négatives à long terme et de vous concentrer sur les résultats positifs. Ils vous diront : « Il te faut penser aux possibilités qui te seront offertes, et non aux embûches. »

Vous devriez suivre cet excellent conseil. Il suffit pour cela de remplacer tous les énoncés négatifs qui meublent votre esprit (et *si ça tournait mal?*) par des énoncés plus positifs (et *si ça me permettait de progresser?*). En vous concentrant sur des résultats positifs, vous serez en mesure d'imaginer à quel point vous serez plus avisé, heureux et en sécurité dans votre nouveau rôle. Vous penserez aux nouvelles habiletés que vous développerez, à votre nouvel équilibre et aux relations harmonieuses que vous établirez, au fait que vous serez plus apprécié et que toutes ces nouvelles possibilités se solderont par de nouveaux résultats qui vous ouvriront des portes.

Si vous pensez que c'est enrober d'optimisme un changement fâcheux, vous avez raison. Mais existe-t-il une autre solution ? Soit qu'on accueille favorablement le changement, soit qu'on l'a en horreur. Ou l'on choisit consciemment d'adopter une attitude positive dans la vie, ou on se laisse balayer sans raison par la peur. Comme toujours, nous avons le choix.

Il est également important de noter que l'anticipation de ces trois types de douleur – perte, processus et dénouement – n'apparaît pas uniquement lorsqu'un changement nous est imposé. Elle jaillit également lorsque nous choisissons d'apporter un changement dans notre vie. Supposons que vous preniez enfin la décision d'améliorer votre état de santé et que ce soit vous, et non votre patron, qui décidiez de réorienter votre carrière.

Vous vous sentez motivé et vous pensez : *Il est temps que je suive un régime, que je cesse de fumer, que je fasse de l'exercice régulièrement et que je trouve un nouvel emploi.* Mais quel que soit votre enthousiasme, quelque part dans votre esprit, la douleur associée à la perte, au processus de changement et à son dénouement pointera son affreux petit museau. Vous devrez être prêt à l'affronter.

Pour endiguer ces craintes et la douleur associée au processus, vous devez cesser de canaliser votre attention sur les efforts pénibles que nécessite le changement, pour vous concentrer plutôt sur les expériences agréables qu'il vous permettra. Au lieu de vous inquiéter d'avoir à modifier du tout au tout votre alimentation, concentrez-vous sur les découvertes que vous ferez : vous apprendrez à accroître votre niveau d'énergie et d'endurance en choisissant mieux vos aliments, vous apprendrez à cuisiner des mets qui ont plus de goût, plus rapidement et à moindre coût, vous apprendrez à consommer des aliments qui sont bons pour vous et pour la planète, vous échangerez des recettes avec des amis et des membres de votre famille, vous émerveillerez vos invités avec vos hors-d'œuvre originaux et sains.

Adoptez la même approche et balayez vos inquiétudes associées à votre décision de cesser de fumer, de faire de l'exercice ou de changer d'emploi. Dites-vous : *J'apprendrai de nouveaux moyens de gérer mon stress et mes dépendances et, ainsi, je ne serai plus jamais à la merci d'habitudes nocives. Je vais fréquenter des gens qui, comme moi, se sont engagés à faire de l'exercice et le plein d'énergie. Je vais me préparer à passer des entrevues d'embauche et me repositionner sur le marché du travail de manière à pouvoir enfin décider de ce que je fais et toucher le salaire que je mérite.* Votre mantra deviendra : « Le changement apporte de nouvelles expériences, de nouvelles leçons, de nouvelles compétences. »

Vous devrez également faire preuve de vigilance quant à l'anticipation d'un dénouement douloureux qui pourrait bien s'insinuer dans votre esprit. Vous serez alors tenté de vous laisser obnubiler par des questions telles que : *Et si tous mes efforts pour maigrir ne donnent rien ? Et si j'arrête de fumer uniquement pour recommencer plus tard ? Et si je ne perds pas un seul kilo en faisant de l'exercice ? Et si je quitte mon emploi uniquement pour trouver pire ?*

Ici, toutes vos questions qui commencent par « et si » se terminent par un énoncé négatif. *Et si j'échoue ? Et si ma vie devient exécrable ? Et si je n'obtiens pas ce que je veux en dépit de tous les sacrifices que je ferai ?*

Encore une fois, ce genre de questions tuera votre motivation à apporter les changements nécessaires dans votre vie. Mais sachant ceci, vous serez en mesure de formuler des énoncés positifs : *Et si, en adoptant ce régime, je devenais plus mince, en meilleure santé et plus heureux ? Et si, en cessant de fumer, j'avais de nouveau assez de souffle pour jouer avec les enfants et monter un escalier sans difficulté ? Et si j'arrivais à me contrôler, physiquement et mentalement, et à ne plus jamais toucher à un « bâton de cancer » ? Et si, en faisant de l'exercice, je devenais plus mince, plus fort et plus athlétique ? Et si cela me permettait d'acheter des vêtements qui montrent à quel point je suis sexy ? Et si, en quittant mon emploi actuel, j'entreprenais une carrière que j'adore et qui me permette enfin d'être créatif et d'apporter une contribution à la hauteur de mes capacités ?*

Cette nouvelle perception du changement pourrait bien être la transition la plus efficace que vous fassiez au cours de votre vie. Mais il ne suffit pas d'apprendre à transformer le négatif en positif. Si vous voulez devenir le maître de votre destinée, vous devrez à un moment ou à un autre commencer à voir le changement comme une étape agréable en soi, comme une occasion d'apprendre et de vous épanouir, qu'il vous ait été imposé ou non. C'est sur ce plan seulement, c'est-à-dire lorsque vous serez reconnaissant du changement, que votre charge intérieure s'intensifiera vraiment.

Activateur n° 2 : Ayez une vision claire, visez haut et faites preuve d'audace

Bien entendu, il n'y a pas que la peur du changement et le manque d'ouverture d'esprit qui empêchent les gens de transformer leur vie. Parfois, le problème est plus tactique qu'émotionnel ou conceptuel.

De nombreuses personnes n'arrivent pas à activer le levier du changement tout simplement parce qu'elles manquent d'ambition et n'ont pas une vision claire de ce qu'elles veulent.

Presque tous les individus avec qui je travaille à un haut niveau croient avoir une vision claire de leurs buts. Ils savent ce qu'ils veulent, du moins c'est ce qu'ils me disent. Ceci s'applique tout autant aux champions du rendement supérieur dont je viens tout juste de faire la connaissance qu'aux célébrités que j'encadre sur une base individuelle. Vous pourriez espérer que les membres de cette élite savent ce qu'ils veulent avant de recourir à mes services – j'anime surtout des ateliers, et je ne travaille pas avec des individus pour moins d'un quart de million de dollars par année –, mais vous seriez surpris. J'ai constaté que très peu de gens, peut-être 2 sur 100, savent exactement ce qu'ils veulent accomplir dans la vie (sans compter qu'ils doivent changer pour y arriver). On peut comprendre que nous n'ayons pas tous défini notre but dans la vie. Mais en ce qui concerne les changements de tous les jours, on pourrait imaginer que nous savons tous ce que nous tentons d'accomplir. Malheureusement, ce n'est pas le cas.

La première étape pour qui veut apporter un changement dans sa vie est d'avoir une vision précise et détaillée de l'objectif à atteindre. Cela paraît simple, n'est-ce pas ? Mais je parie que vous vous mettriez à bredouiller si je vous demandais de me décrire en détail ce que vous *avez tenté* de changer et d'accomplir dans votre vie financière au cours des 12 derniers mois. Remarquez ce sur quoi je mets l'accent ici. Je ne vous demande pas ce que vous avez *voulu* changer et accomplir, mais bien ce que vous avez *tenté* de faire. La majorité des gens peuvent aisément répondre à la question suivante : « Qu'aimeriez-vous changer et accomplir dans votre vie financière l'an prochain ? » Mais très peu sont capables de décrire ce qu'ils ont *tenté* de faire, ce qui indique clairement qu'ils n'avaient pas une vision claire de leur objectif. (Le secret s'est ébruité ; vous savez maintenant comment je serai en mesure de déterminer si vous avez une vision claire de vos buts dans *n'importe quel* domaine de votre vie.)

Alors, comment clarifier notre vision et choisir ce que nous voulons faire ou changer ? La réponse, comme c'est souvent le cas, se trouve dans la question elle-même. Pour clarifier notre vision, nous devons choisir ce que nous allons faire, ce qui suppose que de nombreuses options s'offrent à nous. Pour clarifier votre vision, vous devez avoir le choix, et ce sont justement ces choix qui paralysent tant de gens bien intentionnés. Ils oublient qu'ils doivent chercher ces options et ces occasions, et ensuite les étudier avant de passer à l'action. Ce questionnement explique pourquoi tant d'étudiants universitaires ne savent pas quoi faire de leur vie – et ils sont nombreux à ne pas avoir une expérience de la vie suffisante pour être en mesure de choisir leur carrière, leurs passions ou leurs buts.

Voici comment définir rapidement votre vision : pensez à un domaine de votre vie, et avant de décider de ce que vous voulez faire ou changer, effectuez quelques recherches afin de déterminer quelles options et quelles occasions s'offrent à vous. Supposons que vous tentiez de clarifier vos buts dans votre vie financière. Il y a fort à parier que si vous n'avez que peu d'information sur les possibilités, vous aurez beaucoup de difficulté à déterminer ce que vous voulez. Une petite voix intérieure s'élèvera : *Et si je laissais échapper quelque chose ici ? Comment puis-je être certain que je dispose de toute l'information nécessaire pour faire un choix éclairé ? Je ne sais même pas ce que je veux vraiment, parce que je ne connais pas toutes mes options.* Il est difficile d'avoir une vision claire si on ne voit rien. Commencez donc par recueillir de l'information et examinez les options qui s'offrent à vous. À partir de là, choisissez ce qui vous convient, imitez les gens qui ont réussi dans votre domaine d'intérêt, et allez de l'avant.

Ici, le plus important est de choisir un changement que vous souhaitez ardemment et qui vous inspirera à agir peu importent les difficultés que vous éprouverez. La plupart du temps, c'est par manque de volonté que les gens ne réussissent pas à apporter des changements dans leur vie. C'est parce qu'ils manquent de persévérance. C'est une grande vérité de la vie : les gens ne livrent une dure bataille que pour les causes en lesquelles ils croient profondément.

Le problème, c'est que le monde est maintenant rempli de personnes lâches qui manquent de passion. Nous nous laissons castrer de tout véritable désir ou de toute grande ambition lorsqu'il est question de changement. Nous avons suivi le conseil des « réalistes » et des porte-étendards du statu quo, qui nous disent de nous fixer des buts spécifiques, mesurables, atteignables, pertinents et assortis d'une échéance. Mais de tels buts ne titillent jamais l'imagination ni n'enflamment la volonté. Notre culture est maintenant inondée de buts, de feuilles de calcul et de plans de travail qui ne font aucunement appel au cœur, à la volonté et au courage.

Le levier du véritable changement – de ce type de changement qui modifie le cours de notre existence, des entreprises et du monde en général – découle d'un désir profond et puissant de faire quelque chose de grand et de significatif. Personne n'accède aux ligues majeures uniquement pour frapper un amorti, et personne ne s'engage dans une entreprise (avec un peu de chance) afin d'exprimer un jour une idée dans une salle de conférence remplie de collègues morts d'ennui. Les gens qui connaissent une vie chargée voient les foules à leurs pieds, chantant et réclamant de grandes choses, et ils veulent frapper fort, envoyer la balle de l'autre côté de la clôture et courir avec un abandon téméraire que les « réalistes » qualifieraient de folie.

Les gens qui vivent à fond sont incapables de s'imaginer dans une salle de conférence remplie de fainéants. Ils voient plutôt leurs idées se matérialiser dans la vie des consommateurs partout dans le monde. Tel est leur véritable désir : rien de moins que frapper un coup de circuit et apporter leur contribution à l'échelle mondiale. C'est ce genre d'impulsion qui nous incite à prendre des risques, à donner le meilleur de nous-mêmes et à jouer le tout pour le tout, non par témérité, mais par mépris pour les défaitistes et parce que nous sommes habités d'un ardent désir de faire quelque chose qui compte.

Vous voulez changer ? Alors, ne vous contentez pas, en aucune circonstance, d'une vision, d'un appel ou d'un simple changement non inspirant. Si vous souhaitez avoir une vision claire d'un aspect de votre vie, faites-en quelque chose de grand et de lumineux qui vous donnera envie de vous lever le matin et de persévérer, car ce sera pour vous une question de vie ou de mort. Formulez un désir qui se situe à l'extérieur de votre zone de confort et qui vous fait même un peu peur, dont la concrétisation exigera que vous donniez le meilleur de vous-même, que vous quittiez votre orbite et que vous vous aventuriez dans des territoires inconnus. C'est ce genre de désir qui change une vie, et qui change le monde.

Mais ne vous fiez pas uniquement à moi. Voici ce qu'a dit un homme qui maîtrisait le levier du changement et qui a conduit les États-Unis d'Amérique à voler plus haut que ses habitants ne l'auraient jamais imaginé – et qui, ce faisant, a dépassé les limites de tout ce que nous connaissions :

> *Nous choisissons d'aller sur la Lune. Nous choisissons d'aller sur la Lune au cours de cette décennie, et d'accomplir d'autres choses encore, non pas parce que c'est facile, mais justement parce que c'est difficile, car ce but servira à organiser et à donner le meilleur de nos énergies et de notre savoir-faire, parce que c'est le défi que nous sommes prêts à relever, celui que nous refusons de remettre à plus tard, celui que nous avons la ferme intention de gagner, et les autres également.*
>
> *Il est certain que tout cela coûte très cher* [...] *Les dépenses spatiales augmenteront bientôt encore un peu* [...], *car nous avons donné à ce programme une haute priorité nationale, même si j'ai bien conscience qu'il s'agit dans une certaine mesure d'un acte de foi, d'une prospective dont nous ne savons pas quels bénéfices nous allons tirer.*
>
> *Mais si je vous dis, mes chers concitoyens, que nous allons envoyer sur la Lune, à plus de 300 000 kilomètres du centre de contrôle de Houston, une fusée géante de plus de 100 mètres de haut, la longueur de ce terrain de football, fabriquée avec de nouveaux alliages, dont certains n'ont pas encore été inventés, capables de supporter une chaleur et une pression plusieurs*

fois supérieures à ce qui a jamais été expérimenté, assemblée avec une précision supérieure à celle des meilleures montres, incorporant tous les équipements nécessaires à la propulsion, au guidage, au contrôle, aux communications, à l'alimentation et à la survie, pour accomplir une mission encore jamais tentée, vers un corps céleste inconnu, pour ensuite la faire revenir sur la Terre, où elle fera une rentrée dans l'atmosphère à une vitesse proche de 40 000 km/h, générant une température atteignant la moitié de celle qui règne à la surface du Soleil, – presque aussi chaude qu'aujourd'hui. Nous sommes déterminés à le faire, le faire bien, et le faire les premiers avant la fin de cette décennie, mais pour cela nous devons faire preuve d'audace.

Il y a quelques années, on a demandé au grand explorateur britannique George Mallory, qui a trouvé la mort sur le mont Everest, pourquoi il voulait gravir cette montagne. Il a répondu : « Parce qu'elle est là ! »

Eh bien, l'espace est là, et nous allons y aller, et les étoiles et les planètes sont là également, porteuses de nouveaux espoirs, de nouvelles connaissances, et la paix se trouve là également. C'est pourquoi, avant de nous embarquer pour cette aventure, la plus incertaine et la plus dangereuse des grandes aventures dans laquelle l'homme ne s'est jamais engagé, nous demandons la bénédiction de Dieu !

— John F. Kennedy, président des États-Unis, 12 septembre 1962

Vous voulez changer votre vie ? Faites preuve d'audace. Trouvez votre Lune. Partez en quête de quelque chose de si grand et si excitant que vous-même et votre entourage aurez peine à l'imaginer. Osez passer à l'action, expérimenter, échouer, vous relever, échouer encore, être gêné d'essayer encore, échouer de nouveau, vous remettre sur pied en souriant et continuer à avancer. Telle est l'étoffe dont est fait le courage, et c'est la seule façon d'aborder le changement si vous voulez augmenter votre charge intérieure et faire décoller votre vie.

Activateur n° 3 : Faites de vrais choix

Alors que vous vous efforcez de définir avec audace une vision détaillée des changements que vous souhaitez apporter dans votre vie, soyez tout aussi précis quant à ce que vous voulez et ne voulez pas. Faites de vrais choix *avant* de vous lancer dans toute nouvelle entreprise.

Ceci m'amène à vous parler de l'un des outils les plus simples, mais extrêmement populaire, dont se sert le programme de formation High Performance Academy. Nous l'appelons « Règles du ceci-cela ». (Pour télécharger cet outil en anglais, rendez-vous sur www.TheChargeBook.com/resources et cliquez sur This-That Rule Tool.)

Il s'agit de formuler des énoncés à propos de ce que vous voulez (ceci) et de ce que vous ne voulez pas (cela), de manière à avoir une vision claire de votre cheminement. En formulant ces énoncés, vous ferez de vrais choix :

1. Je veux ceci, et non cela.
2. Faire davantage ceci, et plus cela.
3. Lorsque ceci se produit, faire cela.
4. Toujours choisir ceci, et non cela.
5. Faire ceci maintenant, et puis cela.

1. *Je veux ceci, et non cela.* Avant de planifier quoi que ce soit, déterminez précisément ce que vous voulez *et* ce que vous ne voulez pas. Il est étonnant de constater à quel point les gens sont nombreux à ne jamais penser à ce qu'ils ne veulent *pas*. Ils se hâtent d'atteindre un but ou un objectif, réussissent souvent, et puis sont malheureux. C'est le cas type de l'individu qui veut un million de dollars, qui travaille d'arrache-pied et qui *atteint* son but – mais au détriment de ses véritables passions, de sa santé et de sa famille. Il devient millionnaire, mais constate ensuite que l'argent n'est pas tout ce qu'il voulait dans la vie.

Imaginez s'il avait dit: «*Dans 10 ans, je veux avoir un million de dollars à la banque [ceci], mais je ne veux pas me perdre dans des paperasseries administratives que je déteste, je ne veux pas devenir obèse et en mauvaise santé, et je ne veux surtout pas travailler le* week-end *ou négliger ma famille [cela].*» S'il avait eu cette vision et s'y était tenu, je parie que sa vie aurait suivi un cours différent. Il est parfois important d'avoir un œil sur la Lune et l'autre sur le cadran qui signale les problèmes.

2. *Faire davantage ceci, et plus cela.* Pour atteindre nos buts, nous devons entreprendre ou poursuivre certaines activités, et nous devons en éliminer d'autres. Il est essentiel de déterminer ce que vous ferez et ne ferez pas lorsque vous planifiez votre route vers la victoire. Revenons à notre ami qui est devenu millionnaire au détriment de ses passions, de sa santé et de sa famille. N'aurait-il pas été préférable qu'il établisse quelques règles? Par exemple, déléguer davantage, effectuer plus de tâches créatives et stimulantes, cuisiner des mets plus sains, sortir davantage avec son épouse et faire des activités avec les enfants le *week-end*. Vous ne pouvez plus permettre aux autres d'organiser votre emploi du temps et de vous dicter vos passions et votre façon de travailler. Vous ne pouvez plus manger de malbouffe ou négliger de fréquenter le gymnase pendant une semaine entière. Vous ne pouvez plus oublier l'anniversaire des êtres qui vous sont chers.

3. *Lorsque ceci se produit, faire cela.* J'ai découvert à quel point il est efficace de demander à mes clients de remplacer un ancien comportement par un nouveau – ce que j'appelle une «greffe». Par exemple, supposons que ma cliente soit mère de trois enfants, travaille à la maison et veuille perdre du poids. Elle a suivi un régime et a fait de l'exercice, mais elle n'arrive pas à trouver la routine appropriée et n'obtient aucun résultat. Je commencerai par déterminer ses habitudes et puis je lui

demanderai d'en « greffer » de nouvelles. Je découvrirai peut-être qu'elle reconduit ses enfants à l'école de temps en temps, alternant avec son mari. Je pourrai donc lui suggérer d'intégrer son programme d'exercice à cette habitude. Elle aurait donc une nouvelle règle : *Lorsque je reconduis les enfants à l'école [ceci], je me rends ensuite au gymnase [cela].*

Notre millionnaire malheureux aurait pu se fixer les règles suivantes : *Chaque jour, au moment de la pause déjeuner, j'enverrai un texto à mon épouse, pour flirter un peu. Lorsque j'assisterai à des réunions, je veillerai toujours à faire part aux autres d'une idée qui me passionne. Après le travail, j'achèterai des légumes frais sur le chemin du retour. En arrivant à la maison, je saluerai mes enfants et leur demanderai s'ils ont passé une bonne journée, et je serai véritablement à l'écoute de leurs réponses.*

Cette greffe de nouvelles habitudes est un outil extrêmement puissant et vous devriez prendre le temps de réfléchir à un moyen de l'effectuer lorsque vous planifiez les changements que vous souhaitez apporter dans votre vie.

4. *Toujours choisir ceci, et non cela.* La vie nous fait inévitablement dévier de la trajectoire que nous comptions emprunter pour atteindre nos buts. C'est ainsi que tourne le monde. Lorsque surgiront l'incertitude, les conflits, les difficultés et les échecs, quels choix ferez-vous ? Cette règle est conçue pour vous aider à formuler des principes de base auxquels vous pourrez vous reporter en de telles circonstances. Songez à ce qui serait arrivé à notre millionnaire malheureux s'il s'était inspiré des principes suivants :

- Toujours choisir ma passion [ceci] plutôt que le profit à court terme [cela].
- Toujours choisir une salade [ceci] plutôt que des frites [cela].

- Toujours choisir d'assister aux rencontres sportives de mes enfants [ceci] plutôt que de vaquer à des tâches quelconques [cela].

Il est agréable de réfléchir à ces règles et de les formuler, car elles font immédiatement appel à nos critères les plus élevés et à notre force de caractère.

5. *Faire ceci maintenant, et puis cela.* La majorité des choix difficiles que nous devons faire dans la vie ont un lien avec le dilemme « maintenant *par opposition à* plus tard ». Si nous n'en sommes pas conscients, et si nous n'avons pas établi de règles, nous ne savons jamais quand agir. J'ai interviewé des dizaines de personnes qui œuvrent dans mon domaine pour savoir comment et quand elles avaient géré le changement dans leur vie, et après avoir constaté la détresse et la confusion qu'engendre une croissance trop rapide, je me suis moi-même fixé quelques règles. Vous devriez faire de même.

Pour en terminer avec notre millionnaire malheureux, imaginez quelle aurait été sa vie s'il avait dès le début suivi ses propres règles. Par exemple : *Je dirigerai la compagnie pendant les cinq prochaines années [ceci maintenant]. Ensuite, je déléguerai davantage et passerai les rênes de ma société à quelqu'un d'autre la septième année, lorsque mon enfant aura 10 ans [et puis cela]. Dès cette semaine, je vais entreprendre un programme hebdomadaire d'exercices cardiovasculaires [ceci maintenant]. Ensuite, après la quatrième semaine, j'ajouterai à ma routine un programme de musculation [et puis cela]. Cette année, je prendrai deux semaines de vacances avec ma famille [ceci maintenant]. Ensuite, l'an prochain, j'en prendrai quatre [et puis cela].*

Ce sont des exemples simples et succincts. Vos propres règles ne devraient pas l'être – prenez le temps de bien y réfléchir et remplissez des pages et des pages. Ensuite, gardez votre « carnet de règles » non loin de vous en tout temps. Relisez-le souvent et faites-y des ajouts au moins une fois par mois pendant le reste de votre vie. Si cela vous semble trop astreignant, pas de problème ; je suis certain que vous vous en sortirez très bien en vous comportant comme vous l'avez toujours fait, et que vous serez heureux d'obtenir l'an prochain des résultats identiques à ceux de cette année. Nouveau système, nouveaux résultats. Essayez le mien et tenez-moi au courant de vos résultats.

MOMENT DE RÉFLEXION

1. Un changement majeur que je ne me suis jamais résolu à apporter dans ma vie à cause de l'anticipation d'une perte, du processus ou du dénouement est…

2. Un changement audacieux et bien défini que je pourrais apporter dans ma vie est…

3. Les règles du ceci-cela que je pourrai appliquer à ce changement sont…

Chapitre 9

LE LEVIER DES **DÉFIS**

« Les lâches meurent plusieurs fois avant leur mort ; le brave ne goûte jamais la mort qu'une fois. »

— *Jules César*, William Shakespeare

« Le risque n'en vaut tout simplement pas la chandelle. »

J'ai une conversation avec une grande vedette qui a bâti sa carrière musicale et télévisuelle en repoussant les limites du possible. Après avoir passé une heure à me décrire avec passion une nouvelle émission qu'elle veut produire, elle me dit que cela va « changer la télévision telle que nous la connaissons ». Cette femme m'a plu immédiatement parce que de gros mots lui échappent lorsqu'elle s'anime. Je n'aime pas les jurons en soi, mais j'aime voir les gens se perdre dans leur enthousiasme.

« Le risque ?

– Oui. À Hollywood, on n'est jugé que sur notre dernier spectacle. Si je prends ce risque et que mon émission tourne au fiasco, alors je suis finie.

– C'est vrai ? Il me semble pourtant que beaucoup de vedettes et de metteurs en scène connaissent parfois des fiascos retentissants. Si ce n'était pas le cas, on ne parlerait pas constamment du grand retour de telle ou telle célébrité.

– Eh bien, c'est ce que tout le monde pense », dit-elle en prenant une gorgée de limonade. « Pour chacun de ces retours en grâce, nous sommes mille à être coincés au purgatoire. Ne croyez pas tout ce que vous entendez. » J'ai une réaction instinctive et le professionnel en moi a envie d'intervenir, de dire à cette femme que sa vie pourrait être beaucoup plus intéressante, pleine et animée si elle prenait des risques pour aller jusqu'au bout de ses passions. Mais elle est incroyablement célèbre, et je ne suis pas là à titre de mentor, mais d'invité.

Je me retiens et elle passe tranquillement à un autre sujet avec l'ami commun qui nous a présentés. Ils parlent pendant quelques minutes. J'essaie de suivre la conversation, mais je me retrouve à fixer la piscine et la cour arrière superbement aménagée, perdu dans mes pensées. Et puis, c'est plus fort que moi : il faut que je lui adresse la parole.

« Je suis désolé de vous interrompre, dis-je. Quelque chose me tracasse, et si je n'en parle pas, je me détesterai et je ne me considérerai pas comme un bon ami. » Je la regarde dans les yeux. « Je préférerais brûler en enfer plutôt que de trahir mes talents et mes passions uniquement pour marcher sur des œufs. Cela doit être la même chose pour vous. Alors, voici ce que je vous conseille : au diable le risque ! Abandonnez-vous à votre passion ; faites votre émission. »

Ils rient de ma fougue. Son rire à elle laisse entendre ce qu'elle pense : *vous êtes un jeune homme tellement mignon et naïf.* Et le rire de mon ami traduit une surprise légèrement teintée d'embarras.

Je poursuis sur ma lancée. « Dites-le-moi si je me trompe. Vous m'avez parlé de votre idée avec beaucoup d'enthousiasme pendant une heure. Alors, pourquoi ne pas aller de l'avant ? Qu'avez-vous encore à prouver ? » Elle ne sait pas que je suis en train de la piéger.

« Eh bien, ce n'est pas que j'aie quelque chose à prouver. J'ai mon étoile sur la Promenade de la célébrité. Mais de nos jours, il faut être prudent avec sa carrière. Peut-être que je me lancerai un jour, mais pour l'instant je préfère garder ce projet en veilleuse. »

Je sais que je suis trop entreprenant avec les autres. Je leur tombe dessus avec mes théories et, souvent, j'en fais trop. Mais je veux vraiment que le déjeuner avec cette femme et mon ami soit agréable ; je ne veux pas tout gâcher. Cette femme a des millions d'admirateurs et j'adore ce qu'elle fait. Je ne veux pas me montrer importun, mais je dois vivre en conformité avec mon image de soi. Je dois être cette personne audacieuse que je crois être.

« Le syndrome de l'"*un de ces jours*" ? Vous êtes fichue. »

Ils me regardent tous les deux avec étonnement. Je m'en tire uniquement parce que j'affiche un grand sourire moqueur.

« Vous ne ferez pas plus cette émission *un de ces jours* que quelqu'un d'autre réalisera ses rêves un de ces jours. De plus, je crois que vous avez tort. Vous *avez* quelque chose à prouver. Je crois que vous devez prouver que vous avez quelque chose à dire, et vous ne pouvez pas le faire en vous contentant de jouer sûr. Les icônes et les légendes ne font pas ça. Je pense également que vous devez vous prouver à vous-même que vous n'êtes pas une mauviette et que vous poursuivez vos rêves au lieu de les troquer contre un semblant de sécurité. La vie ne se vit pas en vase clos ; la vie se vit dans le creuset des défis. Sinon, on devient comme le cocaïnomane qui sombre dans l'oubli, et ce n'est pas ce que vous voulez. » Je leur souris encore une fois d'un air taquin et ils éclatent de rire.

« D'accord. Vous n'avez pas besoin de convaincre une artiste qu'elle doit repousser ses limites et s'imposer pour être remarquée et se sentir épanouie. » Elle me dit ça d'un tel ton que je comprends que je suis sur la bonne voie. Et puis, elle me surprend. « Et si je le fais uniquement parce que vous me dites de le faire, et que tout s'écroule ? Quelle sera alors *votre* part de responsabilité ? Il est facile de motiver les autres quand votre nom et votre réputation ne sont pas en jeu. Et si ça tournait mal ? Ce n'est pas vous que la une des journaux démolirait. »

C'est une excellente question, et je n'en aime que plus cette femme.

« Vous avez raison. Je ne risque rien. Votre célébrité et tout ce qui vient avec dépassent mon entendement. Je ne suis qu'un type ordinaire qui est venu déjeuner avec vous et qui boit toute votre limonade. Mais je vais vous dire quelque chose : si vous vous mettez au défi de produire cette émission et qu'elle est un fiasco, je me sentirai affreusement mal, parce que nous ne parlons pas ici uniquement de votre talent, mais aussi du *mien* : encourager les gens à poursuivre leurs rêves, les mettre au défi de les concrétiser. Donc, tout compte fait, je mets ma peau en jeu. Je risque mon nom comme vous risquez le vôtre. Vous avez une vision et un rêve. Ne les laissez pas mourir avec la lumière du jour. Battez-vous. Ne le faites pas parce que c'est sans danger ou pour plaire aux autres. Faites-le parce que vous brûlez d'envie de le faire. Si vous optez pour la sécurité, aussi bien prendre votre retraite tout de suite et aller jouer au golf avec les vieux richards d'Hollywood. Mais ce n'est pas une bonne idée. Soyez l'icône et *menez* le bal. Choisissez un projet et mettez-vous au défi d'être aussi ambitieuse et de faire preuve d'autant d'audace que vous l'avez fait pour arriver là où vous êtes aujourd'hui. Et si vous avez du cœur au ventre, visez encore plus haut. »

Elle me regarde et je vois maintenant dans ses yeux cette lueur qui ne brille que chez ceux qui ont jeté le gant et décidé de relever un défi – cette expression qui précède la grandeur et qui lance au monde : « Vous pouvez être certain que j'y arriverai. »

Elle hoche la tête. « Mon émission changera le visage de la télévision. »

Et d'un même mouvement, je lui rends son regard empreint de certitude.

Je vois qu'elle prend un engagement, qu'elle élabore déjà un plan. Et puis, elle se tourne vers notre ami. « Je comprends maintenant pourquoi tu es venu avec lui. J'avais besoin que quelqu'un me secoue un peu. »

• • •

Il n'y a qu'un mot à placer au centre de votre esprit, un mot qui définit la voie qui mène à une vie pleine et entière, et qui mobilise les grandes énergies du potentiel qui est en vous : *défi*.

Votre croissance psychologique et spirituelle en tant qu'être humain est le résultat d'un « vrai défi ». Ce développement de votre image de soi, de vos habiletés, croyances et capacités mentales et physiques, est attribuable à votre volonté et à un besoin qui a été dicté par votre environnement. C'est dans de tels moments que votre concentration a été galvanisée, que vous avez pleinement tiré parti de vos habiletés, que vous avez mis à l'épreuve votre volonté, vos forces et votre courage.

Ce combat avait une signification pour vous et vous y avez mis tellement d'ardeur que vous en avez perdu la notion du temps et que toute timidité s'est envolée. Vous vous êtes étonné vous-même, avez repoussé vos limites et avez atteint un niveau supérieur de concentration, de créativité et de conscience. C'est dans de tels moments que vous avez relevé de vrais défis et que vous vous êtes épanoui. Et je suis prêt à parier que c'est dans de tels moments que vous vous êtes senti le plus vivant et engagé – plus *chargé*.

De nos jours, nous avons tous un agenda qui déborde d'une multitude de buts. Nous faisons souvent plusieurs choses à la fois, concilions des intérêts contradictoires, tentons de plaire à notre patron, à notre conjoint et à nos enfants. Mais il y a une grande différence entre être véritablement interpellé et se contenter de cocher des tâches sur une liste ou porter la croix des attentes d'autrui. C'est cette distinction qui ouvre la voie au véritable bonheur.

Il est important de faire la différence entre un but et un défi. Un but peut tout simplement n'être qu'une tâche sur votre liste de choses à faire. Fixer un but ne nécessite pas que vous y mettiez le meilleur de vous-même ; un *défi*, par contre, exige que vous vous surpassiez en matière d'efforts et d'habiletés. Un but sous-entend une destination – il vise à obtenir quelque chose. Le défi, lui, fait immédiatement penser au cheminement qui devra être fait – à cette force que vous devrez puiser en *vous*. Dans ce chapitre, je développerai ce concept de destination *par rapport au* cheminement, et je décrirai les cinq critères d'un bon défi.

Vous devez également être conscient du fait qu'être occupé ne signifie pas que vous êtes en train de relever un défi, tout comme le changement n'est pas synonyme de progrès. Nous consacrons beaucoup de temps à accomplir des tâches banales – nous lever le matin et nous alimenter, nous rendre au travail et revenir à la maison, faire le ménage et des emplettes, organiser notre emploi du temps. Nous avons des listes de choses à faire et nous devons gérer toutes ces activités sans oublier d'aller chercher les enfants à l'école. Mais nous devons bien avouer que ces occupations relèvent difficilement du défi et n'exigent pas que nous repoussions nos limites.

Le stress que les gens ressentent dans la vie n'est généralement pas lié aux vrais défis, à ces gageures qui font appel au dépassement et qui donnent le sentiment d'être pleinement engagé et de grandir. De nos jours, le stress est surtout engendré par la distraction et la procrastination. En cette ère de surinformation et d'Internet haute performance, nous sommes trop nombreux à consacrer trop de temps à des activités sans importance pour finalement nous retrouver avec des horaires surchargés. Ajoutez à cela notre tendance à tout remettre au lendemain parce que les tâches que nous sommes censés accomplir ne nous tiennent pas vraiment à cœur, et puis nous voilà soudain débordés si nous voulons respecter nos délais.

Bien entendu, il y a également une multitude de causes extérieures au stress. Nous avons le sentiment d'être constamment occupés, qu'il n'est « pas possible d'en faire plus ». Ou, comme la *superstar* dont j'ai parlé au début de ce chapitre, nous craignons d'essuyer un échec si nous prenons de nouveaux risques. Cependant, toutes ces excuses sont absurdes, et je vous ai promis au début de cet ouvrage de lancer un cri de ralliement. Dans ce chapitre, je vous dirai qu'il est temps de vous élever au-dessus de la banalité, de ce que « les autres » veulent que vous fassiez de votre vie. Il est temps d'appuyer fermement sur l'accélérateur de votre potentiel et d'activer enfin ce levier des défis de manière à redonner élan et essor à votre vie. Vous pouvez vous sentir plus dynamique dans la vie, et pour cela vous devez faire appel à toute votre énergie et relever de vrais défis.

Activateur nº 1 : Choisissez de relever des défis gratifiants

Les défis pavent la voie à l'engagement et à l'épanouissement. Mais tous les défis ne sont pas identiques. Certains font que nous nous sentons vivants, engagés, connectés et comblés. D'autres ne font que nous accabler. Vous devez être conscient de cette distinction lorsque vous vous fixez des défis plus importants et plus audacieux. Il y va de votre équilibre mental, de votre réussite et de votre satisfaction.

Mais comment choisir de « bons » défis ? Il est utile de savoir que les défis gratifiants ont cinq points en commun. Premièrement, ils demandent une *concentration singulière*, car ce sont des activités suffisamment importantes pour réclamer toute votre attention. Donc, ces défis ne sont pas anodins ni ne permettent le fonctionnement multitâche. Ils nous accaparent entièrement parce qu'ils requièrent une présence à la fois mentale et physique. Peindre un tableau, enseigner une activité à vos enfants, concevoir un site Web, préparer ou faire une présentation – toutes ces tâches exigent un effort de concentration.

Pour que vous soyez en mesure de fournir une concentration singulière, un défi doit être important à vos yeux et vous devez avoir le sentiment qu'il faut agir sans tarder. S'il est sans intérêt ni échéance précise, vous manquerez de motivation. Par conséquent, lorsque vous choisirez le prochain défi que vous relèverez dans la vie, optez pour un projet qui a un sens pour vous et qui nécessitera toute votre concentration.

Deuxièmement, les défis gratifiants exigent de nous un *dépassement*, c'est-à-dire que nous nous surpassions en faisant appel à nos habiletés et à nos points forts. Ils nécessitent un accroissement de nos compétences et nous devons donc pour cela nous engager pleinement… et grandir. Ici, le secret consiste à choisir des défis qui vous obligeront à sortir de votre zone de confort. Ce secret explique pourquoi les jeux vidéo exercent une telle fascination sur beaucoup d'entre nous. Avez-vous déjà joué à un jeu qui n'offrait *pas* plusieurs niveaux de difficulté ? Eh bien, la vie peut également prendre le visage d'un jeu lorsque nous nous engageons avec détermination dans une activité qui exige que nous mettions nos habiletés à l'épreuve et les développions.

Si vous êtes un bon orateur qui utilise toujours ses notes, alors choisir de faire votre prochaine présentation sans notes vous obligera à vous dépasser. Si vous êtes un bon joueur de racquetball, alors choisir d'affronter un adversaire de plus haut calibre nécessitera plus d'efforts. Si vous êtes un cadre, lancez-vous dans un projet qui dépasse légèrement vos compétences. Il n'est pas nécessaire que vous passiez immédiatement du niveau 1 au niveau 10. Abordez plutôt votre prochain défi comme une occasion de passer du premier niveau au deuxième ou au troisième, et vous répondrez aux critères d'un défi gratifiant.

Troisièmement, les défis gratifiants permettent une *évaluation du rendement*. Cela signifie que vous avez la possibilité de vérifier où vous en êtes – soit en procédant à une auto-évaluation de vos progrès, soit en demandant une rétroaction externe. La course à pied devient une expérience plus satisfaisante lorsque nous pouvons mesurer la vitesse à laquelle nous allons et la distance que nous parcourons. Les présentations et les allocutions sont plus satisfaisantes si nous pouvons voir le visage et les réactions de nos auditeurs. Un régime est plus stimulant lorsque nous pouvons monter sur le pèse-personne et constater que nous avons perdu du poids.

Bien que tout cela puisse sembler intuitif, il est étonnant que si peu de gens mesurent leurs progrès lorsqu'ils relèvent un défi. Ils se sentent inspirés, se lancent dans l'aventure, et puis abandonnent lorsqu'ils n'ont « plus envie » de continuer. Mais la motivation renaît souvent lorsqu'on constate des résultats au terme d'une étape, ou que notre évaluation nous permet de corriger notre trajectoire. Lorsque vous relèverez votre prochain défi, envisagez donc de mesurer vos progrès en cours de route.

Quatrièmement, les défis gratifiants procurent un *sentiment d'accomplissement*. Les gens courent des marathons parce qu'ils savent qu'il y a une ligne d'arrivée au bout de ce défi. Les cadres qui travaillent sans relâche, pleinement engagés dans un projet, le font parce qu'ils ont une échéance à respecter et parce qu'ils croient que cela leur permettra d'apporter leur contribution et de se hisser au sommet. Ces exemples montrent bien qu'il est extrêmement important d'avoir un but en tête et de croire que l'on en retirera quelque chose. Ce concept prend encore de l'ampleur alors que nous relevons des défis de plus en plus ambitieux.

Par exemple, si vous vous proposez de mettre fin à la pauvreté dans le monde, vous devrez formuler votre défi et vos attentes de manière à être en mesure de dire que vous franchissez des étapes significatives en ce sens. Si vous ne faites que vous démener chaque jour pendant 40 ans sans jamais éprouver un sentiment d'accomplissement, vous perdrez toute motivation. C'est pour cette raison que les instigateurs de changements organisationnels prévoient toujours de *petites victoires* dans leur plan. Ces victoires rendent non seulement possible une évaluation du rendement – *nos efforts sont couronnés de succès!* –, mais elles permettent aussi aux gens d'avoir le sentiment d'avoir accompli quelque chose d'important – *nous avons atteint notre but!*

Et cinquièmement, les défis gratifiants permettent un *partage de l'expérience et des réalisations.* Si vous décidiez d'escalader le mont Everest, ce défi l'emporterait sur tout ce que vous avez déjà entrepris et en ferait à lui seul une expérience satisfaisante. Mais escalader l'Everest *avec un autre alpiniste* serait infiniment plus agréable. Atteindre le sommet d'une montagne et sauter de joie est exaltant; mais atteindre le sommet et puis étreindre un compagnon d'ascension et savourer avec lui l'expérience et la réalisation est incroyablement plus satisfaisant. Mais il n'est pas nécessaire que ce partage se fasse toujours avec une telle exubérance. Si vous décidiez d'assembler une courtepointe plus complexe, votre projet répondrait aux quatre premiers critères.

Cependant, ce qui rendra finalement cette activité satisfaisante, ce sera de montrer votre œuvre aux êtres qui vous sont chers. Ils s'émerveilleront et vous féliciteront, ou encore profiteront de votre création. Souvent, c'est le seul fait de parler et de se réjouir de la façon dont nous avons réussi à relever un défi qui met la cerise sur le gâteau. Il est important que vous compreniez à quel point ce partage est psychologiquement indispensable pour qui veut relever de plus en plus de défis complexes. Même si vous relevez avec brio un défi colossal et êtes fier de cette victoire personnelle, ce n'est pas suffisant. Cela activera peut-être l'hémisphère gauche de votre cerveau, qui dira : *j'ai réussi,* mais l'hémisphère droit, plus social, ne sera pas sollicité, lui qui souhaite désespérément clamer : *regarde, maman, j'y suis arrivé !*

Lisez les scénarios qui suivent et imaginez en quoi diffèrent les sentiments qu'ils génèrent. Vous vous entraînez très fort pour courir un marathon et après avoir repoussé les limites de votre esprit et de votre corps au-delà de ce que vous croyiez possible sur une distance de 42 kilomètres, vous franchissez finalement la ligne d'arrivée et levez les bras en signe de victoire. Dans une conclusion de cette histoire, vous retournez seul et à pied vers votre voiture, vous rentrez à la maison, prenez une douche et n'en parlez plus jamais. Dans l'autre, vous serrez les autres coureurs dans vos bras ainsi que les gens qui sont venus vous encourager, vous allez manger au restaurant avec vos amis et des membres de votre famille et vous leur parlez de votre entraînement, des efforts que vous avez faits et de la magie qui naît lorsqu'on franchit les limites du possible. Qu'en pensez-vous : laquelle de ces conclusions vous apportera un réel sentiment d'accomplissement ?

Voici en résumé les critères qu'il convient de respecter pour se sentir vraiment vivant lorsque nous nous fixons des défis et travaillons à les relever :

- *Concentration singulière;*
- *Dépassement;*
- *Évaluation du rendement;*
- *Sentiment d'accomplissement;*
- *Partage de l'expérience et des réalisations.*

Je suppose que ces facteurs ont eu une influence sur les joyeux moments de triomphe que vous avez connus au cours de votre vie. Maintenant que vous en êtes conscient, utilisez-les de façon judicieuse et stratégique lorsque vous décidez des défis que vous vous proposez de relever.

Activateur n° 2 : Concentrez-vous sur votre cheminement et ne craignez pas le rejet

Alors que vous escaladez des montagnes et conquérez le monde, vous serez heureux de connaître les obstacles à l'avance. Inévitablement, nous butons tous sur de nouveaux doutes et de nouvelles inquiétudes alors que nous entreprenons de relever des défis de plus en plus complexes, et je ferais donc preuve de négligence si je ne vous en parlais pas ici.

Il semble que nous soyons tous confrontés à deux pestes mentales lorsque nous nous battons pour une juste cause sur le chemin qui mène à la concrétisation de nos rêves : les attentes insatisfaites et la peur paralysante du rejet.

Les attentes insatisfaites n'épargnent personne. Il nous est tous arrivé de travailler d'arrache-pied à des projets uniquement pour constater ensuite que nous n'étions pas récompensés ou reconnus comme nous l'espérions ou le méritions. C'est la vie. Et parce que c'est la vie, il est temps que nous changions du tout au tout notre approche par rapport à nos attentes lorsque nous relevons un défi. Pour connaître une vie chargée, vous devez modifier vos croyances à propos de la *raison* pour laquelle vous décidez de relever un défi.

Pour la majorité des gens, relever un défi est avant tout une question de résultat – la récompense au bout de la route de l'effort. Au travail, ils acceptent de nouveaux projets parce qu'ils croient qu'ils leur vaudront une augmentation de salaire. Ils décident de perdre du poids parce qu'ils pourront porter des jeans d'une taille inférieure. Ils apprennent une nouvelle langue afin de pouvoir commander un repas dans un autre pays. Ils affrontent un compétiteur pour gagner un trophée et l'admiration de la foule. Dans chaque cas, ils sont en quête d'un résultat.

Nous sommes culturellement programmés pour nous concentrer sur la destination plutôt que sur le voyage, dès notre plus jeune âge. Nous apprenons l'alphabet afin d'obtenir une étoile dans notre cahier d'écolier. Étudier et travailler dur nous permettent d'avoir un bon bulletin scolaire… d'être admis dans un bon collège… ensuite d'avoir un bon emploi… un meilleur salaire… et les moyens d'acheter une belle maison et une belle voiture… Et puis une maison encore plus belle et d'autres voitures… Ainsi de suite. Cette dynamique du travail acharné, nous dit-on, nous permettra d'avoir tout ce que nous voulons (généralement des choses qu'on nous a dit que nous devrions vouloir) : argent, prospérité, pouvoir, luxe, réussite et biens matériels.

Toutes ces récompenses sont extrinsèques. Elles proviennent du monde extérieur. Malheureusement, notre vie est alors axée sur les défis qui nous permettront de toucher de telles récompenses et puis, un jour, nous nous réveillons et découvrons que nous avons un horrible vide à l'intérieur de nous.

Pourquoi ? Parce que les récompenses extrinsèques, comme je vous l'ai déjà dit, ne sont pas satisfaisantes. L'argent ne fait le bonheur que jusqu'au moment où vous touchez le salaire moyen des habitants du pays dans lequel vous vivez. La renommée, le pouvoir, le luxe et les biens matériels ne contribuent généralement pas beaucoup à faire grimper l'indice du bonheur, en moyenne pas plus d'un an et c'est surtout à cause de la nouveauté et de la fierté qu'ils vous inspirent, et cela uniquement si vous les devez à vos efforts personnels. Le piège avec les récompenses extrinsèques, c'est que nous n'en avons jamais assez et que nous nous engageons alors dans l'engrenage du *toujours plus*. Et nous finissons par réaliser que toutes ces récompenses que nous avons tant voulues ne veulent rien dire pour nous.

Pour éviter cela, il nous faut suivre les sages conseils des anciens qui nous disent de nous *concentrer sur le voyage plutôt que sur la destination.* Pendant le voyage, ne vous demandez pas si vous réussirez haut la main. Soyez plutôt présent à chaque moment, estimez l'importance de votre cheminement, vivez-le et tirez-en un enseignement. Prêtez attention à ce qu'il y a devant vous, un pas à la fois, délectez-vous de vos efforts et des nouvelles connaissances et habiletés que vous acquérez en cours de route. Apprenez à apprécier le processus qui consiste à relever un défi et à vous *réjouir des efforts* que vous fournissez aussi bien que des résultats que vous obtenez. Plus vous vous concentrerez sur votre cheminement, plus les défis vous sembleront intéressants et réalisables.

Bien sûr, il s'agit là d'excellents conseils en matière de développement personnel, mais les réalistes diront que les gens ont peur de relever de gros défis et de s'affranchir des récompenses qui y sont associées parce que, selon eux, les êtres humains sont terrorisés par la perspective de l'échec et du rejet de la société. Si vous êtes comme un grand nombre de mes lecteurs, l'une des raisons pour lesquelles vous ne relevez pas de plus gros défis dans la vie est que vous avez peur du jugement d'autrui au moment de votre décision (ou en cas d'échec). Attaquons-nous donc de front à cette peur du rejet de manière à la surmonter.

Il s'avère que le rejet de la société est plus rare qu'on ne le croit. J'ai posé la question suivante à des auditoires partout dans le monde : « Combien de fois avez-vous été rejeté d'une manière qui vous a profondément blessé ? Je ne parle pas ici de ces petits moments embarrassants que vous avez vécus lorsqu'une personne vous a dit qu'elle n'aimait pas vos chaussures ou votre coupe de cheveux. Je parle du type de rejet qui fait vraiment mal, qui vous empêche d'être vous-même ou qui altère à jamais votre identité. Je parle du rejet qui blesse et qui laisse des traces. Combien de fois ? »

J'ai posé cette question à mes auditoires partout dans le monde. La moyenne d'âge des participants se situe entre 40 et 55 ans, et ils ne sont donc pas nés de la dernière pluie. Soixante pour cent sont des femmes et la plupart d'entre elles ont des enfants et un revenu légèrement supérieur à la moyenne nationale du pays où elles vivent.

Je pose la question et je demande aux gens de lever la main lorsque le chiffre que je nomme correspond à leur expérience : « Combien de fois ? Deux ? Cinq ? Sept ? Dix ? Quinze ? Vingt ? »

J'ai interrogé des centaines d'auditoires et des centaines de milliers de personnes, et la moyenne est toujours la même : sept fois. La majorité des gens, au cours de leur vie active, n'ont été rejetés que sept fois d'une manière vraiment blessante.

Après avoir posé cette question, j'enchaîne habituellement en leur demandant de faire le compte du contraire. « Combien de fois avez-vous reçu des encouragements qui ont eu un impact très *positif* sur votre vie ? Combien de fois avez-vous été accepté, soutenu et aiguillonné ? Une fois ? Deux ? Cinq ? Sept ? Dix ? Quinze ? Vingt ? » À chaque fois, les participants éclatent de rire. Et ils ont encore tous la main levée lorsque j'arrive au chiffre 20. Et je continue. « Combien d'entre vous diraient même 100 fois ? 500 ? 1000 ? Plus de 1000 fois ? » Tous ont encore la main levée.

Voici ce qui est fascinant à ce propos. Nous avons tous peur du rejet, et pourtant *il s'avère que nous sommes rarement victimes du véritable rejet.* La majorité des adultes se souviennent d'avoir été rejetés d'une manière qui a eu un réel impact sur leur vie à seulement sept reprises.

Donc, ce qui nous empêche de relever de plus gros défis se produit rarement. Et même si vous essuyiez 100 rejets avant l'âge de 40 ans, est-ce que ce serait suffisant pour vous convaincre de ne plus prendre de risques, de ne plus vous exprimer, de ne plus foncer ? Eh bien, moi pas.

Mais attention, ne ratez pas la fin de l'histoire. Alors que les gens sont victimes du rejet en moyenne sept fois au cours de leur vie, ils ont reçu des encouragements et du soutien des *milliers* de fois. Nous sommes allés à l'école avec des centaines, voire des milliers de personnes, nous avons travaillé ou interagi avec des centaines, voire des milliers de gens pendant notre vie adulte (collègues, clients, voisins, étrangers sur Facebook) et, en général, ils se sont montrés tolérants et d'un grand soutien. Sinon, ils nous ont laissé mener notre barque sans nous juger ni nous rejeter d'une manière qui aurait pu altérer notre identité.

Tout ceci m'amène à vous poser une question : sur la route de votre destinée, à qui et à quoi allez-vous prêter attention ? Aux sept ou huit personnes malveillantes – qui ont davantage porté un jugement sur elles que sur vous – ou aux milliers de personnes qui vous ont encouragé et permis de progresser ? À vous de choisir.

Permettre à l'attitude de sept personnes, aussi blessante a-t-elle été, de colorer vos attentes vis-à-vis du reste de l'humanité n'est ni juste ni sain. Il y a bien sûr des gens qui se plaisent à juger les autres et à le crier sur les toits. Ce sont les détracteurs, les cyniques et les critiques de ce monde. Ce sont eux que la mégavedette dont je vous ai parlé au début de ce chapitre craignait, mais qu'elle a finalement réussi à ignorer (ce qui lui a valu une nomination pour un prix Emmy).

Au lieu de permettre à ces critiques d'avoir une emprise sur vous ou sur votre avenir, ignorez-les tout simplement ou, si vous êtes généreux, ayez de la compassion pour eux. Ce sont des faibles qui ne se sentent investis d'un certain pouvoir que lorsqu'ils s'en prennent aux faiblesses qu'ils détectent chez les autres. Ce sont des gens qui n'ont plus de rêves et dont les liens avec l'espoir et l'humanité ont été coupés. Ce sont des gens à qui vous ne devez jamais permettre de vous enlever vos ambitions et d'étouffer cet élan qui vous pousse à vous mettre au défi, à interpeller les autres ou la société. Leurs opinions haineuses et non fondées sont insignifiantes, et vous ne devez pas laisser vos rêves mourir uniquement parce que quelqu'un s'en prend à vous pendant que vous progressez vers le sommet.

Je conclus ceci avec ma citation favorite sur le sujet :

> *Ce n'est pas le critique qui est digne d'estime, ni celui qui montre comment l'homme fort a trébuché ou comment l'homme d'action aurait pu mieux faire. Tout le mérite appartient à celui qui descend vraiment dans l'arène, dont le visage est couvert de sueur, de poussière et de sang, qui se bat vaillamment, qui se trompe, qui échoue encore et encore – car*

il n'y a pas d'effort sans erreur et échec –, mais qui fait son maximum pour progresser, qui est très enthousiaste, qui se consacre à une noble cause, qui au mieux connaîtra à la fin le triomphe d'une grande réalisation et qui, s'il échoue après avoir tout osé, saura que sa place n'a jamais été parmi les âmes froides et timorées qui ne connaissent ni la victoire ni l'échec.

— Theodore Roosevelt, extrait d'un discours prononcé à la Sorbonne et intitulé « Le citoyen de la République », Paris, 23 avril 1910

Activateur n° 3 : Fixez-vous des défis mensuels

Cela fait 15 ans que je me fixe un défi personnel chaque mois. Étant donné que je suis un créatif, que j'utilise surtout l'hémisphère droit de mon cerveau, j'ai dû faire preuve d'une *discipline rigoureuse*. Mais ces cheminements, tout comme les destinations (du moins jusqu'à maintenant), ont été plus intéressants et satisfaisants que je l'avais imaginé. Je me suis vraiment senti plus *vivant* chaque mois (en fait, presque chaque jour) depuis que j'ai pris cette habitude. Mes journées sont devenues un flux authentique et gratifiant parce que je suis toujours engagé dans des projets et des défis qui me passionnent. Et au cours de ces 15 années amusantes et excitantes, j'ai reçu toutes les récompenses intrinsèques et extrinsèques qui découlent d'une vie vraiment vécue. Je fais un travail que j'adore et qui est important à mes yeux, j'ai créé des marques de plusieurs millions de dollars, et j'ai assuré l'avenir de ma famille du mieux que j'ai pu.

Croyez-moi, je suis tombé des milliers de fois, mais je suis toujours resté positif, sachant que, grâce à ces revers, j'étais en train d'apprendre. J'ai rencontré des chefs d'État, j'ai voyagé partout dans le monde, j'ai offert des maisons à des membres de ma famille et j'ai versé des millions de dollars à des causes en lesquelles je croyais profondément. Mon ami Paulo Coelho dit que ce qu'il y a de formidable aux États-Unis, c'est qu'on peut afficher nos réussites avec fierté, illustrer ainsi ce qui est possible, sans être qualifié de vaniteux. J'espère que c'est toujours vrai et que vous comprenez que je ne vous dis pas tout ça pour vous impressionner, mais plutôt pour illustrer le potentiel des défis personnels que l'on relève sur une base régulière.

J'attribue presque toutes mes réussites personnelles et financières tout d'abord à Dieu, ensuite aux membres de ma famille et à mes mentors, et finalement aux défis que je me suis lancés et à la façon dont j'ai relevé ceux qui m'ont été imposés par la vie. Et en ce qui a trait à ces défis, la meilleure chose que j'aie faite a été de m'en fixer chaque mois.

Voici des exemples de défis mensuels : pratiquer un nouveau sport, acquérir une nouvelle habileté, entreprendre un projet ambitieux et créatif, offrir un rendement supérieur dans une série de réunions, ou tout simplement adopter une nouvelle croyance. Au cours des derniers mois, je me suis mis au défi d'améliorer ma capacité d'écoute, de mieux jouer au racquetball et de créer davantage de vidéos de formation pour mes fans.

Chaque mois, je mets l'accent sur un défi particulier et je m'efforce de le relever avec zèle et discipline. Se fixer des défis et travailler dur pour les relever exige de la concentration, de la rigueur et un engagement. Heureusement, plus on s'attelle à ces tâches, plus on les apprécie, et plus on active le levier des défis qui fait alors partie intégrante de notre vie.

Pour commencer, prenez une feuille de papier. Dessinez-y 12 cases, pour chaque mois de l'année. Dans chaque case, inscrivez en un mot ou quatre tout au plus le défi que vous relèverez au cours de ce mois. Par exemple, vous pourriez écrire « écouter », « m'entraîner pour le marathon », « concevoir un site Web », « respecter mon régime » ou tout simplement « aimer ».

Quel que soit le défi, rappelez-vous que ce n'est pas le nom que vous lui donnez qui le rend important. Ce qui compte, c'est le fait de vous fixer de vrais défis qui ont un sens pour vous, qui vous pousseront à vous dépasser, qui feront de vous un meilleur être humain, plus fort. Vous pouvez devenir le maître de votre destinée en vous fixant de vrais défis et en les relevant haut la main, en appréciant le voyage et en partageant votre expérience avec votre entourage.

Voici maintenant quelques réflexions sur le type de défis que vous fixerez. Jusqu'à maintenant, j'ai parlé de défis qui se soldent par un développement personnel. Mais vous voudrez peut-être également relever des défis sociaux et altruistes.

Je me fais un devoir de relever un défi social chaque mois, parallèlement à mon défi personnel. Je choisis ce défi le premier jour du mois et je fais le point chaque dimanche et à la fin du mois. Les défis sociaux sont des buts qui nécessitent que vous bonifiiez vos interactions avec les autres. Ce sont des efforts que vous ferez pour vous améliorer en matière d'écoute, d'empathie, de pardon, d'acceptation, de camaraderie, de leadership, de travail d'équipe, de partage, de réseautage, d'amour, etc. Ce sont également des efforts visant à *élargir votre cercle de relations* pour ainsi interagir avec de nouveaux groupes et de nouveaux réseaux.

Inscrivez vos défis sociaux sur la feuille que vous avez utilisée pour noter vos défis personnels.

Finalement, assurez-vous de vous lancer quelques défis altruistes tout au long de l'année et d'appuyer des causes qui vous tiennent à cœur et qui ont besoin de savoir-faire, de bénévoles ou d'argent. D'aucuns parleraient ici de « problèmes sociaux », mais je ne veux pas créer de confusion avec le type de défi précédent, et je ne crois pas non plus que les problèmes sont sociaux. À mon avis, les grands défis de notre époque – pauvreté, guerre, manque d'éducation, économie chancelante, dégradation environnementale, faim, logement et soins de santé inadéquats – relèvent tous de problèmes mondiaux. Ils touchent tout le monde de toutes les sociétés, et si nous n'intervenons pas, c'est le monde lui-même, pas uniquement la société, qui est en péril.

Dans cette optique, proposez-vous d'apporter votre contribution dans le monde avec quelques-uns de vos défis mensuels. Faites des gestes charitables qui vous engageront vraiment et vous permettront de faire une différence.

Et toujours sur le thème de ce chapitre, voici un dernier mot à propos des défis sociaux et altruistes : mettez-y du cœur – *dépassez-vous* et faites de grandes choses pour de grandes causes. Je sais, il est facile de se résigner devant ce monde troublé dans lequel nous vivons, de croire que nous ne pouvons rien y faire. Les problèmes sont considérables. Trop de gens vivent sous le seuil de la pauvreté. Des millions de gens n'ont pas accès à de l'eau potable, de la nourriture, des installations sanitaires, des soins de santé, des occasions de s'en sortir. La dette nationale de certains pays atteint les billions de dollars. Les marchés s'effondrent. Des guerres font rage. Les politiciens sont dans une impasse. L'environnement court à la catastrophe.

Ces défis sont sérieux et s'inscrivent parmi les grandes questions de l'heure. Et si nous espérions que la couverture médiatique éduque la population et la mobilise pour enrayer ces problèmes, c'est le contraire qui s'est produit. De nos jours, les médias n'éduquent ni n'inspirent personne, mais alimentent plutôt l'indifférence et la polarisation. Dans leur quête de cotes d'écoute, même les grandes chaînes d'information deviennent insouciantes – *Alerte ! Alerte ! Alerte !* – et ne vont que rarement au fond des choses. Elles ne nous livrent donc pas de véritable information, uniquement des opinions, sans véritable dialogue qui pousse à la découverte et débouche sur des solutions. Pire encore, dans leurs efforts pour susciter la controverse, les médias nous ont tous engagés dans un jeu d'accusations sans fin, irréfléchi et inutile.

Alors que nous observons tout ça, assis dans de confortables fauteuils, notre intérêt s'étiole. La résignation s'installe. Nous écoutons le présentateur dire d'un ton réprobateur : « *Tss-tss, comment osent-ils ?* » Mais nous ne réagissons pas. Nous détestons ce que nous voyons, mais les problèmes sont si graves que nous nous contentons de penser : *Bah, qu'est-ce que je peux y faire ?*

Vous n'arrivez pas à imaginer ce que vous pourriez faire. Et c'est ça le problème. Parce que cela « dépasse » l'imagination, les solutions n'apparaissent qu'à quelques visionnaires qui s'aventurent audacieusement sur le territoire de l'impossible. Ils croient pouvoir changer le monde, alors que le reste de la société s'enlise dans les ornières de la résignation.

Mais nous pouvons tous être de grands visionnaires et contributeurs en adoptant deux approches toutes simples. Premièrement, nous devons cesser de penser qu'un défi ne vaut la peine d'être relevé que s'il se solde par une solution. À vous seul, vous n'arriverez pas à enrayer la faim dans le monde. À vous seul, vous ne résoudrez pas les problèmes liés à l'éducation, à l'économie et à l'environnement. Mais vous pouvez choisir de faire partie de la solution. Et c'est cet engagement à faire partie de la solution et à relever des défis qui fera que vous vous sentirez vivant, même si ne voyez jamais le fruit de vos efforts de votre vivant. Décidez de relever un défi et vous commencerez à sentir que vous faites partie de la solution.

Deuxièmement, pour nous affranchir de la résignation, nous devons cesser de penser que nous devons nous attaquer seul à ces problèmes. Il est important de faire notre part, mais nous devons avant tout viser à nous intégrer à une communauté de gens dévoués, quitte à la créer, et travailler de concert avec eux afin de combler les besoins les plus urgents de notre monde.

Comme l'a si bien dit Margaret Mead : « Ne sous-estimez jamais le pouvoir d'un petit groupe de citoyens déterminés à changer le monde. En fait, cela ne s'est jamais passé autrement. »

Il est temps de renouer avec les problèmes et les défis auxquels se heurte notre société. Il est probable que nous ne touchions pas de récompenses extrinsèques ni ne trouvions toutes les solutions de notre vivant. Mais ce n'est pas la destination qui compte, mais plutôt le voyage et le sentiment d'avoir fait quelque chose de notre vie.

Si vous voulez être plus satisfait de votre vie, vous devez être plus satisfait du monde dans lequel vous vivez. Le meilleur moyen d'y arriver consiste à vous mettre au défi de devenir un participant actif dans la société. Faire partie de la solution est toujours plus agréable que de se contenter d'être un spectateur. Si vous regardez sombrer un navire sans lever le petit doigt, vous aurez le sentiment d'être mort à l'intérieur. Mais sautez dans l'un des bateaux de sauvetage, encouragez ceux qui vous entourent à faire de même et, soudain, vous vous sentirez de nouveau vivant.

MOMENT DE RÉFLEXION

1. Le prochain défi ambitieux que je relèverai est…
2. Si je n'avais pas craint le rejet, le défi que j'aurais relevé plus tôt dans ma vie est…
3. Les défis mensuels que je me fixerai cette année sont…

Chapitre 10

LE LEVIER DE LA **CRÉATIVITÉ**

« Il y a une vitalité, une force de vie, une énergie, une accélération qui se traduit en action à travers toi, et parce qu'il existe un seul exemplaire de toi dans toute l'éternité des temps, cette expression est unique. Et si tu la bloques, elle n'existera plus jamais par un autre canal et sera perdue. »

— Martha Graham

« Si vous voulez qu'on vous prenne au sérieux, il va falloir que vous vous débarrassiez de ce rouge dans vos cheveux. »

La femme qui est à côté de moi sur la scène, considérée comme l'une des célèbres « gourous » spirituelles, s'adresse à une jeune femme au regard vif qui est assise au premier rang. Elle s'appelle Sasha et elle a une longue mèche rouge dans son épaisse chevelure noire. Tous les auditeurs, dont Sasha et moi, restent interdits. Après avoir parlé de l'acceptation de soi et du pouvoir personnel pendant près d'une heure, cette femme réputée donne un conseil non sollicité à Sasha. Elle lui dit que cette mèche rouge l'empêchera d'être acceptée par les autres, et plus particulièrement par les membres guindés des médias.

Cette gourou ne semble pas remarquer la réaction des participants et fait encore quelques recommandations à Sasha avant de changer de sujet. Je garde le silence, bouillant de colère sous les faisceaux des projecteurs. J'ai l'impression que les 800 personnes qui forment l'auditoire veulent que je dise quelque chose, mais je ne suis pas sûr de ce que je ressens en ce moment, ni pourquoi.

À la fin de notre présentation, l'auditoire semble avoir oublié l'incident et nous applaudit chaleureusement. Mais j'ai néanmoins l'impression que quelque chose ne va pas.

Cette nuit-là et le lendemain matin, j'ai analysé mes sentiments et découvert la source de ma colère. Les commentaires de cette femme spirituelle m'irritaient parce qu'ils n'étaient pas conformes aux propos qu'elle avait tenus et, plus précisément, parce qu'ils portaient atteinte à la relation que j'entretiens habituellement avec mes auditeurs. Sasha n'avait pas posé de question ni demandé conseil. Elle était tout simplement assise au premier rang, en toute innocence, lorsque la gourou s'en était prise à elle pour expliquer pourquoi nous devons tous soigner notre image professionnelle.

Lorsque je suis en colère, attention, je réagis. Ce matin-là, je bondis sur la scène comme je le fais toujours, dansant et encourageant mon auditoire à taper des mains avec moi. Mais cette fois, mon petit numéro dure plus longtemps que d'habitude et la salle semble sur le point d'exploser.

Je vais droit au but. « L'une des choses que j'aime le plus à propos de l'industrie des experts – c'est-à-dire le volet des conseils pratiques – est le nombre de positions et de perspectives différentes qu'elle propose. J'apprends de tout le monde, et je sais que vous aussi faites de même. Mais chacun de nous a une façon unique d'interpréter les choses, et nous avons tous une approche unique lorsqu'il s'agit de donner des conseils. »

Je baisse les yeux vers le premier rang, cherchant Sasha. Lorsque je la repère, je poursuis en la regardant : « Par exemple, si j'avais vu hier soir cette femme qui est assise au premier rang, celle qui a une mèche rouge dans les cheveux, je lui aurais dit : "Ne vous laissez pas intimider !" »

À la seconde même où je termine ma phrase, l'auditoire clame son approbation. Il est évident que Sasha a été profondément troublée par l'intervention du gourou de la veille – aujourd'hui, ses cheveux sont tirés en une queue de cheval et elle porte un tailleur. On dirait une autre personne : plus sévère, plus réservée. Mais cette façade craque rapidement et elle éclate en sanglots plus rapidement que je n'ai jamais vu une femme le faire.

Mes caméramans font un zoom sur Sasha et la foule se met à crier et à taper des mains. Je dis : « Sasha, montez sur la scène, je vous prie », et tous les participants se lèvent, hurlant leur enthousiasme et leurs encouragements. Le niveau d'énergie dans la salle passe à 10.

Je m'empare d'un micro et le tends à Sasha dont les joues sont maintenant maculées de mascara. Je lui dis : « Alors, pourquoi cette mèche rouge ? »

Elle rit et tente de se ressaisir, et puis elle répond : « C'est seulement une façon de me rappeler d'être spontanée, créative et passionnée, d'être entièrement moi-même, chaque fois que je me regarde dans le miroir. Ça me rappelle d'exprimer ma sensualité. »

Une autre ronde d'applaudissements débridés s'élève.

Et puis, je lui demande : « Sasha, que faites-vous dans la vie ? »

Elle paraît soudain plus grande, entièrement présente. Elle dit : « J'enseigne aux femmes à puiser dans cette partie d'elles-mêmes qui est spontanée, libre et pleine d'expression. Je leur enseigne à ne pas se cacher derrière de fausses façades, mais à se sentir belles et bien dans leur peau, à vivre telles qu'elles sont : sensuelles, superbes, créatives, des créatures à l'esprit libre qui méritent d'être aimées et de vivre dans l'amour. »

Les participants se lèvent d'un bond. Je n'avais encore jamais été témoin d'une telle ovation. Il s'avère que Sasha est l'une des femmes les plus éloquentes et passionnées que j'aie accueillies sur la scène pendant ce *week-end*, et l'auditoire le sent. En fait, jamais au cours de ma vie je n'ai vu un auditoire vouloir à ce point qu'une personne soit reconnue et acceptée. Lui aussi avait bien senti que les commentaires de la mentore n'étaient pas conformes à son discours et qu'ils étaient un affront à l'individualité et à la créativité de chacun d'entre nous. En honorant Sasha, les participants honoraient leur propre spontanéité et leur propre liberté.

J'ai ensuite demandé à l'auditoire de m'aider à convaincre Sasha de sa beauté naturelle en lui chantant une sérénade. Et mon public a entonné avec moi quelques paroles de *You Are So Beautiful**, une chanson popularisée par Joe Cocker [d'abord enregistrée par Billy Preston, qui l'a créée avec Dennis Wilson, ex-musicien original des Beach Boys].

Plus tard ce soir-là, j'ai invité Sasha et son frère au dîner que nous offrions à nos meilleurs clients. Au moment où j'ai fait la connaissance de son frère, qui est plus jeune qu'elle de quelques années, il m'a pris à part et m'a dit: « Je veux vous remercier pour ce que vous avez fait pour ma sœur aujourd'hui. Hier soir, lorsque l'oratrice l'a aussi ouvertement jugée, l'homme et le frère en moi ont voulu riposter et la protéger. Je crois que tous les participants sont restés sans voix, mais tous voulaient se battre pour Sasha. Que vous ayez pris le temps de parler de cet incident ce matin a fait beaucoup de bien à Sasha. Cela a littéralement changé sa vie. Et ça fait de vous mon frère. »

• • •

Je crois qu'il n'y a rien de plus puissant dans la vie que de permettre à notre propre individualité de briller, d'illuminer le monde avec notre unicité divine. Pour certaines personnes, cette façon de s'exprimer se traduit parfois par une mèche rouge. D'autres expriment leur créativité par le biais de leur travail, de l'art, de la musique ou de leurs interactions quotidiennes avec les autres. Quel que soit le moyen choisi, une chose est certaine: il ne faut jamais tenter d'étouffer l'individualité ou la créativité d'un autre être humain.

Heureusement, le monde en général et même l'économie applaudissent l'esprit créatif et le récompensent de nombreuses manières. Nous affichons une vidéo sur la Toile et c'est un succès

---

* Tu es tellement belle. *(Note de la traductrice)*

auprès des internautes. Nous avons une idée géniale et nous obtenons une promotion. Et lorsque nous nous tenons devant un auditoire et que nous ouvrons notre cœur et célébrons notre propre magie, les gens se lèvent et nous applaudissent.

Le levier de la créativité nous pousse à exprimer, physiquement et socialement, nos talents, points forts et opinions uniques. En termes plus simples, vous êtes qui vous êtes, et vous êtes différent des autres à cause de votre façon unique de vous exprimer.

Lorsque vous vous sentez en communion avec votre côté créatif et l'exprimez de manière cohérente, vous vous sentez plus vivant et engagé. Vous avez le sentiment d'être à votre place dans le monde et vous prenez plaisir à partager vos idées et vos sentiments par tous les moyens à votre portée, comme peindre sur toile, chanter sur scène ou tapoter sur un clavier. Au travail, vous avez tendance à poser davantage de questions, à consacrer davantage de temps à former vos opinions et à exposer davantage vos idées. Vous abordez également les nouveaux défis et projets avec un esprit plus ludique, car chacun d'eux vous apportera de nouvelles occasions de laisser un héritage unique en ce monde.

Sur le plan neurologique, cette communion étroite active l'hémisphère droit du cerveau. Cet hémisphère est spécialisé dans la perception globale des idées et des concepts, l'interprétation de la façon dont sont dites les choses et la transmission de cette interprétation au corps et aux émotions, la synthèse de fragments et la reconstitution du tout, la visualisation de l'avenir, etc. Je le considère également comme l'élément perturbateur de notre cerveau, car il nous permet de déconstruire et de repenser les choses, d'agir à l'encontre de la sagesse conventionnelle ou socialement acceptée, et de restructurer et de recréer notre Soi et le monde qui nous entoure.

Ce chapitre traite de la façon dont nous pouvons arriver à renouer avec notre côté créatif et faire appel à notre créativité de façon plus judicieuse et stratégique pour exprimer qui nous sommes dans le monde. Les enjeux sont probablement plus élevés que vous ne l'imaginez. Si vous perdez le contact avec votre créativité, vous perdez le contact avec ce qu'il y a d'unique en vous – et, par conséquent, avec vous-même. L'activation du levier de la créativité constitue l'une des stratégies les plus efficaces pour qui veut s'épanouir et trouver rapidement le bonheur. C'est également le meilleur moyen de garantir votre sécurité d'emploi.

L'avenir du monde du travail

Voici une cruelle réalité de la nouvelle économie : si vous êtes incapable de faire preuve de créativité et d'exprimer pleinement vos idées, talents, points forts et opinions uniques, il est fort probable que vous vous retrouverez bientôt sans emploi.

Le monde a vraiment changé et favorise maintenant un nouveau type de travailleur, que j'appelle le « collaborateur créatif ». L'individu qui est créatif sur une base individuelle au travail et en même temps doué socialement et capable de collaborer avec les autres est celui qui gagne.

N'interprétez pas mes propos comme des clichés véhiculés par un « non-conformiste » autoproclamé. Toutes les données dont nous disposons sur le monde du travail actuel confirment ce virage et je ne suis certainement pas le premier à avoir remarqué cette tendance.

Dans *The Rise of the Creative Class*, l'auteur Richard Florida note qu'en 1900, moins de 10 % des travailleurs américains avaient un travail créatif. La majorité des gens accomplissaient des tâches plutôt répétitives et routinières sur des fermes ou dans les usines. Mais ce travail physique routinier a depuis longtemps été remplacé par l'économie du savoir et son exploitation accrue des habiletés mentales. Au début des années 2000, près du tiers de la main-d'œuvre effectuait un travail créatif. Les ingénieurs, les artistes, les scientifiques, les concepteurs et les travailleurs spécialisés touchent près de la *moitié* des honoraires et des salaires qui sont versés aux États-Unis – soit près de deux billions de dollars. La classe créative soutient davantage l'économie que l'industrie manufacturière et le secteur tertiaire.

En 2005, Daniel Pink, l'auteur de *L'Homme aux deux cerveaux*, a déclaré que les créatifs étaient les maîtres du nouveau monde : « L'avenir appartient désormais à une autre catégorie de personnes avec un état d'esprit différent – concepteurs et empathiques, spécialistes de la reconnaissance des formes et créateurs de sens. Ces artistes, inventeurs, designers, conteurs, travailleurs sociaux, consolateurs ou penseurs qui ont des choses une vision d'ensemble récolteront bientôt les plus beaux fruits de notre société et partageront ses plus grandes joies. »

Loin de moi l'idée de prétendre que les gens qui utilisent davantage l'hémisphère gauche de leur cerveau doivent être écartés – ils doivent tout simplement s'épanouir. La pensée logique et séquentielle et les aptitudes à l'analyse, au langage et à la création de listes seront toujours essentielles à la réussite. Toutefois, elles ne sont plus suffisantes dans un monde fortement gouverné par le design et l'innovation. Votre savoir-faire doit être jumelé à votre habileté à transmettre l'information de manière à mieux communiquer vos idées et à établir plus facilement des liens sociaux. Toutes vos conceptions fonctionnelles devront être agrémentées d'une conception esthétique afin que les consommateurs voient la beauté dans ce que vous avez créé et vendez. Votre pensée linéaire devra être appliquée à une vue d'ensemble qui aura une résonance émotive chez ceux que vous dirigez. Bref, vous devrez apporter une sensibilité créative à tout ce que vous ferez au travail.

De nos jours, même les titans de la technologie ne sont que des plates-formes pour l'expression de soi. Elle est révolue cette époque où la technologie était de nature purement fonctionnelle, où elle était populaire à cause de ce qu'elle nous permettait de faire ou d'accomplir. Les feuilles de calcul, le traitement de texte, PowerPoint – les logiciels de Microsoft – ont mené le monde pendant un certain temps. Plus maintenant.

De nos jours, ce qui rend la technologie intéressante et en fait une puissance économique a moins à voir avec ce qu'elle nous permet de faire qu'avec la façon dont elle nous aide à nous exprimer. En fait, même si la majorité des observateurs de l'arène technologique pensent que le succès d'un logiciel repose maintenant sur les liens qu'il permet de créer et sur la communauté qui en découle, une réalité plus profonde leur échappe. Ce qui est intéressant, c'est que toutes les plates-formes technologiques modernes – Facebook et YouTube, par exemple – se sont développées non seulement à cause de leurs fonctions sociales, mais aussi parce qu'elles sont apparues à une époque où le monde avait grand besoin d'un tremplin qui permettrait aux gens de s'exprimer et de communiquer.

En fait, la sphère des médias sociaux n'est pas née d'un désir de se connecter et de se faire un grand nombre de fans et d'amis, mais plutôt d'un besoin plus profond de s'exprimer de façon créative. Afficher des citations, des réflexions sur nos expériences ou des impressions sur les endroits que nous visitons ou la vie en général est incontestablement un geste créatif. Ces nouveaux médias nous permettent donc de nous exprimer de façon créative devant le monde ; la fonction de connectivité n'est rien de plus qu'une prime. C'est la créativité qui est le fil conducteur de Facebook, Twitter, YouTube et de toutes les autres plates-formes modernes.

Ce virage du monde du travail vers la créativité a des répercussions sur la vie professionnelle des travailleurs. Le vieux pacte social du « fais bien ton travail et tu conserveras ton emploi » a été enterré au début des années 1990, lorsque la rationalisation, l'optimisation et l'externalisation sont devenues les chevaux de bataille du créneau de la stratégie commerciale. Aujourd'hui, conserver un emploi n'a rien à voir avec le « travail bien fait », ni avec l'intelligence ou la personnalité. Et cela n'a plus trait à la simple organisation ou gestion de l'information ou des effectifs. Vous devez maintenant être un innovateur en ajoutant une valeur et un avantage concurrentiel à l'entreprise par le biais de vos idées créatives et de votre collaboration.

Si vous n'êtes pas créatif et ne collaborez pas, personne ne vous écoutera, et vous vous retrouverez rapidement marginalisé, confiné à effectuer des tâches banales ou, plus probablement, licencié ou victime d'une procédure d'externalisation. Au travail, votre rôle est maintenant fondamentalement jugé en fonction de la créativité dont vous faites preuve en proposant des idées, des outils, des technologies, du contenu et des campagnes qui aideront vos clients et vos collègues à exploiter pleinement leur potentiel ou à s'exprimer davantage.

Tout cela a un aspect positif en ce sens que cette demande en matière de créativité au travail nous permet d'accéder dans notre vie quotidienne à un tout nouveau palier d'autonomie, d'expression et de contribution. Lorsque nous ajoutons notre touche personnelle à un projet, nous avons le sentiment d'avoir un impact réel. Voir nos idées être fusionnées à celles des autres et se solder par une réalisation concrète est l'une des plus grandes récompenses professionnelles, et la collaboration créative qui est désormais de mise dans les entreprises modernes rend tout cela possible.

Donc, la créativité est aussi importante dans notre vie personnelle que dans notre vie professionnelle, et si nous voulons nous exprimer pleinement (et gagner dans la nouvelle économie), nous devons prendre la chose au sérieux. Commençons par évaluer le degré de créativité avec lequel vous vous exprimez.

Activateur n° 1 : Faites preuve d'une plus grande créativité dans tous les domaines de votre vie

Pour évaluer la créativité dont vous faites preuve et, ensuite, en injecter davantage dans votre vie, vous devez d'abord comprendre que tout ce que vous faites est un acte d'expression de soi et de créativité. La façon dont vous rédigez vos courriels, dont vous vous habillez pour aller travailler ou dont vous décorez votre maison est chaque fois un acte d'expression de soi. Il convient donc maintenant de déterminer à quel degré vous faites preuve de créativité dans ces domaines.

Si vous regardez autour de vous dans la maison ou si vous pensez à votre travail et que vous ne *vous* y voyez pas, alors vous avez des ennuis.

Pour commencer, je vous demande de répondre à un questionnaire en six parties que j'ai proposé à des milliers de clients et que j'ai intitulé « Êtes-vous créatif ? ». Sur une échelle de 0 à 10, où 0 correspond à *peu* et 10 à *beaucoup*, évaluez comment vous percevez votre style personnel, votre voix et l'empreinte que vous laissez dans divers domaines de votre vie. Allons-y.

Êtes-vous créatif?

- *À la maison.* Quelles manifestations de *votre personnalité* percevez-vous dans votre intérieur ? Votre style unique est-il présent partout ? Avez-vous participé au choix des couleurs, des meubles, de l'éclairage, de l'agencement ? Votre maison vous reflète-t-elle en tant qu'individu ? Répondez à toutes ces questions et donnez-vous un pointage.

- *Au travail.* Quelles manifestations de *votre personnalité* percevez-vous sur votre lieu de travail ? Votre bureau vous ressemble-t-il ? L'avez-vous aménagé vous-même et y avez-vous placé des objets personnels et des photographies ? Avez-vous le sentiment que vos collègues sont bien conscients de vos points forts, de votre style et de votre personnalité ? Avez-vous laissé votre signature et un impact créatif sur les cinq derniers projets auxquels vous avez participé ? Répondez à toutes ces questions et donnez-vous un pointage.

- *Relations intimes.* À quel degré faites-vous entendre votre voix et exprimez-vous vos valeurs dans votre couple ? Vous adonnez-vous tous les deux à des activités que vous aimez et avez choisies ? Votre conjoint comprend-il vos valeurs, votre style de communication, vos manies et vos ambitions dans la vie ? Estimez-vous apporter de la couleur et une indépendance agréable à votre vie de couple ? Répondez à toutes ces questions et donnez-vous un pointage.

- *Relations amicales.* À quel degré faites-vous entendre votre voix et exprimez-vous vos valeurs auprès de vos amis ? Vous adonnez-vous avec eux à des activités que vous aimez et avez choisies ? Comprennent-ils vos valeurs, votre style de communication, vos manies et vos ambitions dans la vie ? Estimez-vous apporter de la couleur et une indépendance agréable à vos relations amicales ? Répondez à toutes ces questions et donnez-vous un pointage.

- *Loisirs.* Quelles manifestations de *votre personnalité* percevez-vous dans vos loisirs, c'est-à-dire à l'extérieur de votre vie professionnelle, familiale et sociale ? Lisez-vous les livres que vous avez envie de lire ? Avez-vous des passe-temps qui vous donnent le sentiment d'exprimer votre unicité ? Répondez à toutes ces questions et donnez-vous un pointage.
- *Contributions.* Quelles manifestations de *votre personnalité* percevez-vous dans la façon dont vous apportez une contribution dans le monde en général ? Avez-vous le sentiment d'y laisser une empreinte unique ? Avez-vous le sentiment que votre travail et vos activités de bénévolat reflètent l'essence de ce que vous êtes ? Croyez-vous vous exprimer d'une voix distincte et apporter une contribution à votre collectivité et au monde en général ? Répondez à toutes ces questions et donnez-vous un pointage.

Additionnez maintenant vos points. Si votre score total n'est pas de 45 ou plus, alors il manque quelque chose d'important dans votre vie : *vous.* Un score inférieur à 45 signifie que vous ne vous exprimez pas dans certains des domaines les plus importants de votre vie. Cela veut également dire que vous vous privez probablement, ainsi que les autres, de la joie d'entendre et de connaître votre moi véritable, authentique, unique et créatif.

Si votre score est bas, il est temps de prendre un nouvel engagement dans à la vie et d'exprimer de façon créative votre personnalité réelle. Le monde veut voir davantage de manifestations de *votre personnalité* dans votre vie. Il y a plus de sept milliards d'êtres humains sur la planète. Et parmi eux, vous êtes unique. Vivez votre singularité.

J'ai également remarqué que plus son pointage est élevé, plus l'individu est heureux. Et c'est très sensé. Si vous vous sentez créatif au quotidien, il y a fort à parier que vous soyez démonstratif et épanoui dans la vie. Heureusement, il n'est pas très difficile de faire grimper l'indice de créativité dans chacun de ces domaines – il suffit d'un peu d'attention et de constance. Revenez maintenant au questionnaire et inspirez-vous-en pour créer un agenda de la créativité. Notez-y chaque catégorie et demandez-vous comment vous pourriez vous montrer plus créatif dans ce domaine de votre vie. Prenez le temps de le faire avant de poursuivre votre lecture. Vous constaterez que le seul fait de jeter ces idées sur papier vous stimulera, vous révélant l'une des grandes joies qu'apporte l'activation du levier de la créativité – en *pensant* à la façon de faire preuve d'une plus grande créativité dans la vie, vous vous sentirez plein d'énergie, engagé et enthousiaste.

Activateur n° 2 : Étudiez les gens et le design des objets

J'ai eu la chance de travailler avec plusieurs des plus grands créateurs de ce monde – artistes, chanteurs, acteurs, auteurs, sommités et designers. J'ai découvert que même s'ils étaient tous incroyablement uniques, ils avaient une approche commune en ce qui a trait au développement de leur créativité. Ils étaient tous de grands observateurs de l'humanité et des amoureux du design.

Bien que de nombreuses personnes pensent que les gens extrêmement créatifs sont des artistes, des designers ou des génies qui travaillent d'arrache-pied, seuls dans leur studio ou leur bureau, il s'avère que les créatifs sont des gens extrêmement sociaux dont l'expression de soi dépend littéralement de leurs interactions avec le monde qui les entoure. C'est pour cette raison que pratiquement n'importe quel créatif vous donnerait le même conseil si vous lui posiez la question suivante : « Comment puis-je devenir plus créatif ? » Il vous dirait : « Étudiez les gens et explorez le monde. »

J'ai déjà travaillé avec un détaillant de vêtements qui souhaitait être perçu comme le plus créatif dans sa sphère d'activité. Pour aider ses directeurs à donner libre cours à leur créativité, il avait fait appel à l'une des firmes de design les plus renommées du monde. Voici ce que les designers ont conseillé aux directeurs : *allez faire du shopping.* C'est vrai. Ils leur ont suggéré de se rendre sur le « terrain » (centres commerciaux), d'observer les consommateurs, de prendre des notes, de demander aux clients pourquoi ils achetaient tel ou tel article, de prêter attention à ce qu'eux-mêmes aimaient ou n'aimaient pas, et puis de retourner au bureau, d'analyser leurs observations et de se mettre au travail. Pour ce seul conseil, la firme a demandé des centaines de milliers de dollars.

Les gens les plus créatifs du monde sont essentiellement de grands observateurs. Ils savent que, souvent, l'étincelle de l'expression créative ne se produit pas dans la solitude, mais qu'elle est plutôt le résultat d'une inspiration sociale. C'est pour cette raison qu'ils s'intéressent à la façon dont les gens se comportent, interagissent, communiquent, utilisent divers produits, travaillent, font des emplettes, prient et organisent leur vie. En ce sens, ce sont des anthropologues. Ils peuvent nous apprendre beaucoup de choses.

Si vous voulez devenir plus créatif, commencez par observer les gens. Faites-en un *exercice* et prêtez une attention particulière à la façon dont ils expriment leur créativité. Remarquez ce qu'ils aiment et ce qu'ils n'aiment pas, ce qu'ils expriment et n'expriment pas. Parfois, le seul fait de prêter attention aux autres nous aide à mieux nous connaître.

Mais l'observation des gens ne suffit pas toujours à stimuler pleinement notre expression créative. Vous trouverez peut-être une source d'inspiration en observant des clients au centre commercial ou des voyageurs à l'aéroport, mais si vous voulez trouver une inspiration maximale, faites ce que font les plus grands créatifs de ce monde : tournez-vous vers les arts. Assister au spectacle d'une troupe de danse professionnelle vous donnera peut-être envie de danser. Assister au vernissage d'un artiste dans une galerie d'art vous donnera peut-être envie de prendre le pinceau. Écouter un grand musicien vous donnera peut-être envie d'apprendre à jouer d'un instrument. Tout dépend bien sûr de vos goûts, mais il est indéniable qu'une exposition à la créativité du monde des arts interpellera et développera l'hémisphère droit de votre cerveau et vos neurones miroirs. Vous ressentirez ce que vous verrez et, donc, en observant des artistes, vous sentirez l'artiste en vous s'éveiller. Et c'est une bonne chose.

Lorsque notre énergie créative semble stagner, il est important de se rappeler tout cela. Il faut alors sortir de chez soi et s'engager de nouveau dans le monde. Rappelez-vous que le génie aime la compagnie.

J'ai appris cette leçon en écrivant ce livre. Après plusieurs créations réussies, dont un ouvrage qui a figuré sur la liste des bons vendeurs du *New York Times*, je suis tombé dans un piège en cherchant la solitude pour produire mon prochain ouvrage. J'ai pensé : *Si je m'éloigne de la folie du monde, j'arriverai à mieux penser.* Mais j'ai vite compris que cette solitude m'enlevait toute créativité. Et puis, j'ai eu une conversation avec un autre auteur à succès qui m'a rappelé l'importance de sortir dans le monde si je voulais aiguiser mon esprit social et curieux. Le lendemain, j'ai commencé à fréquenter un café populaire et à observer les gens. Je suis allé au musée et j'ai appelé quelques amis pour échanger avec eux des anecdotes amusantes. Et dès le premier soir, j'ai écrit mieux que je ne l'avais fait depuis des semaines. Voici ce qu'est devenu mon mantra pour guérir mon cerveau des séquelles de ma commotion cérébrale : « Connecter son cerveau, c'est se connecter aux gens et au monde. »

Essayez ceci aujourd'hui : ouvrez un journal et prenez connaissance de ce qui se passe dans votre localité cette semaine : spectacles, concerts, expositions, cours. Faites une incursion dans l'arène des arts, ne serait-ce que pour vous entourer de gens créatifs à l'extérieur du cadre de votre vie professionnelle. Ensuite, tout en observant leur créativité, demandez-vous : *Qu'est-ce que j'en pense ? À quoi cela me donne-t-il envie de penser ? Qu'est-ce que cela me donne envie de faire ou de devenir ?*

Étant donné que vous allez prêter davantage attention aux gens et vous ouvrir de nouveau au monde, attardez-vous à la façon dont les *choses* sont conçues. Examinez la forme de votre téléphone, l'aménagement intérieur de votre voiture, l'agencement de votre bureau – et demandez-vous : *Pourquoi est-ce ainsi, et ceci pourrait-il être mieux conçu, tant pour la forme que pour la fonction ?* On dit que Léonard de Vinci posait ce genre de questions à ses apprentis pour éveiller leur curiosité et stimuler leur créativité.

Vous êtes déjà designer. Lorsque vous déplacez des meubles dans votre salle de séjour, réorganisez la disposition d'une présentation, agencez vos vêtements ou visualisez un nouveau produit, vous faites du design. C'est en utilisant ce talent naturel de façon plus consciente et cohérente que vous commencerez à vous sentir plus intensément vivant. Donc, prenez quelques magazines de design et remplacez les œuvres d'art ou les meubles de votre intérieur. Ou encore, inscrivez dans votre journal ce que vous aimez ou n'aimez pas dans le design des produits que vous utilisez chaque jour.

Activateur nº 3 : Créez davantage, partagez davantage

Ne vous contentez pas d'être un observateur de la créativité des autres. Traduisez votre inspiration en œuvres véritables. La créativité n'a pas uniquement trait aux idées ; elle peut prendre une forme physique. L'idée est l'étincelle, la forme physique est le résultat. Avoir une idée pour un livre n'est pas faire preuve de créativité ; ce n'est qu'une pensée. Écrire le livre et rédiger page après page est une expression créative. La vraie créativité aboutit à un *résultat*.

Souvent, ce que nous créons constitue l'héritage que nous laissons. Songez à la façon dont nous considérons les grands artistes du passé et les légendes du monde des affaires : nous nous intéressons à ce qu'ils ont créé. Nous nous émerveillons devant l'œuvre de Léonard de Vinci, tout comme nous admirons les produits que Steve Jobs a conçus chez Apple. Nous conférons un statut d'icône à ces créateurs qui ont laissé derrière eux une forme tangible de leur créativité.

Mais constituer un héritage n'est pas toujours facile. Un grand nombre d'entre nous recourt à une excuse fort commode : *Voyez-vous, je ne suis pas très créatif.* Cependant, la créativité n'est pas un trait de caractère ; c'est une discipline. Ceux qui disent ne pas être créatifs sont souvent ceux qui rechignent devant la tâche difficile qui consiste à transformer une idée en quelque chose de vraiment magnifique.

J'aime rappeler aux gens que la créativité n'est pas non plus une étincelle ; c'est un travail ardu. Chaque artiste, inventeur, designer, écrivain ou autre créatif de ce monde parlera de son œuvre comme d'une expérience itérative. Il aura commencé avec une idée, lui aura donné forme, l'aura transformée, combinée avec une autre, rejetée, repensée, il aura découvert quelque chose en lui, aura eu une nouvelle vision, l'aura remaniée, testée, il en aura parlé aux autres, l'aura rejetée encore, et puis perfectionnée, perfectionnée et perfectionnée.

Tout cela peut sembler aller de soi, mais ce n'est pas une pratique courante, et c'est pour cette raison que tant de gens font preuve d'un manque flagrant de créativité – ils ne sont pas prêts à faire les efforts nécessaires pour créer quelque chose qui soit beau, utile, désirable, encensé. Aucun chef-d'œuvre n'a été modelé ou écrit un en jour. C'est un travail de longue haleine. Cette connaissance et cette volonté de remettre cent fois sur le métier son ouvrage sont ce qui rend si créatifs les gens les plus créatifs de ce monde, et c'est ce qui assure leur succès.

Je parie que vous avez déjà rêvé de créer quelque chose et que vous avez abandonné trop tôt. Vous vouliez chanter, mais n'avez pas gagné le concours auquel vous vous étiez inscrit, et vous avez donc laissé tomber. Vous vouliez peindre, mais personne n'a aimé vos premiers tableaux, et vous avez donc remisé vos pinceaux. Vous vouliez danser, porter des vêtements plus colorés, écrire de façon plus convaincante, parler avec plus d'intensité, inventer quelque chose de grand, ou remanier complètement un processus – mais vous avez cessé de vous exprimer en cours de route. Vous aviez l'étincelle, vous avez peut-être commencé à lui donner forme, mais vous n'avez pas *persévéré.*

Quelle serait votre vie si vous vous étiez exprimé et aviez transformé l'étincelle en une œuvre plus magnifique que ce que vous n'auriez jamais pu imaginer ? Il est donc temps que vous puisiez à nouveau dans votre esprit créatif, que vous le mettiez au travail et que, contre vents et marées, vous remettiez cent fois sur le métier votre ouvrage.

Il est temps que vous vous remettiez à créer. Si vous avez une idée pour un nouveau style de vêtements, sortez votre machine à coudre et faites-en une réalité. Si vous avez déjà brûlé du désir d'inventer, de concevoir, de sculpter, de créer, de développer ou de partager une création avec les autres, *faites-le* dans la vraie vie. Transposez votre idée dans le monde réel et vivez le processus. Cela mettra plus de vie dans votre vie.

Finalement, ne gardez pas toute cette créativité pour vous seul. Il s'avère que l'un des meilleurs moyens d'activer le levier de la créativité est de *partager* davantage. Montrez vos créations aux autres et demandez-leur leur avis. Il est également important que vous commenciez à parler davantage de ce qui vous fascine dans le monde. Expliquez aux gens pourquoi vous aimez les marques et les produits que vous utilisez, et demandez-leur pourquoi ils aiment les marques et les produits qu'ils utilisent. Ce sont ces échanges et la découverte des opinions d'autrui qui nous permettent de découvrir nos propres préférences et notre personnalité.

C'est là un point important. Tant de gens veulent trouver un mode d'expression unique, mais il faut savoir que cela ne se « trouve » pas, mais se *partage*. Vous ne pouvez pas entrer dans une pièce, regarder autour de vous et dire : « Oh, voici le mode d'expression qui n'appartient qu'à moi. » Entrez plutôt dans la pièce, parlez aux gens et, en *partageant*, découvrez l'essence même de ce que vous êtes et laissez-la irradier. Telle est la forme d'expression créative la plus gratifiante et la plus stimulante : projeter dans le monde l'essence même de ce que vous êtes.

MOMENT DE RÉFLEXION

1. Pour m'exprimer davantage et faire preuve d'une plus grande créativité à la maison et au travail, je...

2. Pour être davantage inspiré par les gens et le design, je commencerai à...

3. La prochaine chose tangible que je créerai et partagerai avec le monde est...

Chapitre 11

LE LEVIER DE LA **CONTRIBUTION**

« Nous gagnons notre vie avec ce que nous recevons, mais nous la façonnons avec ce que nous donnons. »

— Winston Churchill

« Je veux seulement faire une différence. Peut-être que je serais plus heureuse si je faisais quelque chose de plus important. »

La femme qui me parle est directrice de banque et a 38 ans. Elle a autant d'employés qu'elle a fêté d'anniversaires. Elle mâche un peu ses mots – résultat des margaritas au concombre qu'elle ne cesse de renverser sur le bar. Elle a quelques années de plus que moi, mais elle est en chasse, et il semble que je sois dans sa mire ce soir. Mais elle n'a aucune idée de ce qui l'attend.

Oui, je suis la victime d'une attaque de cougar en ce moment, et ni mon client ni mon épouse ne sont là pour me sauver. Malheureusement, je suis une bonne poire et cela doit se refléter sur mon visage. Je suis terriblement fasciné par les gens, et lorsqu'ils entament une conversation avec moi, je me laisse presque toujours entraîner pendant trop longtemps. Cette femme – Janie, me dit-elle – m'a demandé ce que je faisais dans la vie. Je lui ai donné une réponse brève et polie, et j'étais sur le point de me lever lorsqu'elle s'est mise à parler de tous les conférenciers spécialistes de la motivation dont sa banque retenait les services. En l'espace de quelques minutes, elle m'a raconté tout ce qui allait mal dans sa vie. Et en ce moment, elle a le sentiment qu'elle ne fait aucune différence dans le monde. Elle a le sentiment qu'elle n'a pas encore trouvé sa véritable vocation et qu'elle ne la trouvera sans doute jamais.

Ce n'est pas que je me sente obligé d'inspirer tous les gens que je rencontre, mais je crois profondément au destin et au dessein de l'univers qui les placent sur ma route. Je crois que si je vous rencontre, ce n'est pas sans raison, et que je me dois alors de comprendre cette raison et de trouver le moyen d'apporter quelque chose dans votre vie, ne serait-ce qu'en vous donnant un peu de répit après une longue journée de travail en vous faisant rire ou en vous aidant à renouer avec vos points forts ou vos rêves. C'est ainsi que je suis fais.

Revenons donc à Janie. Elle a un problème, dit-elle, avec tous ces conférenciers, une engeance à laquelle elle croit, à tort, que j'appartiens. (Je préfère être qualifié de « formateur et stratège en rendement supérieur », mais que puis-je y faire ?)

« Chaque fois que je les entends parler, dit-elle, j'ai l'impression qu'ils me disent que je ne suis pas assez bien et que je ne vise pas assez haut. Je me demande si c'est vrai. Vous savez quoi ? Peut-être que je ne fais pas de réelle différence dans le monde, et cela me tracasse. Mais j'aime pourtant ce que je fais. Je ne contribue pas à nourrir un bande de gamins en Afrique ou ailleurs, mais j'aime ce que je fais.

– Je suis heureux que vous aimiez votre travail, Janie. Continuez, alors. Cela finira par inspirer quelqu'un et c'est suffisant. Bonsoir. »

Je me lève pour partir, mais elle plante ses griffes dans mon bras. « Êtes-vous condescendant, jeune homme ? » me demande-t-elle en pointant un doigt vers moi et avec une expression que je n'arrive pas à interpréter.

« Non, pas du tout. Écoutez-moi bien. Les gens ne peuvent qu'être inspirés en voyant que vous aimez ce que vous faites, peu importe ce que c'est. C'est une contribution suffisante. Tant mieux pour vous.

Maintenant, veuillez m'excuser. Je vous souhaite une bonne nuit. » Et puis, je m'éloigne d'elle et quitte le bar, n'y pensant déjà plus.

Deux jours plus tard, je me retrouve dans le même quartier et je m'apprête à sauter dans un taxi pour me rendre à l'aéroport. Je me rends alors compte que je n'ai pas d'argent sur moi et je vois qu'il y a un guichet automatique au coin de la rue. J'y glisse ma carte et, jetant un coup d'œil à l'intérieur de la banque, j'aperçois la cougar – euh, Janie. Elle s'entretient avec une employée et sa tenue est beaucoup plus professionnelle que l'avant-veille.

Je sais que les coïncidences existent, mais lorsque je rencontre une personne par hasard et la revois très peu de temps après, cela retient mon attention. *Tiens, le destin me parle*, me dis-je à moi-même, et j'entre dans l'établissement. Je décide d'effectuer un retrait au comptoir et de voir où cela me mènera.

En m'approchant du comptoir, je croise le regard de Janie, mais elle ne semble pas me remarquer. Je dis à la caissière : « Cette femme, là-bas – on dirait votre patronne, non ?

– Oui, c'est Janie, la directrice de la succursale. Elle est géniale.

– Oh ? Comment ça ?

– Eh bien, regardez autour de vous. C'est la plus belle banque de la ville, la plus propre et la plus claire. Toutes mes collègues sont compétentes et Janie nous met toujours au défi de nous améliorer.

– Donc, vous aimez votre travail ?

– Je l'*adore*. Je fais partie d'un tout ici. Bien sûr, mon emploi n'est pas aussi prestigieux que celui de certains de nos clients. Auparavant, je travaillais au bureau administratif. Et, mon Dieu, si vous saviez comme j'étais timide. Je veux dire *vraiment* timide. Je m'occupais d'une tonne de paperasserie et je pleurais pendant la moitié de la journée, craignant que mon mari ne se fasse tuer là-bas – sa troupe a été déployée en Iraq. Mais Janie m'a dit : "Il faut que tu sortes de ton trou et que tu te débarrasses de tout ce stress, ma fille." Elle m'a donc formée elle-même et je travaille maintenant ici. C'est Janie qui a appris à toute l'équipe à parler aux clients et à apprécier nos relations avec eux. Cela a été bon pour moi, bon pour tout le monde. »

Après cette conversation avec la caissière et mon argent à la main, je me dirige vers Janie qui s'entretient toujours avec son employée. Je m'approche d'elle, mais je n'ai pas l'impression qu'elle me reconnaît.

« Salut, je ne faisais que passer, dis-je, et je voulais vous dire quelque chose. Cette femme, là-bas, la caissière – vous la voyez ? »

Janie et l'employé hochent la tête.

« Eh bien, je voulais tout simplement vous dire qu'elle est tout à fait charmante et très efficace. » Je me tourne directement vers Janie et je tente de mettre suffisamment d'intensité dans ma voix pour qu'elle comprenne que je suis vraiment sincère. « Je voulais également que vous sachiez qu'elle vous considère comme une source d'inspiration ; elle m'a aussi dit que son mari était parti en mission et que vous l'aviez aidée à surmonter son inquiétude. Elle pense que vous dirigez la meilleure succursale de la ville, et d'après ce que je vois ici, je n'ai pas de peine à le croire. Vous produisez une forte impression sur cette femme et vous avez fait une grande différence dans sa vie. Vous faites un excellent travail ici. Je voulais vous dire que c'est très bien et que je vous en remercie. »

Surprise, Janie rougit. Elle me serre la main et me remercie de faire affaire avec sa banque. De toute évidence, elle ne me reconnaît pas.

Alors que je m'apprête à partir, je dis : « Bravo. Inspirer cette fille et faire du bon travail ici est tout aussi louable que d'aider de petits Africains à manger à leur faim. »

Je hèle un taxi qui passe devant l'établissement et je me hâte d'y monter. Au même moment, la porte de la banque s'ouvre et Janie sort, regardant à gauche et à droite. Je comprends qu'elle vient de se souvenir de moi. Elle m'aperçoit enfin dans la voiture.

Elle crie : « Merci ! Très motivationnel ! J'ai compris ! »

• • •

Le désir d'apporter une contribution dans le monde existe au plus profond de notre être. Nous voulons savoir que nous avons donné une part de nous-mêmes et que nous avons joué un rôle significatif en modelant l'univers qui nous entoure. Ce désir d'ajouter une valeur, de donner à autrui, de nous exprimer, de créer des choses uniques et de nous joindre à des groupes et des organisations est souvent inspiré par cet espoir que nous avons de laisser notre marque et de faire une différence. C'est ce levier de la contribution qui alimente nos plus nobles ambitions, ainsi que cette remarquable habileté que nous avons à faire preuve d'altruisme.

Lorsque nous avons le sentiment d'apporter une contribution dans le monde, nous sentons alors que notre vie a un but et un sens. En effet, si nous avons apporté quelque chose d'important dans le monde, nous aurons le sentiment que notre passage sur terre aura été significatif, qu'il aura compté. Et si nous savons que nous contribuons maintenant que nous continuerons à le faire, alors notre vie a un sens à nos yeux. Malheureusement, de nombreuses personnes, comme Janie, ne sont absolument pas conscientes de la contribution qu'elles apportent.

Sans ce sentiment de contribution, notre vie devient sans but ni sens. C'est pour cette raison que nous nous sentons perdus et insatisfaits lorsque nous n'éprouvons pas ce sentiment. Nous croyons alors que rien ne compte vraiment ou, pire encore, que *nous* n'avons aucune importance. C'est ce qui arrive lorsque nous n'avons pas le *sentiment* de contribuer à quoi que ce soit. Mais lorsque ce sentiment est une réalité et que nous n'apportons effectivement *aucune* contribution dans le monde, alors toute fierté nous déserte. Nos relations avec les autres en souffrent également, car ces derniers estiment que nous ne contribuons pas à notre façon, que nous n'ajoutons pas de valeur à ce qui nous entoure ou que nous ne sommes pas utiles.

Avec un enjeu de cette taille, il est bon de savoir ce que nous entendons par le mot « contribution » et de comprendre comment nous pouvons utiliser ce levier de façon plus stratégique dans notre vie, de manière à sentir que nous avons une raison d'être et la finalité que nous désirons et méritons. Que signifie vraiment apporter une contribution ? Lorsque je pose la question à mes auditoires partout dans le monde, les réponses les plus courantes ressemblent à des maximes de base de la motivation : « Faire une différence. Laisser un héritage. Faire quelque chose d'important. Faire profiter les autres de nos talents et habiletés. Améliorer les choses. » Tous ces mantras se résument finalement à une chose : *donner*.

En fait, la contribution est généralement définie comme « jouer un rôle significatif dans » une œuvre ou une cause commune ou collective. Donc, contribuer à quelque chose, c'est faire un don significatif, que ce soit dans le cadre de notre travail pour une cause, un groupe ou un individu. C'est l'évidence même.

Mais ce qui n'est pas évident, c'est que tous les moyens de contribuer ne sont pas équivalents, et que ce ne sont pas tous les dons qui sèment un véritable impact dans le monde ou qui procurent un sentiment d'engagement personnel et de satisfaction. En fait, l'acte de donner peut n'avoir que peu d'incidence sur l'activation du levier de la contribution – ou même sur le bonheur.

Bien entendu, toute bonne âme pourrait qualifier ces propos de sacrilèges. « Il est bon de donner » est le mantra de notre société moderne. Mais alors, pourquoi y a-t-il autant de bénévoles malheureux dans le monde ? Je suis persuadé que, comme moi, vous avez vu certains d'entre eux, faisant leurs bonnes œuvres à contrecœur. Je passe une bonne partie de mon temps dans l'univers des organismes à but non lucratif, et j'ai rencontré des milliers de bénévoles qui donnent de leurs temps et de leur énergie, mais sans sourire et sans avoir l'air d'éprouver le moindre plaisir. J'ai vu des bénévoles faire preuve de grossièreté et d'impolitesse envers ceux qu'ils sont censés aider. Oui, ils « donnent » et apportent leur contribution à une cause importante, mais non, ils ne sont pas heureux. Mais en même temps, je suis certain que vous avez rencontré *beaucoup* de gens qui donnaient sans compter et apportaient une grande contribution, et qui étaient heureux.

C'est ici qu'il devient utile de faire la distinction entre les diverses façons de donner et de constater en quoi elles peuvent influer sur l'activation du levier de la contribution. La contribution peut prendre deux formes : *donner de* et *donner à*.

Activateur n° 1 : Donnez de vous-même (et félicitez-vous pendant que vous le faites)

Avec cette première forme de contribution, nous donnons *de* nous-mêmes sans compter dans notre vie quotidienne, même si ce don de soi n'est pas nécessairement lié à une cause, à un groupe ou à un individu. En donnant le meilleur de nous-mêmes dans tout ce que nous faisons, nous déployons notre moi le plus élevé et le plus fort, et *ce seul geste* peut nous donner le sentiment d'apporter une contribution. Je m'explique. Si je suis un joueur de tennis et que je ne ménage aucun effort pendant un match, faisant appel à tout ce que j'ai comme forces, talent et habiletés, j'aurai probablement le sentiment d'avoir donné de moi-même. Donc, j'aurai le sentiment d'avoir activé le levier de la contribution. Il n'est pas nécessaire que j'aie le sentiment d'avoir apporté ma contribution *au* match, *aux* spectateurs ou même *au* moment. Le seul fait d'avoir donné *de moi-même* peut générer un sentiment de contribution personnelle.

Tout cela semble un peu bizarre – c'est presque comme si j'abordais la contribution d'un point de vue égoïste. Mais après avoir encadré et formé des dizaines de milliers de gens, et obtenu leur rétroaction, j'ai constaté qu'apporter une contribution dans le monde n'a pas toujours à s'inscrire dans une action sociale. Je souligne ce fait parce que trop de gens pensent que contribuer n'est que donner *à* quelque chose de précis et que, par conséquent, ils n'ont jamais le sentiment d'apporter une contribution au monde, sauf lorsqu'une guide-éclaireuse sonne à leur porte pour leur vendre des biscuits. Nous vivons dans une société qui, à tort, part du principe qu'apporter une contribution signifie donner *à* une cause particulière plutôt que de tout simplement faire un don de soi. *Trop de gens ne reconnaissent pas le fait que, en étant tout simplement eux-mêmes, ils apportent une contribution significative dans le monde.*

Et si vivre selon vos valeurs, donner le meilleur de vous-même et exprimer pleinement vos forces, vos talents et vos habiletés dans tout ce que vous faites était suffisant pour apporter une contribution dans le monde ? Ça l'est à mon avis, et nous ne devons pas ignorer le fait que donner ce qu'il y a de meilleur en nous ne peut qu'inspirer les autres et faire une réelle différence.

Steve Jobs n'a pas dû donner grand-chose *à* quoi que ce soit pour apporter une immense contribution dans le monde. Selon certaines sources, Steve Jobs n'a rien accompli avec l'intention de donner à l'industrie de la technologie, au marché de l'informatique ou même aux consommateurs (bien que l'accent soutenu qu'il a mis sur l'expérience client l'ait rendu célèbre). Contrairement à de nombreux milliardaires, il n'a pas créé un organisme à but non lucratif (son épouse l'a fait et s'en occupe toujours) et il ne faisait pas publiquement étalage des dons qu'il destinait à diverses causes. On ne connaît pas Steve Jobs pour ses activités caritatives. On le connaît pour ce qu'il a été : un homme créatif qui voulait concevoir et développer de meilleurs logiciels, ordinateurs, magasins et applications mobiles. Il a influé sur le monde en s'adonnant à ce qu'il faisait avec excellence. Et pour cela, il a apporté une contribution, il a fait une différence, et il nous manquera.

On ne saurait trop souligner ce point. Songez, par exemple, aux artistes – chanteurs, danseurs, écrivains, designers, etc. – qui ne créent pas nécessairement dans le but de donner à quelque chose en particulier, mais qui le font plutôt dans l'intention de vivre selon leurs valeurs et de s'exprimer de façon créative. Un chanteur a peut-être vendu des millions d'exemplaires de son album et a apporté quelque chose à son genre musical et à des millions de fans à travers le monde, mais ce n'était pas nécessairement son intention première. Il a tout simplement donné le meilleur de lui-même dans son projet créatif. La « contribution » telle que nous la concevons vient ensuite. Personnellement, j'ai été inspiré par des centaines de personnes qui menaient une existence marquée du sceau de l'authenticité et de la bienveillance. Elles ont fait une énorme différence dans ma vie, même si elles n'avaient pas le sentiment d'y « apporter une contribution ».

Vous avez cette extraordinaire faculté de contribuer dans le monde en faisant appel à ce qu'il y a de meilleur en vous. Investissez-vous pleinement dans tout ce que vous faites. Voyez-y une contribution et vous aurez le sentiment de mener une existence qui a un sens et un but.

Finalement, avant de nous pencher sur l'autre forme de contribution, *donner à*, sachez qu'il est important de vous féliciter pour tout ce que vous avez déjà accompli au cours de votre vie. Nous oublions parfois d'intégrer nos contributions personnelles à notre identité. Mais c'est important de le faire, car contrairement aux autres leviers humains, celui de la contribution, lorsqu'il n'est pas activé, peut être à l'origine d'une grande culpabilité. Les gens ont alors le sentiment de ne pas donner suffisamment à leur famille, à leurs collègues et à leur collectivité.

Ceci est particulièrement vrai dans notre société archi-occupée et branchée. Les gens n'ont pas le temps de s'occuper de problèmes urgents et, pourtant, ces derniers ne cessent de se rappeler à eux. Prenez quelques minutes pour compléter les phrases suivantes. Ensuite, à partir d'aujourd'hui, chaque fois que vous terminerez un projet ou que l'on vous fera un compliment parce que vous avez apporté votre contribution dans le monde, prenez le temps de tout bien absorber. Permettez à un sentiment de satisfaction de s'installer dans votre cœur. Vous faites une différence.

- Au cours de la dernière année, j'ai apporté une contribution et fait une différence dans ma vie familiale en…
- Lorsque je pense à mes meilleurs amis, je sais que j'ai influé sur leur vie en…
- Un projet créatif auquel j'ai participé au cours des dernières années et pour lequel je ne me suis jamais félicité est…
- Si je commençais à m'accorder davantage de mérite pour les contributions que j'apporte dans le monde, je constaterais les changements suivants dans ma vie…

Il est temps que vous vous permettiez enfin de reconnaître que vous avez apporté une contribution dans le monde. Vous avez fait une différence, même si elle n'est pas aussi remarquable ou durable que vous l'auriez espéré. Je ne vous recommande pas de le faire uniquement pour que vous puissiez vous donner une tape dans le dos (bien que je croie que ce soit une bonne chose pour la plupart des gens). C'est plutôt pour que vous ayez le sentiment que tout ce que vous avez accompli dans la vie avait un sens et un but. Vos contributions se sont additionnées et continuent à le faire, et elles finiront par aboutir à un résultat. Il est temps que vous reconnaissiez vos mérites. Vous jouez un rôle dans ce monde. Que vous ayez ou non fait un don important pour une bonne cause, créé un organisme à but non lucratif ou fait du bénévolat pendant des décennies, vous avez apporté une contribution dans le monde. Sachez-le bien.

Activateur n° 2 : Donnez à (des causes qui vous tiennent vraiment à cœur)

L'autre forme de contribution consiste à donner *aux* autres avec l'intention de faire une différence. Vous pouvez donner temps, énergie, efforts, ressources, talents, relations, attention et amour *à* votre équipe, votre entreprise, votre famille ou à l'organisme à but non lucratif que vous préférez. Alors que donner *de* consiste à mobiliser nos ressources à des fins personnelles, ce qui se traduit en fin de compte par un impact sur le monde, donner *à* consiste à mobiliser nos ressources dans l'intention d'apporter une contribution directe et spécifique. Vous donnez à une personne, une cause ou un groupe dans le but de faire une différence spécifique et d'éprouver ensuite un sentiment de satisfaction. Donner *à* est une approche plus stratégique, plus « ciblée » de la contribution, et elle est tout aussi puissante.

C'est la forme de contribution qui est le plus souvent reconnue et récompensée, et pour de bonnes raisons. Donner à des causes qui vous tiennent vraiment à cœur, avec l'intention de faire une différence, *est* la route qui mène directement à une vie heureuse et pleine de sens. Veuillez noter les mots clés ici : *des causes qui vous tiennent vraiment à cœur.*

Voici maintenant pourquoi ce type de contribution ne donne pas toujours les résultats escomptés. Les gens font du bénévolat à gauche et à droite, se lancent dans des projets et des causes qui n'ont pas nécessairement une importance significative à leurs yeux, et ces expériences les laissent profondément déçus. Je suis sûr que cela vous est déjà arrivé. Vous vous êtes enthousiasmé pour une cause, vous vous êtes engagé en y consacrant du temps, de l'énergie ou de l'argent, mais vous n'avez pourtant jamais eu le sentiment de faire une réelle différence ou n'avez jamais senti votre âme vibrer après cette bonne action.

Par exemple, je pourrais être davantage attiré par une cause dont la mission est de nourrir des enfants plutôt que de leur apprendre à chanter. Mais si la première cause ne m'amène qu'à laver de la vaisselle (une tâche que je déteste), et que la seconde m'amène à enseigner (une fonction que j'aime), alors il y a fort à parier qu'avec le temps je trouverai cette dernière plus significative. Autrement dit, *choisir la bonne forme de contribution est tout aussi important que choisir la bonne cause.* Ne l'oubliez jamais, car cela fait également écho à tout ce dont nous avons discuté jusqu'ici dans cet ouvrage : ce sont les activités qui présentent une nouveauté, un défi, qui sont socialement enrichissantes et qui ont un sens pour nous qui nous rendent heureux.

J'ai également appris que toutes les formes de contribution ne sont pas d'égale valeur – qu'elles soient destinées à des causes, des projets, des groupes, la famille ou la collectivité. En fait, elles dépendent de cinq facteurs – que j'ai nommés dans un éclair de créativité les Cinq facteurs de satisfaction du donneur. En connaissant ces facteurs, vous serez plus apte à choisir les causes que vous appuierez à l'avenir. Vous pourrez également choisir des contributions qui vous apporteront un sentiment de satisfaction personnelle et qui seront avantageuses pour la société en général.

Premièrement, pour avoir le sentiment de vraiment contribuer à une cause ou de faire une différence dans le monde, vous devez être capable de mettre à profit vos habiletés dans une activité créative. Pour revenir à une expression utilisée dans le chapitre précédent, l'*expression créative* est essentielle si l'on veut que notre contribution soit pleinement satisfaisante et significative. Par exemple, si vous êtes doué pour le design, cherchez à exploiter ce talent lorsque vous choisissez une cause. Il est important de tirer ainsi avantage de vos points forts, car peu importe l'intérêt que vous portez à une cause ou votre niveau d'engagement, vous abandonnerez ou n'y mettrez pas beaucoup d'entrain si vous n'avez pas l'occasion d'exprimer votre unicité.

Il y a plus. Non seulement devez-vous être capable d'activer le levier de la créativité pour apporter une contribution dans le monde, mais vous devez également être en mesure de constater des résultats. C'est-à-dire que votre expression créative doit avoir une chance de voir la lumière du jour. Il n'y a rien de pire que de contribuer à un projet et de ne jamais voir ses idées ou ses efforts franchir la ligne d'arrivée. Si tout ce que vous donnez finit à la poubelle ou se retrouve sur une tablette poussiéreuse, vous n'éprouverez jamais le sentiment de fierté qui permet la véritable activation du levier de la contribution.

Voici un moyen facile de déterminer si votre dernière contribution a été profondément satisfaisante : avez-vous créé quelque chose lors de cette expérience ? Avez-vous la preuve tangible que vous avez participé à l'atteinte des résultats ? Sinon, vous n'avez probablement pas le sentiment d'avoir fait une différence ou que tout cela en valait vraiment la peine.

Deuxièmement, les expériences les plus enrichissantes sont *toujours* associées au mentorat. Parlez à n'importe quel professeur et lorsqu'il mentionnera comment brillent les yeux de ses élèves, vous comprendrez pourquoi il trouve si gratifiante sa contribution auprès des enfants. Rien n'égale la formation ou l'encadrement de quelqu'un qui a moins d'expérience que vous.

Bizarrement, bien que la majorité des gens connaissent cette vérité, ils ne l'utilisent pas comme critère lorsqu'ils optent pour une forme de contribution. Lorsqu'ils songent à s'engager dans un nouvel emploi, projet ou activité de bénévolat, rares sont les gens qui adoptent une approche suffisamment stratégique pour se demander: *Est-ce que cette occasion me permettra de guider les autres?* C'est pourtant cette question que nous devons apprendre à nous poser si nous voulons avoir le sentiment d'apporter une contribution significative dans le monde. Former, encadrer ou guider les autres nous permet d'activer le levier de la contribution, de le mettre en mode turbo.

Troisièmement, une contribution est satisfaisante si elle nous permet de constater l'*impact social direct* de nos efforts. Si vous êtes bénévole dans une soupe populaire et que vous ne faites que décharger de la marchandise dans l'entrepôt sans jamais voir le sourire sur le visage des bénéficiaires, l'expérience ne sera pas aussi gratifiante. Vos neurones miroirs ne capteront pas la joie de la personne qui apaise sa faim avec une nourriture savoureuse et nourrissante. Vous ne serez pas témoin de son appréciation et vous ne la sentirez donc pas dans votre cœur.

Si vous dirigez une équipe qui apporte une contribution à votre organisation, vous devez veiller à ce que toute nouvelle initiative se solde par un résultat concret. Mais comment vous assurer que les membres de votre équipe voient le fruit de leurs efforts dans le monde réel? Pouvez-vous organiser une rencontre entre eux et les gens dont ils ont changé la vie?

Lorsque je parle d'impact social direct, je pense plus précisément à des témoignages décrivant comment vous avez influé sur la vie des *gens.* J'ai un jour appris cette leçon au PDG d'une grande entreprise de construction domiciliaire. Il avait rassemblé des centaines de personnes pour construire des maisons dans une communauté défavorisée qui avait été ravagée par des inondations. Telle une unité d'intervention d'urgence, son équipe s'était rendue sur place, avait démoli les maisons endommagées et en avait construit de nouvelles en l'espace de quelques jours. Les ouvriers étaient ensuite retournés au siège social de l'entreprise.

Après m'avoir montré des photos de ses ouvriers qui souriaient en travaillant, il m'a confié à quel point il était déçu que ces derniers ne comprennent pas l'impact qu'ils avaient eu sur cette communauté. C'est à ce moment-là que je lui ai fait remarquer que ses photos ne montraient aucun employé aux côtés des gens qui allaient habiter les nouvelles maisons. Et vlan ! Il a eu une révélation. Dans sa hâte d'intervenir et de faire une différence, il avait oublié de tisser des liens avec les gens et, par conséquent, n'avait pas le sentiment d'avoir apporté une réelle contribution.

Bien entendu, les purs et durs diront que mes « cinq facteurs de satisfaction du donneur » tiennent carrément de l'égoïsme – qu'ils ne visent qu'à nous apporter plaisir et satisfaction. C'est une approche terriblement intéressée, n'est-ce pas ? Après tout, ne devrions-nous pas nous montrer plus altruistes, et offrir temps et efforts non pas à des causes qui *nous* apportent de la joie, mais plutôt à ceux qui sont dans le besoin ?

En bref, la réponse est non. Tout d'abord, nous vivons à une époque où il y a littéralement des *millions* de causes importantes et urgentes dans le monde. À eux seuls, les États-Unis comptent près de deux millions d'organismes à but non lucratif. Comment pourrions-nous tous faire fi de nos intérêts personnels et magiquement choisir la cause la plus importante et la plus louable ? Est-ce qu'un organisme qui vient en aide à 50 femmes victimes de violence conjugale à Detroit est plus ou moins important qu'un autre qui en soutient 500 en Afrique occidentale ?

Quatrièmement, nous devrions nous poser la question suivante : *à quoi pouvons-nous apporter une contribution personnelle et le faire de manière à nous sentir engagé, comblé et porté à persévérer dans ce sens afin de faire une différence dans le monde ?* En définitive, en apportant toute contribution, notre objectif n'est-il pas de nous engager, de persévérer et d'avoir un impact positif ?

En vous proposant ce cadre de réflexion, je ne suggère absolument pas que toutes vos expériences seront amusantes et exaltantes, ni que cela doive être votre seul objectif. Apporter sa contribution dans le monde signifie souvent relever ses manches, se salir et faire des choses qui ne nous plaisent pas vraiment. C'est souvent accomplir des tâches qui nous mettent mal à l'aise. C'est ce qui rend la vie si intéressante : faire de nouvelles choses, prendre des risques, travailler dur, relever des défis, tisser des liens avec de nouvelles personnes, lutter pour une cause importante, peu importent les difficultés.

Et pourtant, le monde est rempli de contributeurs qui manquent de motivation et qui ne réalisent pas le quart de leur potentiel. Nous ne changerons rien sur la planète si nous ne nous engageons pas à trouver des moyens d'apporter une contribution gratifiante. J'espère que mes conseils vous y aideront.

Finalement, cet exposé ne serait pas complet si je n'abordais pas l'aspect financier de la contribution. Si vous êtes bien nanti, les dons en argent à votre cause préférée seront un excellent complément au temps et aux efforts que vous lui consacrerez. Il est notoire que le fait de soutenir financièrement un organisme qui vous passionne est important si vous voulez en retirer de la satisfaction. Alors, suivez mon conseil et ciblez des causes qui vous tiennent à cœur.

J'ai rencontré des gens partout dans le monde et j'ai noté une constante : ils sont nombreux à ne simplement pas savoir à quoi contribuer. Ils ne se passionnent pas pour une cause en particulier et, malgré le cadre de réflexion que je propose, je sais qu'ils auront de la difficulté à en trouver une, surtout lorsqu'il s'agit de donner de l'argent. Donc, à ces gens bien nantis auxquels aucune cause ne tient vraiment à cœur, je suggère une approche que je nomme « appel du destin ». J'ai parlé de cette idée à de très nombreuses personnes et toutes l'ont adorée, surtout celles qui n'avaient pas encore trouvé « leur » cause.

Je suis persuadé que ce n'est pas par hasard que certaines personnes croisent notre route. Je crois, par exemple, que ce n'est pas une coïncidence si l'un de mes collègues, dont la femme est décédée d'un cancer du sein, court un marathon en son honneur et demande une contribution de 100 $ à tous les employés de l'entreprise. Le destin a placé cette personne sur ma route, et le fait de contribuer à sa cause – même si cette dernière ne me touche pas directement – est plus satisfaisant que d'en appuyer une autre dont j'aurais eu connaissance en furetant sur le Web.

De plus, je crois que toute contribution devrait être avant tout axée sur ce que nous pouvons apporter aux gens. J'ai donc donné un chèque de 100 $ à ce collègue, car c'est ce que le destin m'a demandé, même si personne de mon entourage n'a souffert d'un cancer du sein, et que ce n'est pas une cause que je choisirais au hasard un jour. Cet appel du destin nous pousse à donner à ceux que le hasard a mis sur notre route, à des gens qui ont une cause vraiment à cœur.

En ce qui me concerne, la majeure partie de mes contributions s'inscrivent dans cette catégorie, et je suis heureux de vous annoncer que ces dons mettent plus de vie dans ma vie. Je tiens également à vous dire que beaucoup de gens à qui j'ai parlé de cette approche en ont été enthousiasmés. Ils disent se sentir ainsi plus près de leur collectivité et de leur cercle d'influence, et ils sont maintenant en mesure de constater directement l'impact de leurs contributions.

Cet appel du destin peut ne pas convenir à tout le monde, surtout aux gens qui sont fidèles à une cause ou qui n'ont tout simplement pas les moyens de faire un don qui n'était pas prévu dans leur budget. Mais ce serait bien si nous pouvions quand même donner un tout petit peu plus aux gens qui croisent notre route, aux gens qui ont un besoin ou une passion et qui pourraient bénéficier de notre générosité.

Activateur n° 3 : Guidez, guidez, guidez

Comme j'y ai déjà fait allusion, il n'y a rien de plus puissant pour activer le levier de la contribution que d'agir comme mentor.

J'aime penser au mentorat comme à une responsabilité et à un privilège qui nous sont octroyés sur la route de la vie. Peu importe où vous en êtes dans votre cheminement, il y a des milliers de gens qui adoreraient vous en entendre parler. Les enfants veulent savoir comment vous êtes sorti vivant de l'école et avez trouvé un bon emploi. Vos collègues veulent savoir comment ils pourraient s'améliorer. L'opprimé veut tout simplement savoir comment continuer à avancer.

Il y a quelque chose de magique qui se produit dans une relation de mentorat, qu'elle soit professionnelle ou qu'elle s'inscrive entre amis d'une même collectivité, ou encore dans le cadre d'une grande organisation comme celle des Grands Frères et des Grandes Sœurs. Ce qui me plaît, ici, c'est que nous avons parfois autant besoin de ceux que nous encadrons qu'eux ont besoin de nous. En tant que mentor, vous devenez un modèle de rôle et cela vous pousse à donner le meilleur de vous-même. Vous faites alors appel à vos valeurs et à vos croyances les plus élevées parce que vous voulez aider les autres à prendre leur envol. Avec le temps, plus vous servirez de mentor aux autres, plus vos relations avec eux s'approfondiront et plus vous verrez votre influence et votre impact en eux. De cette manière, le mentorat est similaire au rôle parental – on vous fait le don de voir quelqu'un grandir. Cependant, cette personne ne dépend pas de vous. Elle ne vit pas avec vous, elle n'est pas obligée de vous obéir et elle a moins de contacts avec vous que vos enfants. Vous devez donc mettre à profit le temps que vous passez avec elle. C'est pourquoi les gens disent souvent que jamais ils n'ont eu de relations caractérisées par une telle présence.

Et si vous pensez que le mentorat ne convient qu'à une bande de mauviettes à la retraite, revoyez votre position. Je suis surtout connu pour ma marque appelée Experts Academy, ainsi que pour mon ouvrage intitulé *Le Messager millionnaire* qui en est un condensé. Le fondement en est simple :

- L'histoire de votre vie, vos connaissances et le message que vous avez à livrer – ce que l'expérience vous a appris et que vous voulez partager avec le monde – ont plus d'importance et de valeur marchande que vous ne pourriez l'imaginer.
- Vous existez pour faire une différence dans le monde, et la meilleure façon d'y arriver consiste à utiliser vos connaissances et votre expérience (de n'importe quel sujet, dans n'importe quel domaine) pour aider les autres à réussir.

- Vous pouvez être rémunéré pour donner des conseils et des renseignements pratiques et, ainsi, ériger une entreprise très prospère et une vie riche de sens.

En me fondant sur ces trois postulats, j'ai aidé des millions de gens de par le monde à comprendre le sens et la valeur marchande de leur sagesse et de leur expérience. Je leur ai fait réaliser que, en aidant les autres à améliorer leur vie ou à réussir dans leur domaine, ils peuvent faire carrière et non pas uniquement meubler leur temps pendant la retraite. Rien ne vous empêche d'apporter une contribution dans le monde en partageant votre sagesse et, du coup, d'être payé pour le faire. En fait, je crois que c'est là la prochaine étape de l'évolution du monde du travail : le profit et la cause font à merveille la paire lorsque nous partageons avec autrui ce que nous avons appris, documenté et prouvé sur le chemin de la vie.

Nous pouvons réunir sagesse et conseils (sur n'importe quel sujet, dans n'importe quel domaine) et concevoir des programmes de formation et des cours en ligne, ou les diffuser au moyen de supports plus traditionnels tels que des livres, des conférences, des ateliers, du *coaching* et de la consultation. Nous pouvons faire une différence avec nos connaissances – et, oui, être payés pour cela.

Je ne crois pas que l'on doive dissocier nos activités professionnelles et nos activités de mentorat. Elles peuvent ne faire qu'un dans notre monde moderne. Le profit et la cause ne s'excluent plus mutuellement. Tout comme Janie, qui sert de mentore aux caissières de sa banque, nous pouvons tous faire une différence au travail et dans notre carrière, tout simplement en aidant les autres.

• • •

Je termine ce chapitre par une réflexion plus large à propos de ces trois activateurs. Dans son ouvrage intitulé *Découvrir un sens à sa vie avec la logothérapie*, Viktor Frankl, psychologue et survivant de l'Holocauste, affirme que « l'homme ne cherche pas avant tout à éprouver du plaisir ou à éviter la douleur, mais plutôt à trouver un sens à sa vie». Si vous êtes d'accord avec lui, comme je le suis, alors la prochaine question que, logiquement, vous devriez vous poser est : *Comment déterminer si ma vie a un sens?* Si tel est le but de la vie, alors comment savoir si nous l'avons atteint?

La meilleure réponse que j'ai trouvée est celle-ci : en activant le levier de la contribution. À la fin de nos jours, lorsque nous songerons à la façon dont nous avons vécu et au sens qu'a eu notre vie, nous nous demanderons si nous avons fait une différence. Et pour répondre à cette question, nous n'examinerons que nos relations (avec les êtres qui nous sont chers et ceux que nous avons influencés) et nos contributions.

Mais en évaluant la qualité de nos relations, nous ne penserons en fait qu'à ce que nous y avons apporté. Nous nous demanderons si nous avons donné le meilleur de nous-mêmes, si nous avons aimé pleinement, ouvertement et honnêtement. Nous nous demanderons si nous avons donné aux autres le temps, l'attention, l'acceptation et l'affection qu'ils méritaient. Et, surtout, nous nous demanderons si nous avons apporté une contribution dans le monde et notre entourage. Ainsi, nous pourrons déterminer si notre vie a eu un sens.

MOMENT DE RÉFLEXION

1. J'ai le sentiment d'apporter une contribution dans le monde parce que je…

2. J'aimerais apporter une contribution nouvelle et significative en donnant…

3. Je pourrais servir de mentor à…

Chapitre 12

LE LEVIER DE LA **CONSCIENCE**

« Le but de la vie est de vivre, et vivre signifie être conscient, joyeusement, jusqu'à l'ébriété, sereinement, divinement conscient. »

— Henry Miller

Lorsque je me suis réveillé, Kevin était en train de hurler : « Sors de la voiture, Brendon ! Sors de là ! »

Assis sur mon siège, côté passager, j'apercevais Kevin qui criait, écrasé derrière le volant. Il essayait de s'extraire de la voiture en se glissant à travers la fenêtre du côté du conducteur. Son visage était couvert de sang.

Peu de temps avant, nous avions abordé la courbe à 140 kilomètres/heure. Aux États-Unis, cette courbe aurait été signalée par un panneau jaune vif avec une flèche en forme de U, un signal indiquant qu'un virage assez raide se présentait et qu'il fallait ralentir.

Mais nous étions en République dominicaine sur une route fraîchement asphaltée. Il n'y avait aucun panneau de signalisation. Et ce virage constituerait un tournant décisif dans nos vies.

En fait, ce fut une bénédiction. Depuis des mois, j'étais émotionnellement abattu après une rupture douloureuse avec la première femme que j'ai aimée. Je n'avais que 19 ans, mais je me sentais aller à la dérive, comme si j'avais atteint le bout du rouleau. [...]

J'étais si bouleversé que je n'ai pas hésité un seul instant lorsqu'on m'a proposé un travail d'été dans les Antilles. Sortir de la ville en laissant la dépression et les problèmes derrière moi n'était pas suffisant. Je devais à tout prix quitter le pays.

C'est ainsi que je me suis retrouvé en République dominicaine avec Kevin, un ami d'enfance, originaire de ma ville natale. Nous devions aider un entrepreneur que nous connaissions et qui vendait de l'équipement pour poids lourds. Il était minuit. Nous venions tout juste de quitter la maison d'un client. C'était une nuit tropicale typique, sombre et collante. La radio jouait à fond. Vitres baissées, nous écoutions *Life Is A Highway** de Tom Cochrane. Nous roulions à toute vitesse sur une route bordée des deux côtés par une jungle luxuriante. L'air humide, qui s'engouffrait dans la voiture, me soulageait. La dépression se faisait plus diffuse. Le chagrin et le poids de la solitude diminuaient à la vitesse du son. Les yeux clos, oubliant mon âme qui me semblait morte, je me mis à entonner à pleins poumons les paroles de cette chanson.

C'est alors que j'entendis Kevin hurler : « Accroche-toi, Brendon ! »

Lorsque j'ouvris les yeux, je vis les phares disparaître au-dessus de nous, et la route s'évanouir dans l'obscurité.

Kevin se cramponnait au volant, qu'il tournait désespérément vers la droite, essayant de négocier au mieux le virage. Mais il était déjà trop tard. La voiture dérapa puis fit un tête-à-queue. M'arc-boutant à mon siège et m'attendant au pire, je me disais : « Mon Dieu, je ne suis pas prêt ! » Je n'avais pas le sentiment d'avoir pleinement vécu ma vie. Bizarrement, cette évidence me frappa. En quittant abruptement la route, l'effet de ralenti, occasionné par le sentiment d'urgence, opérait au maximum. Alors que nous glissions vers les portes de la mort, une question pressante me traversa : avais-je réellement vécu ?

Notre voiture fit une embardée puis alla percuter un petit mur de soutènement, destiné à l'irrigation. Nous versâmes sur le côté et

* La vie est une autoroute. *(Note de la traductrice)*

je sentis ma ceinture de sécurité se verrouiller. Une étrange légèreté m'envahit tandis que nous basculions… basculions…

Mes yeux étaient clos, mais je distinguais tout clairement. Cependant ce n'était pas ce à quoi je m'attendais. Je n'avais pas une perspective omnisciente de ma vie, comme on le décrit souvent dans les films, lorsqu'on se voit grandir avec une succession de souvenirs qui défilent au ralenti. C'est simple, je ne me voyais pas. Il n'y avait pas de petit Brendon qui galopait en tous sens.

Par contre, eux, je *les* voyais. Mes amis et les membres de ma famille me faisaient face ou se tenaient à mes côtés. Ils chantaient autour d'un gâteau posé sur la table de notre salle à manger. C'était le jour de mon 12e anniversaire. Ma mère pleurait de bonheur en fredonnant cette chanson idiote qu'elle chante lorsqu'on célèbre les anniversaires.

Puis une image différente m'apparut. C'était ma sœur. Elle se tenait près de moi, assise sur une balançoire. Nos yeux se croisèrent. Elle m'inonda alors de son sourire immense et merveilleux.

Il y a eu aussi d'autres scènes. À travers mes propres yeux, je voyais ma vie se dérouler devant moi. Tous les tableaux que je visualisais représentaient des moments où j'étais entouré des gens que j'aime. Ces scènes me paraissaient très réelles, mais je n'avais pas l'impression d'en faire vraiment partie, car à cet instant j'étais conscient de flotter dans les airs au ralenti. Je pensais à ceux que j'aimais, à ceux qui me regretteraient. C'est alors qu'une émotion puissante et profonde me saisit : avais-je aimé ?

La voiture s'écrasa au sol dans un fracas assourdissant. Je perdis connaissance.

Lorsque je refis surface, j'entendis Kevin crier qu'il fallait sortir de cette voiture.

Immobilisé sur mon siège, j'observais Kevin. Coincé derrière le volant, il hurlait, s'efforçant de se glisser à travers le cadre de la fenêtre.

Quand il se tourna vers moi, je distinguai une plaie béante sur sa tempe droite. Son visage était ensanglanté. « Sors de là, Brendon. Dégage ! » me lança-t-il, paniqué, en disparaissant par la fenêtre.

Je ne savais pas ce qui se passait ni même si l'auto était en feu. Mais le ton de sa voix était suffisamment éloquent. Je voulus l'imiter et utiliser la fenêtre côté passager pour m'échapper, mais le cadre était défoncé. Jamais je n'aurais pu m'y faufiler. Le toit de la voiture s'était affaissé sur moi. La seule voie possible était une ouverture étroite parmi les tessons du pare-brise.

Tant bien que mal, je réussis à me glisser dans ce minuscule espace, lacérant au passage mes bras, mes jambes et mon ventre. Sans trop savoir comment, je me suis retrouvé ensanglanté sur le capot blanc écrabouillé. Le sang qui coulait de mon corps se répandait sur mes pieds et mes sandales. Je me sentais étourdi, dans le vague. Lentement la vie me fuyait. Me rendant compte pour la première fois qu'elle pouvait s'achever ainsi, je laissai la peur me submerger. Effrayé et vulnérable, j'eus alors un sursaut d'énergie suffisant pour me questionner. En y songeant à deux fois, les larmes me montèrent aux yeux : avais-je eu une quelconque importance ?

Un voile sombre vint obscurcir ma vision et je crus que j'allais m'évanouir. Cette fois-ci, c'était la fin.

Soudain, une étincelle miroitant au bout du capot brisa net ma transe. Je distinguais une lumière brillante, ou plutôt un reflet de lumière dans mon sang qui s'écoulait le long de la paroi latérale de la voiture. Je redressai alors la tête et découvris une magnifique pleine lune dans la noirceur du ciel. C'était une lune magique, différente de toutes celles que j'avais observées auparavant. Une lune si grande, si proche, si brillante et si belle que je me sentis à la fois libéré des épaves de ma vie et en parfaite harmonie avec les vagues de bleu qui zébraient le ciel étoilé.

Durant un court instant, il n'y eut plus ni douleur ni sentiment et il régnait un silence absolu que je n'oublierai jamais. Puis, lentement, un sentiment intense, de conscience de tout mon être, émergea. Ce n'était aucunement une expérience extracorporelle, plutôt la certitude de fusionner comme jamais avec mon moi intérieur. Dans mon corps, je ressentais une telle constance qu'un sentiment de gratitude m'envahit, une pulsion de vie qu'aujourd'hui encore j'ai du mal à décrire.

C'était exactement comme si, à ce moment précis, je m'étais tourné vers le ciel et Dieu, me touchant, m'avait réconforté et offert une seconde chance dans ma vie. « Voilà où tu en es, mon gars », semblait suggérer ce moment, « tu es encore en vie, tu peux encore aimer, tu peux changer les choses. Alors, bouge et agis, car maintenant tu sais que le temps est compté ».

Je me souviens d'avoir regardé le ciel cette nuit-là en acceptant cette seconde chance. Je pensais intérieurement : « Merci. Merci. J'en serai digne. » Une gratitude que j'ai du mal à décrire me pénétra alors, et elle comble ma vie depuis ce temps. Des larmes coulèrent sur mes joues, de bonnes larmes de joie. Et pour la première fois depuis des mois, mon âme se mit à chanter*.

• • •

Seize années se sont écoulées depuis cet accident, et je suis toujours reconnaissant chaque jour que Kevin et moi ayons reçu ce billet d'or – une seconde chance. Nous avons tous les deux survécu et nous nous portons bien. J'y repense souvent et maintenant je comprends en quoi cette expérience a transformé ma vie. En l'espace de quelques minutes, j'ai été propulsé dans les profondeurs de ma conscience, plongé dans des réflexions à propos de ma condition humaine et, un instant plus tard, élevé au-dessus de mon corps et branché sur une conscience plus vaste qui ne connaissait ni douleur ni frontières.

J'ai senti que s'effectuait dans ma propre conscience une transition à propos de ce qui est important dans la vie, et j'ai pris la décision de donner un sens à mon existence. J'ai également effleuré le visage d'une conscience encore plus magnifique autour de moi, et j'ai senti pour la première fois une force beaucoup plus grande que moi. Je sais maintenant que cet accident m'a permis de découvrir les

* Extrait de l'ouvrage *Le Messager millionnaire*, de Brendon Burchard, Brossard, éditions Un monde différent, 2012, p. 17-21.

dimensions des deux principales conceptions que les philosophes, les psychologues, les neurologues et les chercheurs ont de la conscience.

Dans une première approche, la conscience est assimilée à l'esprit, c'est-à-dire à cette faculté qu'a l'être humain de penser et d'être conscient de soi. *Je pense, donc je suis* résume bien ce concept. La recherche en neurosciences tente de déterminer ce qui forme la conscience et façonne l'« esprit » de façon cohésive. Dans *Le Sentiment même de soi : corps, émotions, conscience*, le neurologue Antonio Damasio parle de la conscience comme de « la connaissance immédiate que possède un organisme de soi et de ce qui l'environne ». Cette notion de conscience de notre monde intérieur et de notre environnement, qui est principalement captée par nos sens, peut très bien être qualifiée de « conscience réfléchie ».

À un niveau plus ésotérique, la conscience a été définie et décrite comme une énergie ou une force unificatrice non humaine, peut-être même cosmique ou divine. *Dieu cligne des yeux, donc je suis* résume bien ce concept. Les dimensions « spirituelles » ou « suprêmes » de la conscience font surtout l'objet d'études chez les chercheurs qui sont issus des milieux religieux ou spirituels et qui s'intéressent à ce qui forme non seulement la conscience humaine, mais aussi l'Univers lui-même.

Dans cette optique, la conscience n'est pas seulement perçue par l'esprit ni captée par les sens, mais elle existe également à l'extérieur du corps et est connectée à une énergie ou une entité qui échappe aux manifestations physiques ou à notre compréhension cognitive. On parle ici de « conscience transcendante ».

La faculté d'accéder à un niveau de conscience supérieur est la caractéristique la plus impressionnante de l'espèce humaine. Comment activer au maximum le levier de la conscience ? Comment accéder à ses plus hauts paliers ?

Nous voulons exercer davantage de contrôle sur notre conscience réfléchie, mais en même temps nous en libérer de manière à faire l'expérience d'une conscience plus *élevée*. Nous voulons exercer davantage de contrôle sur notre vie et, en même temps, nous sommes nombreux à avoir le sentiment qu'il faut nous abandonner au divin. Mon accident et la vie que j'ai menée ensuite m'ont appris que nous pouvons atteindre ces deux objectifs.

Dans ce chapitre, nous explorerons les deux concepts de la conscience et tenterons de puiser dans ce qui peut nous conduire à une existence plus engagée et dynamique. J'ai consacré beaucoup de temps à ce levier – le plus long chapitre de cet ouvrage – parce qu'on en discute rarement dans la frénésie du monde moderne et qu'il a un immense pouvoir.

Activateur n° 1 : Focalisez votre conscience

Qu'est-ce que la « conscience humaine » ? Depuis pratiquement la nuit des temps, c'est ce qui fait que nous sommes éveillés, lucides, capables de penser ou de gérer notre esprit. Chacun de ces éléments soulève des questions fascinantes à propos de notre existence et pourrait bien paver la voie à ces expériences grandioses que nous cherchons tous à connaître.

La conscience est généralement associée au fait d'être vivant et éveillé. Si nous dormons, les professionnels de la médecine diront que nous ne sommes « plus conscients » ou tout simplement que nous sommes « inconscients ». Il en va de même lorsque quelqu'un est dans le coma ou hébété à la suite d'un traumatisme ou d'un abus d'alcool ou de drogue. Selon cette définition, lorsque nous ne sommes pas dans un état de veille, nous sommes incapables de comprendre, de sentir, d'anticiper, de juger ou d'exercer un contrôle sur nos facultés mentales et physiques.

Être éveillé signifie également que nous percevons ce qui se passe autour de nous, une autre des caractéristiques de la conscience. Si je suis conscient de qui je suis, de l'endroit où je suis, de ce que je fais, de la raison pour laquelle je le fais, ainsi que de ma place dans l'instant présent et l'environnement social, alors on peut dire que je suis un être conscient et entièrement fonctionnel. La conscience de soi, dans son sens le plus large, n'existe que chez les animaux les plus évolués.

Bien entendu, les termes « conscient » et « conscience » sont presque toujours associés à cette faculté humaine à penser et à utiliser notre esprit. Cette capacité à produire et à organiser la pensée pour en faire la conscience de soi et de ce qui m'environne nous distingue des autres animaux et nous fascine depuis toujours. Nous possédons la mystérieuse faculté d'utiliser notre esprit pour effectuer des opérations cognitives telles que l'attention, la pensée abstraite, le contrôle des impulsions, le mode multitâche, la résolution de problèmes, ainsi que le contrôle et l'amorce de pensées et d'actions, ce qu'on appelle souvent les « fonctions exécutives ». Mais comment tout cela fonctionne-t-il ? Et qu'en est-il de l'esprit « inconscient » – diffère-t-il vraiment de la conscience humaine globale ?

Ces questions épineuses ont suscité d'innombrables débats. Des discussions philosophiques de Descartes et Locke il y a près de quatre siècles aux dernières trouvailles des neuroscientifiques de notre ère, une seule chose est certaine : la conscience est difficile à cerner. Alors que presque toutes les cultures reconnaissent son existence et sentent le besoin de l'explorer et de la rehausser, personne encore ne la comprend vraiment. Les neuroscientifiques ne peuvent vous ouvrir le crâne et vous dire : « Voilà où vit votre conscience. » Nous savons que *quelque chose* nous permet de saisir le sens de nos émotions et d'organiser notre pensée, mais nous ne savons pas vraiment ce que c'est.

Nous ne pouvons pas l'identifier sur une scintigraphie cérébrale et, même chez les professionnels, chacun en donne une définition différente. Qu'est-ce qui distingue notre perception ou notre individualité de toutes les impulsions et activités qui se déroulent dans notre corps et notre cerveau ? Lorsque nous disons qu'une pensée nous « vient à l'esprit », quelle force mystérieuse crée cette pensée et nous la fait percevoir ? Cette grande et mystérieuse force est généralement décrite comme la « conscience ».

Il est important de définir la notion de conscience. Si nous sommes plus conscients de nous-mêmes et de notre environnement, nous sommes tout simplement plus réceptifs et adaptatifs. On peut supposer que les gens qui sont très conscients sont plus aptes à gérer leurs pensées, leurs émotions et leur comportement. Ils parviennent à trouver la paix dans les conflits, et la foi, la résilience et la transcendance dans les épreuves, car ils sont capables d'utiliser leurs pensées pour donner un sens aux événements et à leurs expériences. Ils sont donc davantage en mesure de percevoir un ordre et un sens dans notre monde chaotique, ce qui leur donne un sentiment de force et entretient leur optimisme aux heures les plus sombres. Et le contraire est aussi vrai : lorsque les gens sont incapables de contrôler leurs pensées conscientes, il en résulte une tragédie : leur vie n'a plus ni but ni sens. Ils n'arrivent pas à focaliser leur esprit, leurs émotions et leurs actions, ou encore à décider consciemment de trouver la foi, l'espoir, la force ou un sens aux événements lorsqu'ils traversent des périodes difficiles.

Mais, bien entendu, cela ne fait que soulever encore plus de questions à propos de notre façon d'arriver à faire tout cela et du degré auquel nous pouvons porter cette aptitude. C'est un éternel débat dont nous ne verrons peut-être jamais la fin. Toutefois, une définition de la conscience qui semble faire l'unanimité est qu'elle nous permet de synthétiser, d'organiser et de diriger nos pensées. C'est pourquoi, tout au long de cet ouvrage, j'ai mis l'accent sur votre pouvoir de contrôler consciemment vos pensées et votre attention.

Et ce qui vous permet d'exercer ce contrôle – que ce soit un esprit vif et observateur ou un petit chef de train invisible dans votre cerveau – n'a pas d'importance pour moi. C'est un champ de recherche qu'il vaut mieux laisser aux philosophes et aux neuroscientifiques. Ce qui devrait vous enthousiasmer est tout simplement le fait que vous détenez ce contrôle et qu'il vous confère le pouvoir et la responsabilité de modeler le contenu de votre esprit et, par conséquent, les résultats que vous obtenez dans la vie.

Alors comment pouvons-nous optimiser notre habileté consciente à contrôler nos pensées et notre vie ? Sur quoi devons-nous nous concentrer de manière à faire grimper de façon durable l'indice du bonheur et de l'engagement dans notre vie ?

Tout se résume donc à passer de la fascination que nous inspire *comment* nous sommes conscients pour nous demander *de quoi* nous devrions l'être. Nous avons la faculté d'inscrire ce que nous voulons sur le tableau de bord conscient de notre esprit, et nous devons donc décider de ce qu'il nous faut surveiller et examiner. Dans les pages qui précèdent, j'ai fait référence au contrôle de notre esprit et de nos pensées conscientes en des termes généraux. Mais nous sommes tous portés à transcender l'évidence, et nous voulons tirer davantage parti de nos expériences conscientes. Voici donc cinq domaines spécifiques dans lesquels focaliser votre conscience de manière à mettre plus de vie dans votre vie.

Soyez conscient de vos pensées

Une grande partie de cet ouvrage a porté sur le contrôle conscient de vos pensées, de vos sentiments, de votre énergie, de vos expériences et le sens de la vie qu'on doit puiser. Vous devez être conscient de ces éléments et choisir de les canaliser plutôt que de vous laisser gouverner par eux, inconsciemment ou automatiquement. Permettez-moi de vous donner un exemple en vous suggérant une question que vous devriez vous poser plusieurs fois par jour : *Sur quoi devrais-je canaliser le cours de mes pensées en ce moment ?*

Remarquez que ce n'est *pas* la même chose que : *À quoi suis-je en train de penser maintenant ?* En répondant à cette seconde question, vous *prenez conscience de* ce sur quoi votre esprit est concentré, alors que la première vous permet de *diriger* votre esprit.

Bien que je sois d'accord sur le fait que nous devons être conscients de ce sur quoi nous canalisons nos pensées en tout temps, j'estime que la conscience n'est pas la même chose que l'autodétermination. En fait, il est fort probable que, la majeure partie du temps, votre esprit soit occupé avec des pensées aléatoires et sans importance. Ces pensées ne sont pas nécessairement utiles pour accéder au prochain palier de conscience et de contrôle sur votre vie. Par exemple, en ce moment même, vous pensez peut-être à votre premier animal de compagnie. Bien qu'il soit bon d'être conscient de cette pensée, vous poser la question suivante vous aidera probablement davantage à accéder à un nouveau palier de conscience : *Sur quoi devrais-je canaliser le cours de mes pensées en ce moment ?*

J'ai inscrit cette question dans l'un de mes défis personnels mensuels l'an dernier. J'ai programmé mon portable pour qu'il affiche le message suivant toutes les trois heures : *Sur quoi devrais-je canaliser le cours de mes pensées en ce moment ?* Bien que je me considère comme une personne très consciente et autodéterminée, j'ai été stupéfait de constater le nombre de fois pendant la journée où je me suis surpris à fonctionner en pilotage automatique – permettant à mes pensées d'être contrôlées par des impulsions, des habitudes ou des influences extérieures. Mais dès que je voyais apparaître ce rappel, je reprenais ma place dans le siège du conducteur de ma conscience. Le résultat ? Je suis devenu plus engagé, productif et réfléchi que je ne l'avais encore jamais été lorsque venait le moment de donner une signification à mes expériences. Mais ne me prenez pas au mot – faites vous-même ce petit exercice.

Soyez conscient de votre énergie émotionnelle et physique

Comment dois-je me sentir en ce moment ? C'est une question que vous devriez vous poser plusieurs fois par jour. Remarquez encore une fois que cette question diffère de : *Qu'est-ce que je ressens en ce moment ?* Ce que vous ressentez, à tout moment, est généralement une série de millions d'impulsions et de réactions attribuables à ce qui se passe dans votre monde intérieur et dans votre environnement. Elles sont synthétisées et intégrées dès que vous vous demandez : *Qu'est-ce que je ressens en ce moment ?*

Bien que ce que nous ressentions nous en dise long sur nos impulsions et sur ce que nous vivons, cela ne nous aide pas beaucoup à accéder à un palier de conscience plus élevé. Pour exercer un contrôle accru sur vos expériences conscientes, vous devez déterminer comment vous devriez vous sentir au lieu de laisser des impulsions aléatoires déterminer vos sentiments.

De plus, remarquez que la question n'est pas : *Comment devrais-je me sentir en ce moment ?* Cette dernière est plutôt axée sur la mémoire que sur un choix immédiat. Autrement dit, nous déterminons comment nous « devrions » nous sentir en nous fondant sur nos souvenirs ou sur la façon dont nous pensons que les autres se sentiraient dans une situation similaire. Toutefois, si vous vous demandez : *Comment dois-je me sentir en ce moment ?* Vous tournez votre esprit vers la situation présente. Cela vous permet de définir votre attitude de manière à donner un sens à une situation donnée.

Mais cette question n'a pas uniquement trait à votre réalité émotionnelle. Bien entendu, nos sentiments sont en grande partie déterminés par nos pensées, mais aussi par notre vitalité physique. Les sentiments de tristesse, de frustration ou d'incertitude se manifestent plus fréquemment lorsque nous sommes physiquement épuisés. Les neuroscientifiques continuent de prouver que notre volonté se volatilise lorsque nous sommes exténués, ce qui donne souvent lieu à des décisions, des jugements ou des gestes irréfléchis ou médiocres. C'est pourquoi il est primordial de gérer votre vie en adoptant de saines habitudes en ce qui a trait au sommeil, à l'hydratation, à l'alimentation et à l'exercice.

Cependant, malgré le flot d'émotions que nous envoie notre corps inconscient ou fatigué, nous pouvons toujours choisir la couleur de notre ciel émotionnel. Le bonheur est effectivement un choix. Tout comme se sentir plein d'énergie. Je prouve souvent ce point à la High Performance Academy en aidant les gens à se plonger eux-mêmes dans divers états émotionnels, souvent sans même bouger le moindre muscle. Encore une fois, la centrale électrique n'*a* pas d'énergie ; elle *génère* de l'énergie. Nous pouvons choisir notre énergie émotionnelle en tout temps, et c'est l'une des plus grandes merveilles de l'expérience humaine.

Soyez conscient de votre comportement

Nos actions en disent long sur ce que nous sommes, et elles dictent les résultats que nous obtenons dans la vie, ainsi que l'opinion que les autres ont de nous. Lorsque notre comportement est inadéquat, nous avons tendance à avoir des remords. Si vous n'accomplissez pas les gestes que vous savez devoir faire dans votre vie personnelle, vous vous sentez coupable et frustré. Il en ira de même si vous vous comportez mal avec les autres.

Je dis souvent qu'une conscience élevée se reconnaît toujours à l'intégrité personnelle et à un profond respect des autres. Nous pouvons en faire preuve si nous nous comportons de façon constante. Soyez-en conscient et prêtez une attention particulière à votre comportement et à la façon dont il influe sur le monde.

Soyez conscient des autres

Devenir un maître zen de votre univers mental et émotionnel ne vous sera pas d'une grande utilité dans notre univers hyperconnecté si, en même temps, vous ne vous mettez pas plus consciemment au même diapason que les autres. Connais-toi toi-même, oui, mais connais aussi les autres. Ayez conscience de votre propre vie *et* cherchez à avoir conscience de celle des autres.

Nous pouvons accéder à un palier de conscience plus élevé dans nos relations en nous demandant constamment : *Comment pensent et se sentent les autres en ce moment, et comment aimerais-je interagir avec eux ou les influencer?*

Cette détection des perceptions et des sentiments d'autrui, parfois appelée *empathie* ou *attention ciblée*, nous aide à devenir beaucoup plus intelligents et à l'aise en société. Jumelez cette faculté à une pensée consciente quant à l'attitude que vous aimeriez adopter dans une situation donnée, et vous aurez la recette de relations plus conscientes et authentiques.

Soyez conscient de votre progression

En développant la pensée consciente, notre but est de nous sentir maîtres de notre monde intérieur et de notre environnement. Mais à quelle fin ? Nous voulons accéder à un palier de conscience supérieur non pas seulement pour maîtriser notre monde dans l'instant présent, mais aussi pour le faire progresser. Nous voulons exercer un contrôle sur les résultats que nous obtenons dans la vie et bâtir l'héritage que nous laisserons. C'est pourquoi nous devons être constamment conscients de notre progression.

Dans la vie, est-ce que je progresse aussi rapidement que je le souhaite? Est-ce que je prends les mesures nécessaires? Est-ce que je gère mes pensées, mes sentiments, mon comportement et mes relations de manière à favoriser ma progression, ma croissance et ma contribution?

Vous direz peut-être que c'est beaucoup demander – se concentrer sur tant de choses. Je trouve très utile de penser à ma conscience comme à l'ultime observateur et pilote de ma vie. J'aime imaginer qu'il y a un tableau de bord dans mon esprit dont je vérifie les cadrans et sur lequel j'actionne des boutons au besoin. Sur mon tableau de bord, je vois cinq cadrans munis d'aiguilles comme on en trouve sur les compteurs de vitesse et les tachymètres dans les vieilles voitures: « Pensées », « Sentiments », « Comportement », « Relations » et « Vitesse de progression ».

Je garde mon esprit observateur fixé sur ces cinq facteurs en tout temps. *Mes pensées alimentent-elles une existence heureuse?* Vérifié. *Mes sentiments sont-ils en harmonie avec ce que je veux ressentir et accomplir?* Vérifié. *Mon comportement me procure-t-il la souplesse nécessaire pour aller de l'avant et influer de façon positive sur le monde?* Vérifié. *Mes relations reflètent-elles qui je suis et ce que je veux être?* Vérifié. *Est-ce que je progresse en exploitant pleinement mon potentiel?* Vérifié. C'est rock and roll!

Activateur nº 2 : Transcendez la conscience

Au-delà de la maîtrise de notre esprit, nous sommes nombreux à croire qu'il y a quelque chose de plus à comprendre – quelque chose d'infini, qui échappe à notre contrôle et à notre imagination. Au plus profond de nous et dans nos ambitions les plus nobles, nous désirons nous transcender et nous brancher sur plus grand que nous.

Nous voulons mieux comprendre notre réalité et nos relations avec le monde, l'Univers et, pour un grand nombre d'entre nous, avec Dieu ou l'Infini.

Ce désir fait de nous des chercheurs de spiritualité, d'un lien qui nous unirait à un but et à un sens suprêmes, pour ne faire qu'un avec un tout. C'est le même désir qui a poussé les êtres humains à créer des religions dans l'espoir de se rapprocher d'une entité plus élevée, à chercher une source de réconfort dans la nature, à se reconnecter et à se poser des questions existentielles sur le but et le sens de la vie. C'est le levier que nous utilisons pour nous brancher sur la *conscience.*

Nous pouvons tous activer ce levier. Comme je l'ai décrit, l'une des plus grandes merveilles de l'expérience humaine est cette faculté que nous avons de nous placer dans l'état émotionnel que nous souhaitons. Vous pouvez fermer les yeux et vous ordonner, sans raison particulière, de vous sentir heureux. Vous pouvez également choisir de vous sentir triste, en colère, plein d'espoir, ennuyé, aimé. Cette même faculté vous permet de vous placer dans un état émotionnel transcendant, non pas une seule fois, mais continuellement et, ainsi, de sentir que vous êtes branché sur plus grand que vous, sur une conscience plus élevée. Pourquoi ne pas le faire ? Ce n'est qu'en vous mettant au défi de vous connecter avec une entité supérieure que vous vous sentirez plus grand. Vous connaîtrez alors une vie plus chargée et vous vivrez à la hauteur de vos valeurs et de vos vertus.

Voyons maintenant comment établir cette connexion. En étant présent, en étant conscient des coïncidences et des intuitions, et en vivant dans l'amour, nous acquérons une meilleure connaissance de cette force mystérieuse.

Soyez conscient du moment présent

Comme je l'ai déjà mentionné, la majorité des gens sont tellement occupés et distraits qu'ils ne prennent jamais le temps d'apprécier le moment présent. Et pourtant, c'est dans le moment présent que la vie se déroule. Et ce n'est qu'ici, en ce moment même, que nous pouvons être unis et ne faire qu'un avec la conscience. Nous ne pouvons nous projeter dans la conscience du lendemain, ni la puiser dans une expérience antérieure. Nous devons en faire l'expérience aujourd'hui, faire acte de présence, en ce moment même, « maintenant ».

Cette présence exige que vous soyez totalement attentif et ouvert ici et maintenant. Par « totalement attentif », je veux dire que vous devez consciemment chercher à mettre toute votre énergie mentale, émotionnelle et physique dans le moment présent. Dans les chapitres précédents, j'ai décrit combien il est important d'être entièrement présent dans une conversation avec quelqu'un. Vous n'êtes alors pas distrait ou à des lieues de cette personne, participant à la discussion comme à une partie d'échecs dans laquelle vous planifiez vos coups à l'avance. En étant entièrement présent, vous prêtez toute votre attention à ce que dit votre interlocuteur.

Cette notion de présence est également assortie d'un yin et d'un yang dont je n'ai pas encore parlé. Donc, vous vous engagez consciemment à être entièrement présent maintenant et, en même temps, vous vous libérez de toute attente – vous êtes ouvert à la façon dont le monde se déploie autour de vous. Les traditions spirituelles du bouddhisme et du taoïsme suggèrent qu'être présent, c'est ne faire qu'un ici et maintenant, être détaché de ce qui devrait être ou arriver. D'aucuns suggèrent même qu'être véritablement présent, c'est n'avoir d'autre intention que d'être entièrement ouvert et observateur maintenant.

Je n'ai pas non plus abordé le fait que la présence peut être un outil et une voie qui mène à la transcendance. Je me pose une question toute simple des dizaines de fois par jour, généralement lorsque je me lance dans un nouveau projet, que je fais un geste important ou que j'ai une interaction avec une autre personne. Lorsque je pénètre dans un nouveau lieu, que j'appelle un ami, que je m'assois pour écrire ou que j'accueille mon épouse lorsqu'elle rentre à la maison, je me demande : *Sur une échelle de 1 à 10, à quel degré suis-je présent en ce moment même ?* Cela m'aide à m'engager et me rappelle, dans notre monde chaotique et surdimensionné, de m'abreuver dans le temps présent et de chercher à sentir une connexion plus intense avec quelque chose de plus grand que moi à chaque instant. Essayez.

Ce n'est pas facile. Parfois, des pensées ou des relents du passé m'empêchent d'être présent ici et maintenant. Lorsque cela m'arrive, je me demande : *Et si toutes mes émotions négatives à propos du passé n'avaient aucun rapport avec le moment présent et ce que je veux être maintenant ? Et si, en examinant le passé sous un jour négatif, je m'empêche d'être reconnaissant du don de la vie qui m'a été fait et dont je jouis aujourd'hui ? Et si le passé n'était qu'un moment, et que j'en vivais un autre en cet instant ? Et si ce moment n'était que le début d'une nouvelle et miraculeuse succession d'événements pour moi ?*

Pour mieux vous connecter avec la conscience, vous devrez également vous conditionner à ne pas porter de jugements. Dans notre cerveau, ce mécanisme est devenu si perfectionné au fil de notre évolution qu'au lieu de jouir de l'instant présent, nous le qualifions de « bon », « mauvais », « fâcheux », « sûr », « dangereux », « heureux , « triste », etc. Cela nous sert, bien sûr, dans presque toutes les facettes de notre vie, sauf une : cela limite notre perception du moment présent. Nous ne vivons pas pleinement maintenant parce que nous sommes trop occupés à cataloguer ce moment.

C'est un peu comme les touristes que vous voyez debout devant un magnifique paysage, qu'ils ne regardent pas parce qu'ils sont trop occupés à sortir leur appareil photo. Ils font un cliché, mais n'aiment pas le lieu. Nous devons apprendre à cesser de cataloguer, de catégoriser et de contrôler chaque seconde de chaque journée et, plutôt, *être en paix avec l'instant qui s'offre et entièrement présent.*

Cela peut sembler contradictoire étant donné que la plus grande partie de cet ouvrage traite de la façon de modeler notre vie. Mais faire preuve d'autodétermination et être en paix avec le passé et le moment présent ne s'excluent pas mutuellement. Je peux être disposé à améliorer ma vie tout en étant en paix avec ce qu'elle est maintenant. Il n'est pas nécessaire, comme le soutiennent certains, que je ressente de la douleur et de la frustration en pensant à ma vie actuelle pour décider d'y apporter des changements.

En fait, je crois que c'est un bien mauvais conseil – et il n'est certainement pas spirituel. À long terme, peu de choses positives découlent d'une décision motivée par la colère, la frustration ou la douleur. J'affirme plutôt qu'en acceptant le moment présent, en comprenant que les choses ne se déroulent pas sans raison et en les appréciant, nous ouvrons la porte, en cette seconde même, à quelque chose de plus magique et de plus excitant que nous n'ayons jamais pu l'imaginer.

Soyez conscient des coïncidences et des intuitions

Si vous êtes dans le moment présent et vous tentez d'activer le levier de la conscience, vous remarquerez que les choses et les gens apparaissent dans votre vie au moment opportun ou pour une raison qui semble tout à fait sensée (sur le coup ou plus tard). Vous cherchez une idée pour créer un nouveau produit, et pendant que vous faites une promenade, entièrement plongé dans l'instant présent, cette idée surgit dans votre esprit. Ou vous participez à un événement de réseautage et avez soudain très envie de faire la connaissance d'une personne qui se trouve à l'autre bout de la pièce – une forte impulsion vous pousse à aller lui parler. C'est ce que certains appellent la « synchronicité ».

On définit la coïncidence comme deux événements qui arrivent ensemble, par hasard ou comme par hasard. On peut lire dans le *Larousse* : « rencontre fortuite de circonstances qui se produisent en même temps ».

Bien entendu, le mot « hasard » fait l'objet d'un débat chez ceux qui estiment que la conscience fait entrer quelque chose dans notre vie pour une raison précise. Peut-être n'est-ce pas uniquement un hasard si vous vous retrouvez nez à nez avec une ancienne amoureuse dans un café – c'est peut-être le destin. Peu importe si nous croyons au hasard, au destin, ou à une combinaison des deux, cela ne peut être que bénéfique si nous nous montrons plus réceptifs à la façon dont les choses arrivent sur le coup et aux raisons pour lesquelles elles se manifestent dans notre vie.

Pour moi, la meilleure façon de s'exercer à être présent consiste à prendre conscience des « rencontres fortuites ». Si, à l'aéroport, je croise quelqu'un que je n'ai pas vu depuis des années, j'accorde toute mon attention à ce moment et je tente de me connecter à l'énergie dégagée par cette expérience. J'essaie également de « suivre » étroitement le moment, d'être à l'écoute de mon intuition. *Cette personne est réapparue dans ma vie en ce moment précis. Je me demande pourquoi. Je vais me montrer attentif et être entièrement présent pendant cette conversation, et ainsi voir où cela nous mène.*

Bien entendu, ce n'est pas tout le monde qui croit aux coïncidences. Certaines personnes estiment plutôt que tout se produit par hasard dans l'univers. Cependant, si nous voulons accéder à une conscience plus élevée, qu'elle représente pour nous une entité omnipotente ou non, nous devons prêter attention à ce que le moment présent nous offre. Et il est pour cela utile d'être attentif aux coïncidences.

Le concept d'intuition est directement lié à la coïncidence. L'intuition est toujours une coïncidence en ce sens qu'elle est un « instinct » qui coïncide avec quelque chose. Vous pensez à votre mère et quelque chose vous dit que vous devriez lui téléphoner. (Faites-le, soit dit en passant.) Ou bien vous sentez l'urgence de quitter la passerelle au moment même où vous êtes sur le point de monter dans un avion. (Cela m'est arrivé.)

Après avoir interrogé mes auditeurs aux quatre coins du monde, j'ai découvert que la majorité des gens ont le sentiment d'avoir perdu tout contact avec leur intuition. On le comprend aisément, car les gens pensent tellement au lendemain qu'ils sont incapables de ressentir quoi que ce soit maintenant. La seule façon de remédier à cette situation est de devenir plus présent, de rester sur terre maintenant, de libérer votre esprit planificateur de toutes ses attentes, et de vous laisser imprégner par ce qui vous entoure.

Soyez conscient de l'amour

Toutes les religions du monde prônent l'amour – c'est, le plus souvent, leur vertu et leur valeur les plus élevées. La majorité des confessions suggèrent que nous sommes nés de l'amour, que notre but est d'aimer et que nous retournerons à l'amour. Nous devons donc lui accorder une attention particulière.

Vous connaissez déjà la valeur de l'amour. Vous l'avez cherché toute votre vie. Mais la question qu'il convient de vous poser est celle-ci : à quel degré vous êtes-vous donné la permission de *ressentir* l'amour et de le *vivre*? La distinction est importante. Les gens qui cherchent l'amour ont tendance à se montrer exigeants, à chercher des moyens de combler un besoin personnel, de se sentir connectés et aimés. Ce sont là des pulsions humaines, bien entendu, et nous y cédons tous. Mais il y a un moyen de se sentir plus près de la conscience. Et c'est en étant présent, en reconnaissant l'amour qui se trouve déjà autour de nous et en nous. C'est ne faire qu'un avec cet amour et le vivre.

Être conscient de l'amour qui nous entoure semble un concept plutôt bizarre, car la majorité d'entre nous pense que pour connaître l'amour, quelqu'un doit nous le «donner». Malheureusement, la majorité des gens ne font l'expérience de l'amour que lorsqu'ils se sentent aimés par une autre personne. Et si l'amour était un concept beaucoup plus large? Et si l'amour était la force unificatrice qui tient l'univers ensemble et soude l'humanité? Cela peut paraître extravagant, mais c'est tout de même ce que la majorité des enseignements spirituels suggèrent depuis des milliers d'années.

Sentir l'amour autour de nous est puissant, mais ne faire qu'un avec lui et vivre par lui nous permet d'accéder à un tout autre niveau de conscience. Si nous voulons connaître l'amour dans notre vie, alors pourquoi ne pas en donner? Dans cette optique, l'adage *Demandez et vous recevrez* devient *Donnez et vous recevrez.* Mais nous pouvons aller encore plus loin. L'amour est partout autour de nous et il nous est offert gratuitement. Donc, peut-être devrions-nous donner de l'amour sans espérer quoi que ce soit en retour.

Si cela vous interpelle, essayez d'être plus aimant, dès aujourd'hui et pendant le reste de votre vie. Prenez conscience de cet amour qui existe autour de vous. Débordez d'amour pour les autres. Pensez sur le plan de l'amour lorsque vous prenez des décisions. Parlez ouvertement de l'amour. Si vous arrivez à le faire, vous mettrez plus de vie dans votre vie. Comme l'a dit Pierre Teilhard de Chardin : « Un jour, après que nous aurons maîtrisé les vents, les vagues, les marées et la gravité, nous explorerons les énergies de l'amour. Et alors, pour la seconde fois dans l'histoire du monde, l'homme aura découvert le feu. »

Être plus conscient de notre présence, des coïncidences, de nos intuitions et de l'amour nous aide à mieux comprendre et explorer l'univers de la conscience qui nous entoure.

Activateur n° 3 : Vivez dans l'émerveillement

Alors que je me trouvais sur le capot écrabouillé d'une voiture sur une île des Caraïbes, remerciant le ciel de m'avoir offert une deuxième chance, j'ai senti un profond sentiment d'émerveillement devant le monde. J'ai senti qu'il y avait quelque chose de magique dans cette nuit et la vie en général. Ce sentiment ne m'a plus jamais quitté. Et c'est l'une des raisons pour lesquelles ma vie est toujours chargée.

Lorsque vous vous émerveillez et appréciez la magie de l'univers, alors il est facile de vous sentir lié à lui. Tout comme vous vous sentez plus près de votre conjoint lorsqu'il vous étonne par sa générosité, que vous l'aimez pour ce qu'il est et pour l'amour qu'il vous donne, vous pouvez également vous sentir plus près de la conscience.

De nos jours, il est facile de nous détacher de toutes les merveilles qui nous entourent. Nous nous agitons lorsqu'un appel est malencontreusement coupé sur notre téléphone cellulaire et nous oublions la magie qu'il y a derrière cette technologie : le signal qu'a reçu la petite boîte rectangulaire que nous tenons à la main a dû passer par une lointaine tour de transmission ou par un satellite dans l'*espace*, et a ensuite voyagé dans l'atmosphère à une vitesse phénoménale, pour ensuite, parmi *sept milliards* de personnes, trouver *celle* à qui l'appel est destiné – vous. Lorsqu'il s'agit de nos progrès technologiques, nous faisons sans doute partie de la génération la plus inconsciente de l'histoire de l'humanité. Si nous sommes incapables de nous émerveiller devant nos progrès, il est fort probable que nous aurons de la difficulté à nous émerveiller devant une entité ou une force indéfinie que nous n'avons jamais vue.

Pour activer le levier de la conscience, nous devons ralentir et remarquer les merveilles qui nous entourent. Nous devons nous laisser étonner par le cours d'une rivière, le bleu du ciel, le sourire d'un enfant, le calme d'un matin paisible. Nous ne devons pas attendre que quelque chose déclenche ce sentiment d'émerveillement en nous. Nous pouvons nous élever au-dessus de la condition d'animaux gouvernés par des stimuli et cultiver nos propres émotions, faire appel à notre libre arbitre afin de faire naître en nous un sentiment d'émerveillement. En ce moment même, je peux tout simplement décider de m'extasier devant les merveilles de cet univers et, ainsi, me sentir plus près de la conscience.

Il est extraordinaire que nous soyons tous vivants dans un Univers en constante expansion. Nous vivons sur une minuscule sphère bleue qui tourne sur elle-même à plus de 1 500 kilomètres/heure et qui se déplace autour du Soleil à une vitesse d'environ 105 000 kilomètres/heure. Mais notre petite planète bleue qui abrite la vie n'est qu'un grain de poussière dans un cosmos qui s'étend sur des milliards et des milliards d'années-lumière. Nous ne connaissons pas les limites de l'Univers et nous n'aurons jamais de certitude à cet égard. Comme l'a demandé Archytas de Tarente, un philosophe qui a vécu au 4e siècle av. J.-C. : « Si je me trouvais à la limite extrême du ciel, autrement dit sur la sphère des fixes, pourrais-je tendre au-dehors la main ou un bâton ? »

L'immensité de l'Univers, et l'improbable possibilité de l'explorer en entier, devrait tous nous stupéfier. Mais une force inconnue encore plus grande vit en nous, nous donnant la vie et l'esprit, et nous les reprenant. Qu'est-ce qui nous donne l'énergie de la vie? Dieu?

L'Univers ? Le hasard ? Ces questions devraient nous intriguer, et nous devons les aborder avec émerveillement et révérence en vivant une vie chargée.

Ce soir, en écrivant ces lignes, j'ai eu l'impression que mon père était tout près de moi. J'ai accueilli ce sentiment avec un émerveillement et une appréciation authentiques. Il n'est plus et il me manque beaucoup, et je sens pourtant son énergie m'entourer de temps en temps. Peut-être que l'Univers est un lieu si merveilleux qu'il permet à notre charge intérieure de durer toujours.

Une dernière pensée

La vie chargée exige que nous transcendions notre façon de penser habituelle et passions à une vitesse supérieure en contrôlant mieux le tableau de bord de notre conscience. Elle nous met également au défi de trouver un but et un sens plus grands à notre existence, de nous élever au-dessus de notre condition et de nous brancher sur plus grand que nous, enfin de quitter la banalité pour plonger dans la magie.

C'est là une vie différente, c'est certain – une existence modelée de façon beaucoup plus consciente. Mais qu'y a-t-il d'autre ? Devrions-nous nous laisser contrôler par nos seules impulsions, ou devrions-nous canaliser notre attention et nos activités afin d'accéder à un nouveau palier de motivation, de signification et de moralité ? Devrions-nous laisser le monde tourner à toute vitesse sans nous, ou devrions-nous par notre présence le faire ralentir, y jouer un rôle et en apprécier la *magie* ? Et chaque jour, jusqu'à la toute fin, lorsque nous sentirons que notre dernière heure est venue, devrions-nous tout simplement nous interroger avec nonchalance sur cette force qui est plus grande que nous, ou devrions-nous dénouer les liens de nos sens limités et choisir de nous brancher sur l'amour divin et de vivre par lui ? Comme toujours, ce choix vous appartient.

MOMENT DE RÉFLEXION

1. Si j'étais plus à l'écoute de ma conscience et si j'en activais le levier, ma vie changerait de la façon suivante…
2. Pour accéder plus souvent à un palier de conscience plus élevé, je pourrais…
3. Les choses qui m'émerveillent à propos du monde et de la place que j'y occupe sont…

Conclusion

Il n'existe que 10 leviers humains et, pourtant, ni vous ni moi ne les maîtriserons jamais tous complètement. Nous parviendrons à mieux les comprendre, nous nous efforcerons de les activer tout en nous améliorant, mais nous n'exercerons jamais un contrôle total sur eux, et peut-être même pas sur un seul d'entre eux. Conclure un exposé en disant que toute victoire est impossible peut paraître étrange, mais cela rejoint bien le thème de cet ouvrage – la véritable récompense se trouve dans le cheminement que vous ferez alors que vous chercherez à améliorer et à approfondir votre vie.

La vie pleinement chargée, celle qui se vit à fond, exige que l'on fasse constamment des choix, que l'on soit présent et concentré, que l'on repousse ses limites, que l'on vise la croissance et la maîtrise. Et pour jouir des bienfaits d'une vie énergique, engagée et enthousiaste, il faut travailler dur, surmonter des épreuves et s'engager, ce que la majorité des gens ne feront jamais.

Et pourtant, je crois que vous en êtes capable. Nous avons longuement cheminé ensemble. Nous avons fait le tour des buts en examinant les leviers du contrôle, de la compétence, de la conformité, de l'empathie et des relations. Nous avons visé le coup de circuit en faisant progresser notre vie grâce aux leviers du changement, des défis, de la créativité, de la contribution et de la conscience. Le seul fait de connaître le terrain de notre condition humaine nous prépare à mieux réussir au plus grand jeu auquel nous nous adonnerons – la vie.

Et le jeu sera plus difficile que vous l'aviez imaginé, tout comme vous trouverez ardu d'activer les 10 leviers humains d'une façon consciente et constante. C'est pour cette raison que je dis que vous ne gagnerez pas sur tous les fronts. Mais cela n'est pas une mauvaise chose en soi. En tant que société, il nous faut cesser de qualifier de « mauvais » ce que nous jugeons « difficile ». Si vous avez appris quelque chose dans ces pages, c'est bien que les qualificatifs « facile » et « confortable » sont souvent incompatibles avec une vie pleinement chargée.

Ce n'est qu'en nous mettant au défi que nous pouvons arriver à nous sentir de nouveau vivants, énergiques et engagés, nous propulsant ainsi vers un avenir meilleur, un avenir qui remplira notre cœur et notre âme d'un enthousiasme dont l'intensité restera à jamais inconnue de ceux qui vivent en cage ou qui mènent une vie confortable. C'est dans cette impitoyable mise à l'épreuve dans le but de devenir plus audacieux, meilleurs, plus forts, plus heureux et plus comblés que nous pourrons établir nos propres limites et connaître une vie qui dépasse toute imagination. Le jeu en vaut la chandelle.

Je ne me répéterai pas ici en récapitulant les 10 leviers et leurs activateurs. Je veux que vous lisiez ce livre plusieurs fois, que vous noircissiez des pages et des pages de votre journal, et que vous usiez les touches du clavier de votre ordinateur en prenant des notes, que vous rêviez, que vous élaboriez des plans. Vous trouverez toutes les ressources que j'ai créées pour vous (en anglais) sur mon site Web, www.TheChargeBook.com/resources. Ensuite, votre tâche consistera à vous donner la permission de vous exprimer pleinement et de vous dépasser chaque jour afin de mettre davantage de *vie* dans votre vie.

Et tout en vous surpassant, n'oubliez pas d'aider les autres à accroître leur charge intérieure. Cela en vaut la peine. Peu importe ce que vous avez appris, vous constaterez bientôt que, certains jours, vous aurez le sentiment d'exercer un tel contrôle sur votre vie que vous vous demanderez comment vous avez pu autrefois vous sentir impuissant ou incertain ; et il y aura des jours où vous aurez le sentiment que ce contrôle vous échappe totalement. C'est la vie. Mais elle vaut la peine d'être vécue.

Alors, que vous réserve l'avenir ? Il est indéniable que vous aurez davantage d'énergie et d'enthousiasme si vous vous efforcez d'accroître votre charge intérieure. Mais il y a plus. Vous aurez une vision plus claire de la vie, vous en découvrirez le sens profond, vous apprécierez et respecterez davantage les autres et les dons que vous avez reçus. Cette charge intérieure que vous aurez donnera naissance à un sentiment de gratitude. Et qu'y a-t-il de plus agréable que d'éprouver de la reconnaissance pour la vie ?

En terminant, sachez que peut-être rien n'aura changé dans le monde extérieur. Les mêmes questions, problèmes, occasions et personnes continueront probablement de faire partie de votre vie lorsque vous tournerez la dernière page de cet ouvrage. Mais j'espère que quelque chose en vous a changé, que vous aspirez à une vie meilleure et que vous vous appliquerez consciencieusement à la concrétiser, que vous avez trouvé dans ce livre une étincelle qui vous permettra un jour d'allumer un brasier en vous, si fort et si indomptable qu'aucune difficulté ne pourra l'éteindre, qu'aucune personne sur terre ne pourra l'étouffer avec ses doutes.

Je n'ajouterai qu'une seule chose en vous révélant qu'il existe un autre levier humain. Le onzième. Contrairement aux 10 leviers précédents, il n'a pas jusqu'ici influé de façon aussi manifeste sur votre vie. Contrairement aux autres, il n'a pas fait l'objet d'ouvrages théoriques, de siècles de débats philosophiques ou de l'inquisition des neuroscientifiques. Il s'agit pourtant d'un désir humain distinct qui donne énormément de sens à tous les efforts que nous faisons pour activer les autres leviers.

C'est ce désir qui nous unit lorsque nous voyons un athlète donner le meilleur de lui-même, lorsque notre équipe au travail réussit à respecter une échéance impossible, lorsque nous voyons un héros sortir d'un immeuble en flammes, lorsque nos enfants font preuve de caractère et portent assistance aux autres, et lorsque, après avoir vaincu nos incertitudes, doutes et dilemmes, nous émergeons tout à coup, sains et saufs, et étonnons tout le monde, en commençant par nous-mêmes. Ce levier, qui ne peut être activé que si nous donnons le meilleur de nous-mêmes et sommes engagés dans une cause noble et significative, une cause qui nous dépasse, est celui de la *célébration*.

Vivre une vie chargée est très exigeant. Vous devez pour cela être plus conscient de la façon dont vous organisez vos journées et activez chaque levier. Vous devez vous aventurer dans le monde avec audace, vous dépasser et viser de grandes joies et un enthousiasme débordant. Vous devez surmonter vos lacunes. Vous devez vous exprimer pleinement. Et ce n'est qu'ainsi que, là-dehors, dans un monde foisonnant de choix, de défis, de risques et de liberté que vous arriverez à donner le meilleur de vous-même et que votre vie deviendra une célébration perpétuelle.

Et le monde célébrera vos efforts. Écoutez. C'est là-dehors que le destin vous appelle. Faites preuve d'audace et soyez prêt. Il est temps de mettre de la vie dans votre vie.

Finalement, merci à mes lecteurs. La seule idée d'avoir partagé ma voix avec vous a mis plus de vie dans ma vie. J'espère vous entendre un jour. Rejoignez-moi sur Facebook et tenez-moi au courant de vos progrès. Et maintenant… *à fond la vie!*

À propos de l'auteur

Brendon Burchard est le fondateur de la *High Performance Academy* et l'auteur à succès du livre *Une chance de plus*. Son ouvrage suivant, *Le Messager millionnaire*, a figuré en première position de la liste des livres à succès du *New York Times* et de *USA Today*. Brendon est l'un des chefs de file mondiaux du secteur des conférenciers motivateurs et de la formation destinée aux grandes entreprises. Ses livres, vidéos, bulletins d'information, produits et apparitions publiques inspirent maintenant près de deux millions de personnes chaque mois à travers le monde.

Brendon a eu la chance inouïe de recevoir un billet gagnant de la vie – une seconde chance – après avoir survécu à un grave accident de la route dans un pays en voie de développement. Depuis, il consacre sa vie à aider les autres à faire entendre leur voix, à vivre plus pleinement et à poursuivre leurs rêves.

Brendon participe régulièrement à des talk-shows télévisés, comme *Anderson Cooper* et *Oprah and Friends*, et il est souvent invité sur les plateaux d'*ABC World News* ou de NPR. Il a également fait l'objet d'articles dans le magazine *SUCCESS*, *The Huffington Post* et sur Forbes.com. En demande partout dans le monde, Brendon s'est produit sur scène avec des légendes vivantes, telles que le dalaï-lama, sir Richard Branson, Tony Hsieh, Tony Robbins, Wayne Dyer, Stephen Covey, Deepak Chopra, Marianne Williamson, David Bach, John Gray, Brian Tracy, Keith Ferrazzi, Harv Eker, Les Brown, Debbie

Ford, Jack Canfield et autres grands noms de l'industrie des experts. D'innombrables chefs de grande entreprise et célébrités figurent parmi sa clientèle. Des dirigeants et des entrepreneurs de plus de 50 pays ont assisté à ses présentations. Parmi ses séminaires les plus connus, on compte High Performance Academy, Experts Academy, World's Greatest Speaker Training et 10X Wealth & Business.

Pour faire la connaissance de Brendon
et bénéficier d'une formation
et de ressources gratuites, consultez son site Web :
www.BrendonBurchard.com.